安全の指標

令和 **6** 年度

GENERAL GUIDEBOOK
ON INDUSTRIAL SAFETY

JN121003

中央労働災害防止協会 編

『安全の指標』の使い方

『安全の指標』は、職場の安全に関わる皆さんに役立つ一冊となっています。

例えば

安全週間の大会など説明会の参考書に

安全教育の教材として

自社の安全対策の手引きとして

日々の安全のために
お手元に置いておくことを
お勧めいたします。

全国安全週間の実施要綱 p.5〜

安全対策の重点を網羅。

実施要綱を掲載し、準備期間及び本週間中に実施することはもちろん、継続的に実施する安全活動を紹介！

日々の安全の指標に！

労働災害防止対策 p.49〜

第3編，第4編では，労働災害防止のための対策について基本から分野ごとにまとめて解説。

統計グラフなど p.17〜

令和5年の労働災害発生状況をはじめとした労働災害に関するデータをわかりやすくグラフ化。

トピックス p.33〜

令和6年度に押さえておきたい職場の安全衛生に関する最新の動向を紹介。

災害事例 p.157〜

近年の災害の傾向にあわせた、現場で役立つ事例。災害が起こりやすい背景や管理のポイントも解説。

資料

p.259〜

産業別災害率
（度数率・強度率）

安衛法に見る
資格の一覧

法令で
定められた
保護具が必要な
作業一覧

法令に見る
用語の定義集

安衛則に見る
数値一覧

安全に役立つデータが満載！

デジタル版!!

『安全の指標令和6年度　災害統計グラフ集＆災害事例集』も発売！

くわしくは，p.48参照！

まえがき

　全国安全週間は，昭和3年に初めて実施されて以来，一度の中断もなく続けられ，本年で97回目を迎えます。この週間は，安全意識の高揚と安全活動の定着を目的に，6月1日から30日までを準備期間として，7月1日から7日まで実施されます。

　近年，休業4日以上の死傷者数が増加傾向にあります。令和5年は，135,371人（新型コロナウイルス感染症関係33,637人を除く）となっており，特に第三次産業での作業方法などに起因する行動災害（転倒や腰痛など）の増加が顕著です。労働災害による死亡者数は前年より11人減少して755人となっています。

　こうした状況を踏まえて，令和6年度は，製造業と第三次産業における労働災害の増加への対応として，引き続き「第14次労働災害防止計画」にのっとった対策の推進が求められています。

　本書では，最新の労働災害統計，労働安全衛生に関する主要通達などの情報に加え，近年の労働災害の傾向を踏まえた各分野の災害防止対策，発生件数の多い事故の型別の労働災害事例なども収録しました。

　労働災害防止対策を推進するためには，PDCAサイクルを確立し，事業場のトップから第一線の現場に至るまで全員で安全衛生活動に取り組むことが不可欠です。

　本週間を契機に，各事業場において関係者が一丸となって安全衛生活動を見直し，より一層充実させることを祈念いたします。その際に，本書が安全衛生活動の推進の一助となれば幸いです。

令和6年5月

中央労働災害防止協会

令和6年度
全国安全週間実施要綱

GENERAL GUIDEBOOK
ON INDUSTRIAL SAFETY

❖❖❖ 令和 6 年度全国安全週間実施要綱 ❖❖❖

1 趣旨

　　全国安全週間は，昭和 3 年に初めて実施されて以来，「人命尊重」という基本理念の下，「産業界での自主的な労働災害防止活動を推進し，広く一般の安全意識の高揚と安全活動の定着を図ること」を目的に，一度も中断することなく続けられ，今年で 97 回目を迎える。

　　この間，事業場では，労使が協調して労働災害防止対策が展開されてきた。この努力により労働災害は長期的には減少しているところであるが，令和 5 年の労働災害については，死亡災害は集計開始以降最少となった前年を下回る見込みであるものの，休業 4 日以上の死傷災害は前年同期よりも増加しており，過去 20 年で最多となった令和 4 年を上回る見込みで，平成 21 年以降，死傷者数が増加に転じてから続く増加傾向に歯止めがかからない状況となっている。

　　特に，転倒や腰痛といった労働者の作業行動に起因する死傷災害が増加し続けており，死亡災害については墜落・転落などによる災害が依然として後を絶たない状況にある。

　　また，労働災害を少しでも減らし，労働者一人一人が安全に働くことができる職場環境を築くためには，令和 5 年 3 月に策定された第 14 次労働災害防止計画に基づく施策を着実に推進することが必要であり，計画年次 2 年目となる令和 6 年度においても，引き続き労使一丸となった取組が求められる。

　　以上を踏まえ，更なる労働災害の減少を図る観点から，令和 6 年度の全国安全週間は，以下のスローガンの下で取り組む。

**　　　危険に気付くあなたの目　そして摘み取る危険の芽**
**　　　　　みんなで築く職場の安全**

2 期 間

7月1日から7月7日までとする。

なお，全国安全週間の実効を上げるため，6月1日から6月30日までを準備期間とする。

3 主唱者

厚生労働省，中央労働災害防止協会

4 協賛者

建設業労働災害防止協会，陸上貨物運送事業労働災害防止協会，港湾貨物運送事業労働災害防止協会，林業・木材製造業労働災害防止協会

5 協力者

関係行政機関，地方公共団体，安全関係団体，労働組合，経営者団体

6 実施者

各事業場

7 主唱者，協賛者の実施事項

全国安全週間及び準備期間中に次の事項を実施する。

(1) 安全広報資料等を作成し，配布する。

(2) 様々な広報媒体を通じて広報する。

(3) 安全パトロール等を実施する。

(4) 安全講習会や，事業者間で意見交換し，好事例を情報交換するワークショップ等を開催する。

(5) 安全衛生に係る表彰を行う。

(6) 「国民安全の日」（7月1日）の行事に協力する。

(7) 事業場の実施事項について指導援助する。

(8) その他「全国安全週間」にふさわしい行事等を行う。

8　協力者への依頼

　　主唱者は，上記 7 の事項を実施するため，協力者に対して，支援，協力を依頼する。

9　実施者が準備期間中及び全国安全週間に実施する事項

　　安全文化を醸成するため，各事業場では，全国安全週間及び準備期間を利用し，次の事項を実施する。

(1)　安全大会等での経営トップによる安全への所信表明を通じた関係者の意思の統一及び安全意識の高揚

(2)　安全パトロールによる職場の総点検の実施

(3)　安全旗の掲揚，標語の掲示，講演会等の開催，安全関係資料の配布等の他，ホームページ等を通じた自社の安全活動等の社会への発信

(4)　労働者の家族への職場の安全に関する文書の送付，職場見学等の実施による家族への協力の呼びかけ

(5)　緊急時の措置に係る必要な訓練の実施

(6)　「安全の日」の設定の他，準備期間及び全国安全週間にふさわしい行事の実施

10　実施者が継続的に実施する事項

　　全国安全週間における取組をより効果的にするためにも，事業者は，準備期間及び全国安全週間以外についても，以下の事項を継続的に実施する。

(1)　安全衛生活動の推進

　①　安全衛生管理体制の確立

　　ア　年間を通じた安全衛生計画の策定，安全衛生規程及び安全作業マニュアルの整備

　　イ　経営トップによる統括管理，安全管理者等の選任

　　ウ　安全衛生委員会の設置及び労働者の参画を通じた活動の活性化

　　エ　労働安全衛生マネジメントシステムの導入等による

　　　PDCA サイクルの確立

②　安全衛生教育計画の樹立と効果的な安全衛生教育の実施等

　　ア　経営トップから第一線の現場労働者までの階層別の安全衛生教育の実施，特に，雇入れ時教育の徹底及び未熟練労働者に対する教育の実施

　　イ　就業制限業務，作業主任者を選任すべき業務での有資格者の充足

　　ウ　災害事例，安全作業マニュアルを活用した教育内容の充実

　　エ　労働者の安全作業マニュアルの遵守状況の確認

③　自主的な安全衛生活動の促進

　　ア　発生した労働災害の分析及び再発防止対策の徹底

　　イ　職場巡視，4S 活動（整理，整頓，清掃，清潔），KY（危険予知）活動，ヒヤリ・ハット事例の共有等の日常的な安全活動の充実・活性化

④　リスクアセスメントの実施

　　ア　リスクアセスメントによる機械設備等の安全化，作業方法の改善

　　イ　SDS（安全データシート）等により把握した危険有害性情報に基づく化学物質のリスクアセスメント及びその結果に基づく措置の推進

⑤　その他の取組

　　ア　安全に係る知識や労働災害防止のノウハウの着実な継承

　　イ　外部の専門機関，労働安全コンサルタントを活用した安全衛生水準の向上

　　ウ　「テレワークの適切な導入及び実施の推進のためのガイドライン」に基づく，安全衛生に配慮したテレワークの実施

(2)　業種の特性に応じた労働災害防止対策

①　小売業，社会福祉施設，飲食店等の第三次産業における労働災害防止対策

ア　全社的な労働災害の発生状況の把握，分析

イ　経営トップが先頭に立って行う安全衛生方針の作成，周知

ウ　職場巡視，4S活動（整理，整頓，清掃，清潔），KY（危険予知）活動，ヒヤリ・ハット事例の共有等の日常的な安全活動の充実・活性化

エ　安全衛生担当者の配置，安全意識の啓発

オ　パート・アルバイトの労働者への安全衛生教育の徹底

② 陸上貨物運送事業における労働災害防止対策

ア　荷台等からの墜落・転落防止対策，保護帽の着用

イ　荷主等の管理施設におけるプラットフォームの整備，床の凹凸の解消，照度の確保，混雑の緩和等，荷役作業の安全ガイドラインに基づく措置の推進

ウ　積み卸しに配慮した積付け等による荷崩れ防止対策の実施

エ　歩行者立入禁止エリアの設定等によるフォークリフト使用時の労働災害防止対策の実施

オ　トラックの逸走防止措置の実施

カ　トラック後退時の後方確認，立入制限の実施

③ 建設業における労働災害防止対策

ア　一般的事項

(ア) 「木造家屋等低層住宅建築工事墜落防止標準マニュアル」に基づく足場，屋根・屋上等の端・開口部，はしご・脚立等からの墜落・転落防止対策の実施，フルハーネス型墜落制止用器具の適切な使用

(イ) 足場の点検の確実な実施，本足場の原則使用，改正「手すり先行工法等に関するガイドライン」に基づく手すり先行工法の積極的な採用

(ウ) 職長，安全衛生責任者等に対する安全衛生教育の実施

(エ) 元方事業者による統括安全衛生管理，関係請負人に対する指導の実施

　　　㈠　建設工事の請負契約における適切な安全衛生経費の確保

　　　㈡　輻輳工事における適正な施工計画，作業計画の作成及びこれらに基づく工事の安全な実施

　　　㈢　一定の工事エリア内で複数の工事が近接・密集して実施される場合，発注者及び近接工事の元方事業者による工事エリア別協議組織の設置

　　イ　改正「山岳トンネル工事の切羽における肌落ち災害防止対策に係るガイドライン」に基づく対策の実施

　　ウ　令和6年能登半島地震の復旧，復興工事におけるがれき処理作業の安全確保，土砂崩壊災害，建設機械災害，墜落・転落災害の防止等，自然災害からの復旧・復興工事における労働災害防止対策の実施

　④　製造業における労働災害防止対策

　　ア　機械の危険部分への覆いの設置等によるはさまれ・巻き込まれ等防止対策の実施

　　イ　機能安全を活用した機械設備安全対策の推進

　　ウ　作業停止権限等の十分な権限を安全担当者に付与する等の安全管理の実施

　　エ　高経年施設・設備の計画的な更新，優先順位を付けた点検・補修等の実施

　　オ　製造業安全対策官民協議会で開発された，多くの事業場で適応できる「リスクアセスメントの共通化手法」の活用等による，自主的なリスクアセスメントの実施

　⑤　林業の労働災害防止対策

　　ア　チェーンソーを用いた伐木及び造材作業における保護具，保護衣等の着用並びに適切な作業方法の実施

　　イ　木材伐出機械等を使用する作業における安全の確保

(3)　業種横断的な労働災害防止対策

　①　労働者の作業行動に起因する労働災害防止対策

　　ア　作業通路における段差等の解消，通路等の凍結防止措置

　　　の推進

　イ　照度の確保，手すりや滑り止めの設置

　ウ　「転倒等リスク評価セルフチェック票」を活用した転倒リスクの可視化

　エ　運動プログラムの導入及び労働者のスポーツの習慣化の推進

　オ　中高年齢女性を対象とした骨粗しょう症健診の受診勧奨

　カ　「職場における腰痛予防対策指針」に基づく措置の実施

② 高年齢労働者，外国人労働者等に対する労働災害防止対策

　ア　「高年齢労働者の安全と健康確保のためのガイドライン（エイジフレンドリーガイドライン）」に基づく措置の実施

　イ　母国語教材や視聴覚教材の活用等，外国人労働者に理解できる方法による安全衛生教育の実施

　ウ　派遣労働者，関係請負人を含めた安全管理の徹底や安全活動の活性化

③ 交通労働災害防止対策

　ア　適正な労働時間管理，走行計画の作成等の走行管理の実施

　イ　飲酒による運転への影響や睡眠時間の確保等に関する安全衛生教育の実施

　ウ　災害事例，交通安全情報マップ等を活用した交通安全意識の啓発

　エ　飲酒，疲労，疾病，睡眠，体調不良の有無等を確認する乗務開始前の点呼の実施

④ 熱中症予防対策（ＳＴＯＰ！　熱中症　クールワークキャンペーン）

　ア　暑さ指数（WBGT）の把握とその値に応じた熱中症予防対策の実施

　イ　作業を管理する者及び労働者に対する教育の実施

　ウ　熱中症の発症に影響を及ぼすおそれのある疾病を有する者に対して医師等の意見を踏まえた配慮

⑤　業務請負等他者に作業を行わせる場合の対策

　　ア　安全衛生経費の確保等，請負人等が安全で衛生的な作業
　　　を遂行するための配慮

　　イ　その他請負人等が上記 **10**(1)〜 **10**(3)④に掲げる事項を
　　　円滑に実施するための配慮

安全の指標　令和6年度

＊＊ 目　　次 ＊＊

第6編　安全に関する主要指針・通達等

第7編　資料

第**1**編 労働災害の現況

GENERAL GUIDEBOOK
ON INDUSTRIAL SAFETY

図1　全産業における死傷者数の推移

概要

　わが国の労働災害による死亡者数は，昭和36年をピーク（6,712人）として長期的には減少傾向を示してきており，令和5年は755人となりました。一方，死傷者数は増加しており，135,371人となりました。労働災害による被災者数（労災保険新規受給者数（業務災害））は前年より増加し，年間約68万人ですが，その社会的・経済的損失は膨大なものです。

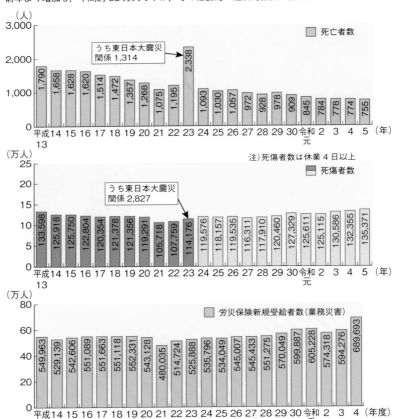

（資料出所：死亡者数は死亡災害報告。死傷者数は平成23年までは労災保険給付データおよび労働者死傷病報告，平成24年以降は労働者死傷病報告。新型コロナウイルス感染症へのり患による労働災害は除く。新型コロナウイルス感染症へのり患による労働災害は p.32 に掲載。労災保険新規受給者数は労働者災害補償保険事業年報）

図2 全産業における度数率, 強度率および死傷年千人率の推移

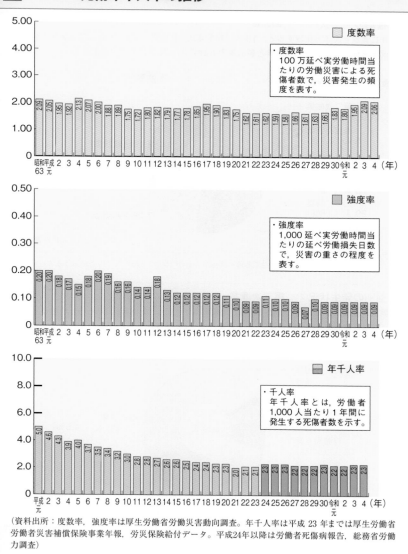

(資料出所:度数率, 強度率は厚生労働省労働災害動向調査。年千人率は平成23年までは厚生労働省労働者災害補償保険事業年報, 労災保険給付データ。平成24年以降は労働者死傷病報告, 総務省労働力調査)

図❸ 業種別死亡災害発生状況（令和5年）

業種別の発生状況①　全産業

　死亡者数を前年と比較すると，19人（対前年比−2.5%）の減少となっています。発生状況を業種別にみると，建設業と製造業の合計で47.8%を占めています。

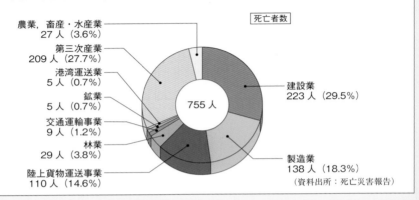

死亡者数

農業，畜産・水産業
27人（3.6%）

第三次産業
209人（27.7%）

港湾運送業
5人（0.7%）

鉱業
5人（0.7%）

交通運輸事業
9人（1.2%）

林業
29人（3.8%）

陸上貨物運送事業
110人（14.6%）

755人

建設業
223人（29.5%）

製造業
138人（18.3%）

（資料出所：死亡災害報告）

（注）構成比は端数処理の関係で合計が100%とならない場合があります。（以下同じ）

業種別の発生状況②　第三次産業

　第三次産業における死亡者数を前年と比較すると11人（対前年比+5.6%）増加しています。商業は前年に比べ，9人減少し，72人となっています（うち小売業は43人）。

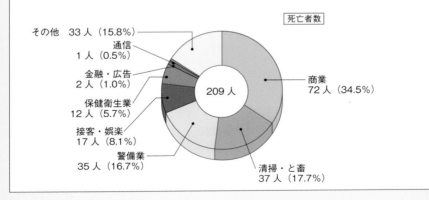

死亡者数

その他　33人（15.8%）

通信
1人（0.5%）

金融・広告
2人（1.0%）

保健衛生業
12人（5.7%）

接客・娯楽
17人（8.1%）

警備業
35人（16.7%）

209人

商業
72人（34.5%）

清掃・と畜
37人（17.7%）

図④　業種別死傷災害発生状況 (令和5年)

業種別の発生状況①　全産業

　労働災害による死傷者数（休業4日以上）は，全産業で13万5,371人となっています。発生状況を業種別にみると，製造業と陸上貨物運送事業，建設業の3業種の合計で4割超を占めています。また，第三次産業が6万人を超え，5割を占めています。

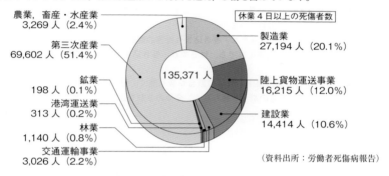

農業、畜産・水産業
3,269人（2.4%）

第三次産業
69,602人（51.4%）

鉱業
198人（0.1%）

港湾運送業
313人（0.2%）

林業
1,140人（0.8%）

交通運輸事業
3,026人（2.2%）

休業4日以上の死傷者数

135,371人

製造業
27,194人（20.1%）

陸上貨物運送事業
16,215人（12.0%）

建設業
14,414人（10.6%）

（資料出所：労働者死傷病報告）

業種別の発生状況②　第三次産業

　第三次産業における労働災害による死傷者数（6万9,602人）は前年と比較して2,853人増加しています。業種別にみると商業2万1,673人（うち小売業1万6,174人），保健衛生業1万8,786人（うち社会福祉施設1万4,049人），接客・娯楽9,686人（うち飲食店5,710人）の3業種の合計で7割以上を占めています。

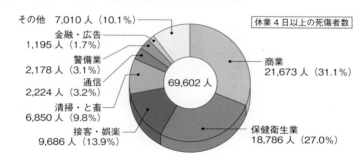

その他　7,010人（10.1%）

金融・広告
1,195人（1.7%）

警備業
2,178人（3.1%）

通信
2,224人（3.2%）

清掃・と畜
6,850人（9.8%）

接客・娯楽
9,686人（13.9%）

休業4日以上の死傷者数

69,602人

商業
21,673人（31.1%）

保健衛生業
18,786人（27.0%）

図5　主要産業における事故の型別労働災害発生状況
（令和5年）

事故の型別の状況

　全産業の死亡災害は，墜落・転落，交通事故（道路），はさまれ・巻き込まれによるものの割合が高く，この3つの型で全体の6割以上を占めています。

　また，死傷災害（休業4日以上）を事故の型別に分類すると，転倒が最も多く，次いで動作の反動・無理な動作，墜落・転落，はさまれ・巻き込まれの順となっており，この4種類で全体の7割近くを占めています。

　製造業の死亡災害では，はさまれ・巻き込まれ災害の割合が最も高くなっています。

　また，製造業における死傷災害でも，はさまれ・巻き込まれ災害が約3分の1を占めています。

　建設業の死亡災害では，墜落・転落の割合が最も高く，全体の約4割を占めています。死傷災害でも，墜落・転落の割合が最も高く，全体の3割を占めています。

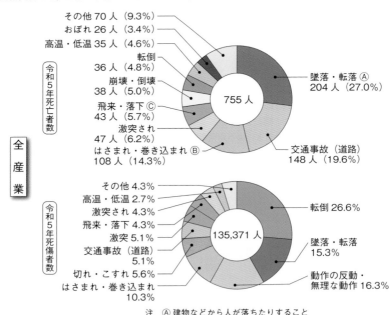

全産業

令和5年死亡者数

- その他 70人（9.3%）
- おぼれ 26人（3.4%）
- 高温・低温 35人（4.6%）
- 転倒 36人（4.8%）
- 崩壊・倒壊 38人（5.0%）
- 飛来・落下 Ⓒ 43人（5.7%）
- 激突され 47人（6.2%）
- はさまれ・巻き込まれ Ⓑ 108人（14.3%）
- 墜落・転落 Ⓐ 204人（27.0%）
- 交通事故（道路）148人（19.6%）

755人

令和5年死傷者数

- その他 4.3%
- 高温・低温 2.7%
- 激突され 4.3%
- 飛来・落下 4.3%
- 激突 5.1%
- 交通事故（道路）5.1%
- 切れ・こすれ 5.6%
- はさまれ・巻き込まれ 10.3%
- 転倒 26.6%
- 墜落・転落 15.3%
- 動作の反動・無理な動作 16.3%

135,371人

注　Ⓐ 建物などから人が落ちたりすること
　　Ⓑ 物や機械にはさまれたりすること
　　Ⓒ 物体が飛んできたり，落ちて人に当たったりすること

22

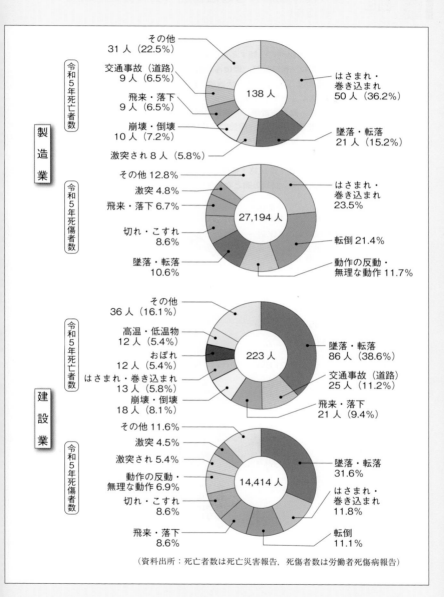

製造業

令和5年死亡者数

138人

その他
31人（22.5%）

交通事故（道路）
9人（6.5%）

飛来・落下
9人（6.5%）

崩壊・倒壊
10人（7.2%）

激突され8人（5.8%）

はさまれ・
巻き込まれ
50人（36.2%）

墜落・転落
21人（15.2%）

令和5年死傷者数

27,194人

その他12.8%

激突4.8%

飛来・落下6.7%

切れ・こすれ
8.6%

墜落・転落
10.6%

はさまれ・
巻き込まれ
23.5%

転倒21.4%

動作の反動・
無理な動作11.7%

建設業

令和5年死亡者数

223人

その他
36人（16.1%）

高温・低温物
12人（5.4%）

おぼれ
12人（5.4%）

はさまれ・巻き込まれ
13人（5.8%）

崩壊・倒壊
18人（8.1%）

墜落・転落
86人（38.6%）

交通事故（道路）
25人（11.2%）

飛来・落下
21人（9.4%）

令和5年死傷者数

14,414人

その他11.6%

激突4.5%

激突され5.4%

動作の反動・
無理な動作6.9%

切れ・こすれ
8.6%

飛来・落下
8.6%

墜落・転落
31.6%

はさまれ・
巻き込まれ
11.8%

転倒
11.1%

（資料出所：死亡者数は死亡災害報告，死傷者数は労働者死傷病報告）

23

図6 **主要産業における起因物別労働災害発生状況**
（令和5年）

起因物別の状況

全産業の死亡災害を起因物別に分類すると，動力運搬機に起因する災害の割合が最も高く，次いで仮設物・建築物・構築物等，環境等の順となっています。

また，死傷災害（休業 4 日以上）は，仮設物・建築物・構築物等，動力運搬機，用具に起因する災害の割合が高くなっています。

製造業の死亡災害では，動力運搬機，一般動力機械，仮設物・建築物・構築物等の順で割合が高くなっています。死傷災害では，仮設物・建築物・構築物等，一般動力機械，用具の順で割合が高く，仮設物・建築物・構築物等の割合が全産業よりも高くなっています。

建設業の死亡災害では，仮設物・建築物・構築物等の割合が 33.6% と高いことが目立っており，死傷災害でも仮設物・建築物・構築物等の割合が最も高く，全産業に比べても高くなっています。他に，用具，材料の順となっています。

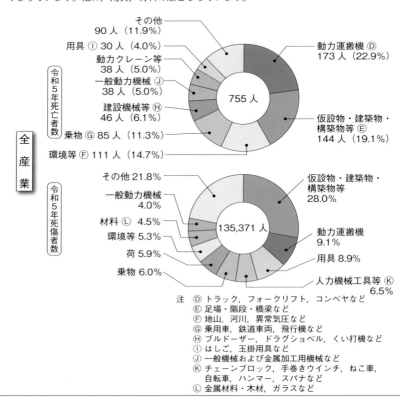

注 Ⓓ トラック，フォークリフト，コンベヤなど
Ⓔ 足場・階段・橋梁など
Ⓕ 地山，河川，異常気圧など
Ⓖ 乗用車，鉄道車両，飛行機など
Ⓗ ブルドーザー，ドラグショベル，くい打機など
Ⓘ はしご，玉掛用具など
Ⓙ 一般機械および金属加工用機械など
Ⓚ チェーンブロック，手巻きウインチ，ねこ車，
　 自転車，ハンマー，スパナなど
Ⓛ 金属材料・木材，ガラスなど

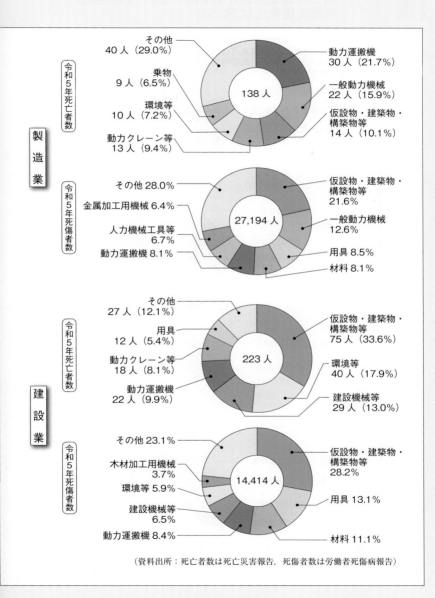

製造業

令和5年死亡者数

138 人
その他 40 人（29.0%）
乗物 9 人（6.5%）
環境等 10 人（7.2%）
動力クレーン等 13 人（9.4%）
動力運搬機 30 人（21.7%）
一般動力機械 22 人（15.9%）
仮設物・建築物・構築物等 14 人（10.1%）

令和5年死傷者数

27,194 人
その他 28.0%
金属加工用機械 6.4%
人力機械工具等 6.7%
動力運搬機 8.1%
仮設物・建築物・構築物等 21.6%
一般動力機械 12.6%
用具 8.5%
材料 8.1%

建設業

令和5年死亡者数

223 人
その他 27 人（12.1%）
用具 12 人（5.4%）
動力クレーン等 18 人（8.1%）
動力運搬機 22 人（9.9%）
仮設物・建築物・構築物等 75 人（33.6%）
環境等 40 人（17.9%）
建設機械等 29 人（13.0%）

令和5年死傷者数

14,414 人
その他 23.1%
木材加工用機械 3.7%
環境等 5.9%
建設機械等 6.5%
動力運搬機 8.4%
仮設物・建築物・構築物等 28.2%
用具 13.1%
材料 11.1%

（資料出所：死亡者数は死亡災害報告，死傷者数は労働者死傷病報告）

図7　第三次産業における事故の型別・起因物別 労働災害発生状況（令和5年）

　第三次産業においては，事故の型別の死亡者数では交通事故（道路）と墜落・転落で約6割を占めています。死傷者数（休業4日以上）は転倒と動作の反動・無理な動作（腰痛など）で全体の5割以上を占めています。起因物別の死傷者数では，仮設物・建築物・構築物等が約3分の1を占めています。

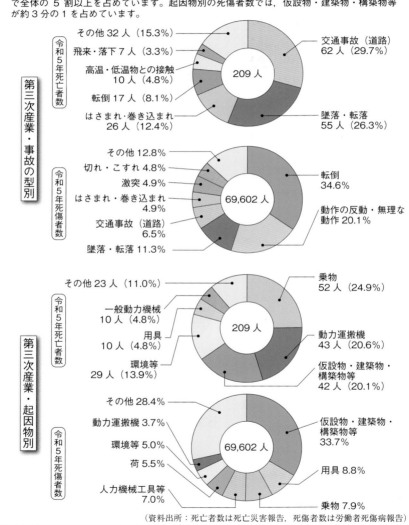

第三次産業・事故の型別

令和5年死亡者数　209人
- 交通事故（道路）62人（29.7%）
- 墜落・転落 55人（26.3%）
- はさまれ・巻き込まれ 26人（12.4%）
- 転倒 17人（8.1%）
- 高温・低温物との接触 10人（4.8%）
- 飛来・落下 7人（3.3%）
- その他 32人（15.3%）

令和5年死傷者数　69,602人
- 転倒 34.6%
- 動作の反動・無理な動作 20.1%
- 墜落・転落 11.3%
- 交通事故（道路）6.5%
- はさまれ・巻き込まれ 4.9%
- 激突 4.9%
- 切れ・こすれ 4.8%
- その他 12.8%

第三次産業・起因物別

令和5年死亡者数　209人
- 乗物 52人（24.9%）
- 動力運搬機 43人（20.6%）
- 仮設物・建築物・構築物等 42人（20.1%）
- 環境等 29人（13.9%）
- 用具 10人（4.8%）
- 一般動力機械 10人（4.8%）
- その他 23人（11.0%）

令和5年死傷者数　69,602人
- 仮設物・建築物・構築物等 33.7%
- 用具 8.8%
- 乗物 7.9%
- 人力機械工具等 7.0%
- 荷 5.5%
- 環境等 5.0%
- 動力運搬機 3.7%
- その他 28.4%

（資料出所：死亡者数は死亡災害報告，死傷者数は労働者死傷病報告）

図⑧　産業別死傷年千人率の推移

	平成11年	12	13	14	15	16	17	18	19	20	21	22
林　業	29.3	28.7	27.6	27.7	29.7	27.7	26.8	26.3	29.5	29.9	30.0	28.6
陸上貨物運送事業	9.8	9.8	10.0	9.2	9.3	8.9	8.4	8.3	8.2	7.9	6.4	7.0
鉱　業	18.3	17.4	17.7	16.5	19.1	18.3	18.8	16.9	16.3	14.0	14.2	13.9
建設業	6.3	6.3	6.2	6.1	6.0	6.0	5.8	5.7	5.6	5.3	4.9	4.9
製造業	3.6	3.6	3.5	3.3	3.4	3.4	5.8	3.2	3.2	3.0	2.5	2.6

	23	24	25	26	27	28	29	30	令和元	2	3	4
林　業	27.7	31.6	28.7	26.9	27.0	31.2	32.9	22.4	20.8	25.5	24.7	23.5
陸上貨物運送事業	7.1	8.4	8.3	8.4	8.2	8.2	8.4	8.9	8.5	8.9	9.3	9.1
鉱　業	13.9	9.9	12.0	8.1	7.0	9.2	7.0	10.7	10.2	10.0	10.8	9.9
建設業	5.2	5.0	5.0	5.0	4.6	4.5	4.5	4.5	4.5	4.5	4.9	4.5
製造業	2.7	3.0	2.8	2.9	2.8	2.7	2.7	2.8	2.7	2.6	2.9	2.7

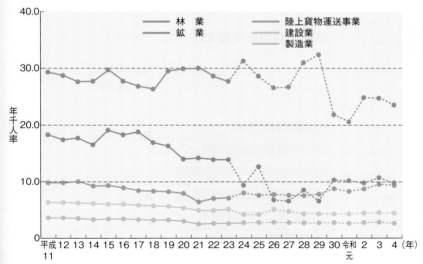

（資料出所：平成23年までは厚生労働省労働者災害補償保険事業年報，労災保険給付データ。平成24年以降は労働者死傷病報告，総務省労働力調査）

図⑨　事業場規模別死傷災害発生状況 (令和5年)

規模別の状況

　労働災害による死傷者数（休業 4 日以上）を事業場の規模別でみると，規模 100 人未満の事業場で全体の約 75%の災害が発生しています。

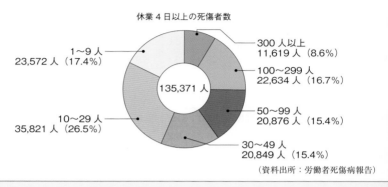

休業 4 日以上の死傷者数

300 人以上
11,619 人 (8.6%)

100〜299 人
22,634 人 (16.7%)

50〜99 人
20,876 人 (15.4%)

30〜49 人
20,849 人 (15.4%)

10〜29 人
35,821 人 (26.5%)

1〜9 人
23,572 人 (17.4%)

135,371 人

(資料出所：労働者死傷病報告)

図⑩　事業場規模別死傷年千人率 (令和5年)

　規模別の死傷年千人率をみると，製造業では，規模が小さい事業場の年千人率が高く，労働者数1〜9 人，10〜29 人，30〜49 人，および 50〜99 人の規模の事業場の年千人率は，いずれも 300 人以上の規模の事業場の約 3 倍となっています。(※(　)内は令和 4 年)

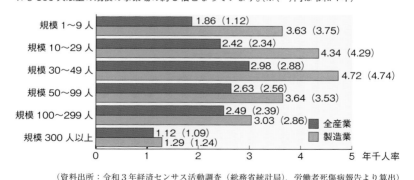

	全産業	製造業
規模 1〜9 人	1.86 (1.12)	3.63 (3.75)
規模 10〜29 人	2.42 (2.34)	4.34 (4.29)
規模 30〜49 人	2.98 (2.88)	4.72 (4.74)
規模 50〜99 人	2.63 (2.56)	3.64 (3.53)
規模 100〜299 人	2.49 (2.39)	3.03 (2.86)
規模 300 人以上	1.12 (1.09)	1.29 (1.24)

年千人率

(資料出所：令和 3 年経済センサス活動調査 (総務省統計局)，労働者死傷病報告より算出)

図11 年齢階層別死傷災害（休業4日以上）の推移

年齢階層別の状況（全産業）

　令和5年の休業4日以上の死傷者数を年齢階層別にみると，60歳以上が3万9,702人（29.3％）と最も多く，50〜59歳の労働者層の災害も全産業で3万5,657人（26.3％）と，依然として高年齢労働者に多発しています。

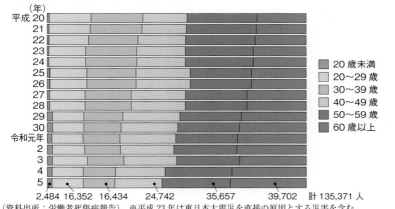

（資料出所：労働者死傷病報告）　※平成23年は東日本大震災を直接の原因とする災害を含む。

図12 年齢階層別死傷年千人率（休業4日以上）（令和5年）

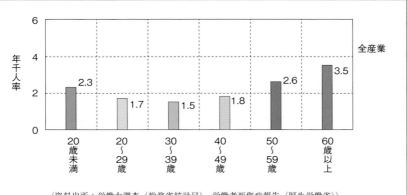

（資料出所：労働力調査（総務省統計局），労働者死傷病報告（厚生労働省））

機械設備による労働災害の推移
（休業 4 日以上の死傷者数）

令和 5 年の機械設備による災害の死傷者数は，全体で 2 万 5,135 人で全災害（13 万 5,371 人）の 18.6％を占めており，依然として多発しています。

機械別にみると，「動力運搬機」が 1 万 2,294 人と最も多く，「一般動力機械および金属加工用機械」（7,613 人）が続いています。

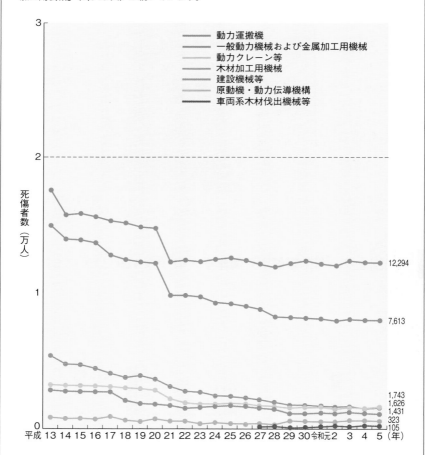

（資料出所：労働者死傷病報告）※平成 23 年は東日本大震災を直接の原因とする災害を含む。

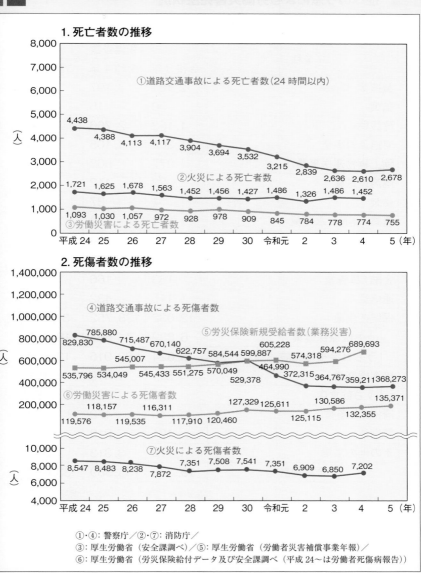

1. 死亡者数の推移

①道路交通事故による死亡者数（24時間以内）

②火災による死亡者数

③労働災害による死亡者数

2. 死傷者数の推移

④道路交通事故による死傷者数

⑤労災保険新規受給者数（業務災害）

⑥労働災害による死傷者数

⑦火災による死傷者数

①・④：警察庁／②・⑦：消防庁／
③：厚生労働省（安全課調べ）／⑤：厚生労働省（労働者災害補償事業年報）／
⑥：厚生労働省（労災保険給付データ及び安全課調べ（平成24〜は労働者死傷病報告））

安全衛生ピックアップデータ：新型コロナウイルス感染症へのり患による労働災害発生状況

（業種別内訳）

業種	死傷者数		
	令和3年	令和4年	令和5年
製造業	2,181	4,197	481
鉱業	0	15	0
建設業	1,153	2,766	148
交通運輸事業	302	1,105	268
陸上貨物運送事業	377	503	28
港湾運送業	22	112	5
林業	1	37	5
農業・畜産・水産業	41	178	3
商業	970	2,304	333
うち小売業	435	1,370	219
金融・広告業	163	166	20
通信業	115	432	58
保健衛生業	12,032	138,752	31,617
うち医療保健業	6,389	74,594	18,265
うち社会福祉施設	5,624	63,916	13,302
接客娯楽業	511	1,419	181
うち飲食店	350	708	52
清掃・と畜業	245	472	69
警備業	101	218	34
その他の事業	1,118	3,313	387
全業種計	19,332	155,989	33,637

厚生労働省「労働災害発生状況の分析等」より作成

第2編 トピックス

GENERAL GUIDEBOOK ON INDUSTRIAL SAFETY

1　足場からの墜落防止措置が強化されます

　墜落・転落による死亡災害は長期的には減少傾向を示していますが，未だに200人近くの労働者が亡くなっています。死亡，死傷の最も多い事故の型別は「墜落・転落」であり，死亡災害では約4割，死傷災害の約3割を占めています。

　このような災害を減らすため，厚生労働省では足場に関する法定の墜落防止措置を定める安衛則を改正し，足場からの墜落防止措置を強化しました。

1　一側足場の使用範囲が明確化されます

【安衛則第561条の2　令和6年4月1日施行】

幅が1メートル以上の箇所において足場を使用するときは，原則として本足場を使用することが必要になりました。

　令和6年4月1日以降，幅が1メートル以上の箇所において足場を使用するときは，原則として本足場を使用する必要があります。なお，幅が1メートル未満の場合であっても，可能な限り本足場を使用しなければなりません。

　つり足場の場合や，設備，出窓といった建築物など障害物の存在その他の足場を使用する場所の状況により本足場を使用することが困難，または本足場を使用することにより建築物等と足場との間隔が広くなり，墜落・転落災害のリスクが高まるときは，本足場を使用しなくても差し支えありません。

2　足場の点検時には点検者の指名が必要になります

【安衛則第567条，第568条，第655条　令和5年10月1日施行】

事業者および注文者が足場の点検（つり足場を含む。）を行う際は，あらかじめ点検者を指名することが必要になりました。

　点検者の氏名の方法は「書面で伝達」「朝礼等に際し口頭で伝達」「メール，電話等で伝達」「あらかじめ点検者の氏名順を決めて

その順番を伝達」等，点検者自らが点検者であるという認識を持ち，責任を持って点検ができる方法で行うこととされています。

　事業者または注文者が行う足場の組立て，一部解体または一部変更の後の点検は，

・　足場の組立て等作業主任者であって，足場の組立て等作業主任者能力向上教育を受講している者
・　労働安全コンサルタント（土木または建築）等安衛法第88条に基づく足場の設置等の届出に係る「計画作成参画者」に必要な資格を有する者
・　全国仮設安全事業協同組合が行う「仮設安全監理者資格取得講習」を受けた者
・　建設業労働災害防止協会が行う「施工管理者等のための足場点検実務研修」を受けた者

等十分な知識・経験を有する者を指名することが適切であり，「足場等の種類別点検チェックリスト」を活用することが望まれます。

3　足場の組立て等の後の点検者の氏名の記録・保存が必要になります

【安衛則第567条，第655条　令和5年10月1日施行】
足場の組立て，一部解体，変更等の後の点検後に，点検者の氏名を記録・保存することが必要になります。

　事業者または注文者が行う足場の組立て，一部解体または一部変更の後の点検後に2で指名した点検者の氏名を記録および保存しなければなりません。

　　　足場からの墜落防止措置　　検索

　また，この法令改正を反映して「手すり先行工法等に関するガイドライン」も改正されています（p.229参照）。

2 事業者が行う立入禁止等の措置 労働者以外の者も対象に

　労働安全衛生法に基づく省令改正（令和6年4月30日公布）により，安衛則，ボイラー則，クレーン則，ゴンドラ則について，危険箇所等において事業者が行う退避や立入禁止等の措置を同じ作業場所にいる労働者以外の者（一人親方や他社の労働者，資材搬入業者・警備員など，契約関係は問わない）も対象とすることが義務付けられ，令和7年4月1日より施行されます。

　令和3年5月に建設アスベスト訴訟の最高裁判決において安衛法第22条は，「同じ場所で働く労働者以外の者も保護する趣旨」と判断されたことから，令和4年4月に特化則，有機則等について同条に基づく条項の改正が行われました（令和5年4月1日施行）。

　今回は，令和5年10月に発表された安衛法第22条以外の規定について労働者以外の者に対する安全衛生対策として必要な事項を検討した「個人事業者等に対する安全衛生対策のあり方に関する検討会」の報告書に基づき，安衛法第25条に基づく「災害発生時等の作業場所からの退避」や第20条，第21条に基づく「立入禁止等」について関係法令を改正したものです。

【具体的な措置】
・危険が発生するおそれのある場所に立ち入ることの禁止
・危険が発生するおそれのある箇所（車両の荷台など）に搭乗することの禁止
・事故発生時の退避
・退避に関する退避用器具等の備付け，訓練の実施
・火気使用の禁止
・悪天候時の作業禁止
・危険箇所で例外的に作業をする際に保護具等をする必要がある

ことの周知

　個人事業者等の安全衛生対策について，厚生労働省では今後さらに，健康管理に関するガイドラインの策定や，総括管理の対象に個人事業者等を含めることや機械等貸与者等の講ずる措置において対象機器等の追加等を検討していくこととしています。

3 職場における化学物質管理の動向について 自律的な化学物質管理がスタート

　令和４年２月24日に「労働安全衛生法施行令の一部を改正する政令（政令第51号）」が，令和４年５月31日に「労働安全衛生規則の一部を改正する省令（厚生労働省令第91号）」が公布され，個別の物質ごとに特定化学物質障害予防規則等（以下「特別則」という）で規制されてきた化学物質管理に加え，事業者がリスクアセスメントを行い，その結果に基づきばく露防止措置を選択・実施する「自律的な化学物質管理」の導入がスタートしましたが，令和６年４月１日までに全てが施行されました。粉じん障害防止規則や特別則による個々の化学物質等に対する措置が定められている物質等を除き，危険性・有害性が確認されたリスクアセスメント対象物に対して，それぞれの事業場が「自律的な化学物質管理」を進めていくことが必要となりますが，令和６年４月１日には234物質が追加され，896物質がその対象となりました。今後，令和８年度までに約2,300物質あまりが対象となることが決まっており，以後も段階的に増えていく予定です。「自律的な化学物質管理」では，安全データシート（SDS）の化学物質の危険性・有害性情報などによるリスクアセスメントの実施を事業者に義務付け，必要なリスク低減措置については，事業者の責任において選択することができます。また，化学物質管理の水準が一定以上の事業場については，特別則の個別規制の適用を除外し，特別則の適用物質の管理を「自律的な化学物質管理」で行うことができるようになりました。詳細はこちらのQRコードより厚生労働省ホームページをご覧ください。

https://www.mhlw.go.jp/stf/seisakunitsuite/bunya/0000099121_00005.html

改正の主な内容

┌─【安衛則】─

１．事業場における化学物質管理に関する管理体制の強化

(1) 化学物質管理者の選任の義務化（業種・規模の要件なし）

(2) 保護具着用管理責任者の選任の義務化

(3) 雇入れ時等教育の拡充（トピックス６参照）

２．化学物質の危険性・有害性に関する情報伝達の強化

(1) SDS 等による通知方法の柔軟化

(2) SDS の「人体に及ぼす作用」の定期確認，更新

(3) SDS 等による通知事項の追加及び含有率表示の適正化

(4) 化学物質を事業場内で別容器等で保管する際の措置の強化

３．リスクアセスメントに基づく自律的な化学物質管理の強化

(1) リスクアセスメント結果等の記録の作成と保存

(2) 化学物質による労働災害発生事業場等への労働基準監督署長による指示

(3) リスクアセスメント対象物に係る事業者の義務

① ばく露される程度を最小限度にする

② 濃度基準値設定物質について労働者がばく露される程度を基準値以下にする

③ ①，②に基づくばく露の状況について労働者からの意見聴取，記録作成，保存

④ リスクアセスメント対象物以外の物質のばく露される程度を最小限度にするように努める

⑤ リスクアセスメントの結果に基づき事業者が自ら選択して講じるばく露防止措置の一環としての健康診断の実施，記録作成等

⑥ がん原性物質の作業記録の保存

(4) 化学物質への直接接触の防止
皮膚・眼刺激性，皮膚腐食性又は皮膚から吸収され健康

障害を引き起こし得る有害性に応じて皮膚障害等防止用保
護具を使用させることとする。

4．化学物質の自律的な管理の状況に関する労使等のモニタリ
ング

　　衛生委員会における付議事項として，化学物質の自律的な
管理の実施状況の調査審議を行うことを義務付ける。

5．化学物質に起因するがん等の遅発性疾病の把握の強化

─【特別則等】─────────────────────────

6．化学物質管理の水準が一定以上の事業場の個別規制の適用
除外

　　化学物質管理の水準が一定以上であると所轄都道府県労
働局長が認定した事業場については特別則について個別規
制の適用を除外し，特別則の適用物質に係る管理を事業者
による自律的な管理（リスクアセスメントに基づく管理）
に委ねることができることとする。

7．作業環境測定結果が第三管理区分の事業場に対する措置の
強化

8．ばく露の程度が低い場合における健康診断の実施頻度の緩
和

　　特別則による特殊健康診断の実施頻度について，作業環
境管理やばく露防止対策等が適切に実施されている場合に
は，実施頻度（通常6月以内ごとに1回）を1年以内ごと
に1回に緩和できることとする。

4　建設業，自動車運転者，医師など時間外労働の上限適用 ～令和6年4月1日より～

　働き方改革の一環により，平成31年4月に時間外労働の上限が規定されています（労働基準法）。

　ただし，下記業種・業務においては長時間労働を背景に業務の特殊性や取引慣例に課題があることから，適用が5年間猶予されていました。令和6年4月1日より，一部特例つきで時間外労働の上限が適用となります。

【時間外労働の上限規制】

○原則として月45時間，年360時間（限度時間）以内

○臨時的な特別な事情がある場合でも

　　年720時間

　　単月100時間未満（休日労働含む）

　　複数月平均80時間以内（休日労働含む）

　　限度時間を超えて時間外労働を延長できるのは年6カ月が限度

工作物の建設の事業	：災害時における復旧・復興事業の場合，これまでの「時間外労働と休日労働の合計が月100時間未満，2～6カ月平均80時間以内とする」規制は適用されない。
自動車運転者の業務	：臨時的な特別な事情がある場合は上限が年960時間。 これまでの「時間外労働と休日労働の合計が月100時間未満，2～6カ月平均80時間以内とする」「時間外労働が月45時間超えることができるのは年6カ月まで」とする規制は適用されない。

医業に従事する医師：臨時的な特別な事情がある場合の年間時間外・休日労働の上限が最大年1,860時間（A水準：960時間，連携B（医師を派遣する病院）・B水準（救急医療等）：1,860時間，C-1水準（臨床・専門研修）・C-2水準（高度技能の修得研修）1,860時間）となりました。

また「自動車運転者の労働時間の改善のための基準」（改善基準告示）が令和4年に改正され，令和6年4月1日から適用されており，年間の拘束時間を3,300時間とするなど見直しが行われています。

適用後は，働き方に制限がかかるため，人手不足による工期の遅れや輸送量の減少による物流の遅れなど，全産業に係る影響が懸念されています。

5　労働者死傷病報告等の電子申請の原則義務化

　令和 7 年 1 月 1 日から，労働災害統計や政策の企画・立案の基盤となる労働者死傷病報告等については，デジタル技術の活用により原則電子申請になることになりました（令和 6 年 3 月 18 日公布）。

　電子申請化により，事業者の報告の円滑化や，負担軽減や報告内容の適正化，統計処理の効率化等をより一層推進することを目的としており，スマートフォンやタブレット，パソコン上だけで申請が可能となります。もし，パソコンやスマートフォン等を所持していない事業者には，労働基準監督署に設置しているタブレットで申請できるよう体制を整備していく予定です。

　このほか，**表**の報告についても原則電子申請となります。

　また，これに伴い，詳細な業種・職種別の集計や，災害発生状況・要因等の的確な把握が容易となるよう，コード入力方式への変更および記載欄の分割等，報告内容・様式の改正が行われます。

表

　義務化の対象

・じん肺健康管理実施状況報告
・総括安全衛生管理者，安全管理者，衛生管理者，産業医選任報告
・定期健康診断結果報告
・有害な業務に係る歯科健康診断結果等報告
・心理的な負担の程度を把握するための検査結果等報告
・有機溶剤等健康診断結果報告

　義務化対象外（電子申請可能）

・足場／局所排気装置等の設置・移転・変更届（安衛法第 88 条に基づく届出）
・特定化学物質など各種特殊健康診断結果報告
・特定元方事業者の事業開始報告

6　雇入れ時教育の拡充
～令和6年4月1日より～

　これまで特定の業種では，安衛法第59条の雇入れ時等教育について一部の項目省略が認められていましたが，令和6年4月1日より省略規定が廃止となりました。またその上で，危険性・有害性のある化学物質を製造し，または取り扱う全ての事業場において，化学物質の安全衛生に関する必要な教育が行われるようにします。

　これは，化学物質による新たな規制のため，令和4年5月31日の安衛則等の改正によるものです。省略対象だった危険有害作業に係る教育部分については，化学物質の自律的な管理において，作業に従事する労働者自身も，取り扱う化学物質へのばく露防止を確実なものとするために業種の限定を外し実施することとなりました。

　雇入れ時等教育の教育項目（以下の1～8の各項目について，当該労働者が従事する業務に関する安全又は衛生のため必要な事項について実施）
1. 機械等，原材料等の危険性又は有害性及びこれらの取り扱い方法に関すること
2. 安全装置，有害物抑制装置又は保護具の性能及びこれらの取り扱い方法に関すること
3. 作業手順に関すること
4. 作業開始時の点検に関すること
5. 当該業務に関して発生するおそれのある疾病の原因及びその予防に関すること
6. 整理，整頓及び清潔の保持に関すること
7. 事故時等における応急措置及び退避に関すること
8. 前各号に掲げるもののほか，当該業務に関する安全又は衛生のために必要な事項

※上記の1～4の項目は省略できなくなりました。

7　ゼロ災害全員参加運動（ゼロ災運動）50 年と これからのゼロ災運動
―ゼロ災運動の理念 3 原則を再構築しました―

1．基本理念 3 原則の再構築

　ゼロ災害全員参加運動（以下「ゼロ災運動」という）は，人間尊重を基本理念に据え，「ゼロ」「先取り」「参加」の 3 原則のもと，厳しく一切の労働災害を許さず，全員参加の努力と協力を積み重ね安全と健康を先取りして，人間中心の明るくいきいきとした職場づくり人づくりを進める取り組みです。社会環境の変化にとらわれない人間尊重の理念の普遍性は，業種や雇用形態，年代に関係なく広く浸透されることが求められています。ゼロ災運動は，1973（昭和 48）年に中央労働災害防止協会（以下，「中災防」という）が提唱して以来，労働災害防止に大きく貢献してきました。

　近年の産業構造および労働災害の傾向が大きく変化したこと，2023（令和 5）年にゼロ災運動が 50 周年を迎えたことを機に，令和 5 年度に今後のゼロ災運動を見据え基本理念 3 原則の再構築を行いました（図）。

ゼロの原則	先取りの原則	参加の原則
ゼロ災害とは，職場や作業にひそむ全ての危険を発見・把握・解決し，根底から労働災害をゼロにし，さらには心とからだの健康や働きがいの向上につなげていこうとすることである。	先取りとは，心とからだの健康や，自主性自発性を生かしつつ職場の活力を高め，職場や作業にひそむ全ての危険を低減するとともに，行動する前に発見・把握・解決して，事故・災害の発生を予防したり防止したりすることである。	ゼロ災運動における参加とは，職場や作業にひそむ全ての危険を発見・把握・解決するために，トップをはじめ全員が一致協力してそれぞれの立場・持場で，行動を実践することをいう。
●ポイント ゼロを目指すだけでなく，さらに「心とからだの健康」や「働きがい」の向上といった「プラス」の視点を加えました。	●ポイント 「心とからだの健康」「自主性自発性を生かし職場活力」を向上すること，心身の不調の改善，リスクアセスメントの視点を加えました。	●ポイント 「トップ」の重要性を改めて強調しました。

図　ゼロ災運動理念 3 原則　　（ポイントは再構築の要点）

2.「ゼロ」のその先へ －BEYOND・ZERO（ビヨンド・ゼロ）－

　人間尊重を基本理念に据え，厳しく一切の労働災害を許さず，人間中心の明るくいきいきとした職場づくりを進めるために，仕事への熱意や誇りを持ち，仕事から達成感や喜びを得ること，またストレスや疲労を軽減するために，働きがいを高めることは大切です。さらに，働く人の高年齢化が進展する中，働きがいを感じながら仕事を継続するためには，健康不調を改善し，健康を維持するだけでなく，心とからだの健康づくりに努めることが必要です。

　「ゼロ災害」「ゼロ疾病」を目指すとともに「ゼロ」のその先を志向する「働きがい」「健康づくり」という職場づくり・人づくりに必要な「プラス」の視点を理念3原則に付加し，新たな安全衛生をゼロ災運動は追求していきます。

　今後，中災防では，新たな視点をゼロ災運動研修のカリキュラムに取り入れ，健康づくりおよび人づくり・職場づくりの取組みを積極的に支援していきます。

8　トラックの荷役作業時における安全対策強化

　陸上貨物運送事業における労働災害が増加傾向にあり、労働災害の7割を占め、その多くが荷主、配送先等で発生しています。こうした事態を受け、厚生労働省ではトラックからの墜落・転落災害の防止対策の強化を図りました。

【安衛則の改正】
① 　昇降設備の設置及び保護帽の着用が必要な貨物自動車の範囲が拡大されました。
（令和5年10月～）
　これまで最大積載量が5 t以上の貨物自動車を対象としていましたが、最大積載量2 t以上5 t未満の貨物自動車の荷役作業時の昇降設備の設置および保護帽の着用が義務付けられました。
② 　テールゲートリフターを使用して荷を積み卸す作業への特別教育が義務化されました。
（令和6年2月～）
　学科教育4時間、実技2時間の安全衛生に係る特別教育を行うことが必要になりました。
③ 　運転位置から離れる場合の措置が一部改正されました。
（令和5年10月～）
　運転席から離れてテールゲートリフターを操作する場合において、原動機の停止義務等が除外されました。ただし、ブレーキを確実にかける等の逸走防止措置が必要です。

　その他に「陸上貨物運送事業における荷役作業のガイドライン」も改正されています。

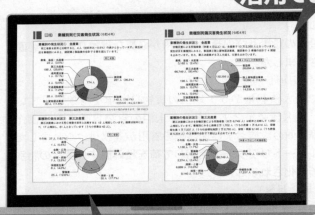

第**3**編 労働災害防止対策の
基本

GENERAL GUIDEBOOK
ON INDUSTRIAL SAFETY

第1章　安全衛生管理体制の確立

　事業場の安全衛生を確保するためには，労働安全衛生法令の順守はもとより，事業場の自主的な安全衛生活動への取組みが必須となります。効果のあがる安全衛生管理を行うためには，事業場トップから各級の管理者，監督者に至るまで，それぞれの役割，責任，権限を明らかにして安全衛生管理のための活動に取り組む必要があります。また，労働者の意見を聴く場を設けることも重要です。

1　事業場トップの役割

　労働災害の防止は「事業者の責務」であり，この責務を全うするには，何よりも事業場トップが労働者の安全と健康の確保を自らの課題として認識し，率先してこれに取り組むことが必要です。

　事業場トップは，まず自らの安全衛生に対する姿勢を明確にし，それを「安全衛生方針」という形で表明することが重要です。事業場の安全衛生についての目標・計画は，この方針に基づいて設定・作成し，実施することになります。さらに，事業場トップは年度の終わりなどの節目において，実施してきた安全衛生管理活動がこの方針・目標・計画に基づいて適切に行われたかについて確認し，必要があれば次年度に向けた改善を指示することが求められます。

　したがって事業場トップの姿勢が，事業場の安全衛生水準を決定するといっても過言ではなく，事業場トップが安全衛生管理に積極的に関わることで，「事業者の責務」を全うする意思を示していくことが肝要です。

2　安全衛生管理体制

　どのような安全衛生管理体制にするかは業種，規模などによってさまざまですが，総括安全衛生管理者の選任など，労働安全衛生法令で義務付けられている事項を確実に実施した上で，その事業場の実態に即した，生産などの事業活動と一体になった体制とすることが必要です（第7編資料のp. 249およびp. 253参照）。

　基本的な安全衛生管理体制は，事業の実施を統括管理する者，すなわち事業場トップを総括安全衛生管理者として選任して，安全衛生の業務全般を統括管理させるとともに，安全管理者，衛生管理者，産業医，作業主任者などをも選任し，個々の具体的な労働災害防止活動を実施させるものです。

　総括安全衛生管理者の選任義務のない事業場では，事業者自らが直接，安全衛生の業務全般を統括管理するか，あるいは，その事業場の責任者にその業務を行わせることになります。このほか，業種，

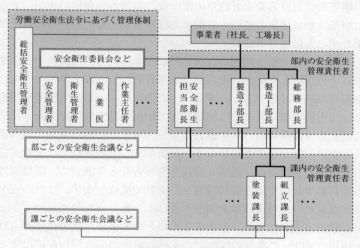

図1　安全衛生管理体制（例）

規模によっては，安全管理者などと同様の業務を担当させる安全衛生推進者などを選任しなければならない事業場もあります。また，作業主任者の他にも，作業指揮者の選任を義務付けている作業があります。さらに，こうした選任義務はありませんが，職長（労働者を直接指導・監督する者）は現場における安全衛生管理のキーパーソンであるため，特定の業種を対象に安全衛生教育を受けることが義務付けられています（第7編資料 p. 258 参照）。

　なお，事業者は，安全衛生管理体制を整備し，各級の管理監督者に必要な権限を委任した場合でも，それぞれの業務の履行状況の報告を求めるなどによって事業場の安全衛生管理の実状を把握し，改善などの措置を講じることを指示し，その実施状況を監督していくなど，事業場全体の安全衛生管理を責任を持って進める必要があります。

3　安全衛生委員会

　事業場における安全と健康の確保は，事業者の責務ですが，実際に事業活動に従事している労働者の理解と協力なくしてその責任を果たすことはできません。

　事業場の安全衛生問題の改善・解決のためには，労働者が安全衛生に十分な関心を持ち，その意見を事業者の行う安全衛生のための措置に反映させることが必要です。このため，一定の規模の事業場では，労働者の危険または健康障害の防止の基本対策など安全衛生に関する重要事項について調査審議し，事業者に対し意見を述べさせるため，安全衛生委員会などを設置することとされています。

　安全衛生委員会は，総括安全衛生管理者などを議長に，議長以外の委員の半数は労働者側が推薦した委員で構成します。また，安全衛生委員会は毎月1回以上開催すればよいというものではなく，十分な調査審議が行われ，意義あるものとなるよう，法令に定められた事項（表1）の審議のほかに，①毎月新味のある情報を提供する，②各職場で行っている日常の安全衛生活動の報告を行わせる，など

その活性化への努力が必要です。なお，安全衛生委員会における議事の概要は，労働者に周知させなければならないと法令で定められています。

表1　安全衛生委員会において審議すべき事項
（安衛法第17条，第18条，安衛則第21条，第22条より）

① 労働者の危険又は健康障害を防止するための基本となるべき対策に関すること。
② 労働者の健康の保持増進を図るための基本となるべき対策に関すること。
③ 安全衛生に関する計画の作成，実施，評価及び改善に関すること。
④ 安全衛生に関する規程の作成に関すること。
⑤ 労働災害の原因及び再発防止対策に関すること。
⑥ 危険性又は有害性等の調査及びその結果に基づき講ずる措置に関すること。
⑦ 安全衛生教育の実施計画の作成に関すること。
⑧ 化学物質の有害性調査とその結果に対する対策の樹立に関すること。
⑨ 作業環境測定の結果及びその結果の評価に基づく対策の樹立に関すること。
⑩ 健康診断等の結果及びその結果に対する対策の樹立に関すること。
⑪ 労働者の健康の保持増進を図るため必要な措置の実施計画の作成に関すること。
⑫ 長時間労働による労働者の健康障害の防止を図るための対策の樹立に関すること。
⑬ 労働者の精神的健康の保持増進を図るための対策の樹立に関すること。
⑭ リスクアセスメント対象物に労働者がばく露される程度の低減措置に関すること並びに医師又は歯科医師によるリスクアセスメント対象物健康診断の実施に関すること。
⑮ 労働基準監督署等からの命令，勧告等のうち，労働者の危険又は健康障害の防止に関すること。

　また，安全衛生委員会のほかに，部や課などで安全衛生会議等の機会を設けて，それぞれの部や課などに固有の安全衛生に関する事項について検討し，改善を進めることも重要です。

　安全衛生委員会の設置の義務のない事業場においても，安全衛生に関する事項について関係労働者の意見を聴く機会を設けることが必要です。

第2章　労働安全衛生マネジメントシステムの導入と定着

　労働安全衛生マネジメントシステム（以下「OSHMS」(Occu-pational Safety and Health Management System) という）が，わが国産業界で関心を呼び，その必要性が叫ばれ始めた背景として，国際労働機関（ILO）におけるガイドライン化などの動向とともに，わが国の労働災害の減少率に鈍化の傾向がみられたことや，次のような安全衛生活動そのものの閉塞感があったことが考えられます。

① 　現場において，安全衛生活動がともすれば担当者まかせになっていたり，災害が発生してからの事後対策であったり，また，その場限りの対策に終わってしまっているという，安全衛生管理に行き詰まり感があったこと。

② 　熟練した担当者が退職することにより，そのノウハウが継承されずに安全衛生管理を担う人材の不足が危惧されていたこと。

③ 　産業の高度化などに伴ってリスク要因が多様化する中で，リスク要因に十分対応できていなかったこと。

　このような状況の中で，厚生労働省では，平成11年に，労働災害の一層の減少を図ることを目的として，OSHMSの導入と普及定着に向け「労働安全衛生マネジメントシステムに関する指針」を公表しました。この指針は，平成17年の労働安全衛生法の改正によりリスクアセスメントが努力義務化されたことなどにあわせて平成18年に改正されました。

　さらに同指針は，平成30年に制定されたISO（JIS Q）45001およびJIS Q 45100などの新たなOSHMS規格や日本産業規格の制定，健康確保への関心の高まりといった国内外の安全衛生に関する状況の変化に対応するための見直しが行われ，令和元年7月に改正されました（p. 60参照）。

　また，小売業や飲食店など多店舗展開する業種での導入を促す観点から，従来は事業場ごとの運用が基本とされていた OSHMS を，同一法人の複数事業場を一つの単位として運用できるよう明記されました。さらに，安全衛生計画に盛り込む実施事項として，「健康の保持増進のための活動の実施に関する事項」と「健康教育の内容および実施時期に関する事項」が新たに追加されました。

1　全社的な推進体制

　OSHMS は，事業場トップの下に事業を統括管理する者，製造，建設，運送，サービス等の事業実施部門，安全衛生部門等の管理者・監督者などにそれぞれ役割と責任および権限を定めてシステム各級管理者として配置し，システムを適切に運用することを求めています（表2）。また定期的なシステム監査を行い，その結果を踏まえ，システムの妥当性および有効性を確保するため，OSHMS の全般的な見直しを事業者が行うことも求めています。さらに，OSHMS を運用していくに当たり，労働者の意見を反映させることが組み込まれています。このように OSHMS を適切かつ有効に実施・運用していくためには，全社的な推進体制が欠かせない要件となっています。

2　リスクアセスメントの実施

　リスクアセスメントは，職場の危険性または有害性を特定し，リスク低減の優先度を決めて措置を実施するものであり，労働災害の防止に直結する具体的で極めて有効な手法です。したがって OSHMS の運用における安全衛生計画の実施項目の中でリスクアセスメントはまさに中核をなす活動の一つといえます。リスクアセスメントの具体的な実施方法等は次章で説明します。

表2　システム各級管理者の役割，責任および権限の概要（例）

項　目	工場システム 管理責任者 (工　場　長)	工場システム 運用責任者 (安全衛生担当部長)	部システム 運用責任者 (各部門の部長)
安全衛生方針の 表明	・工場安全衛生方針の 制定・見直し	・工場安全衛生方針の 従業員への周知	・部安全衛生方針の制 定・見直し
労働者の意見の 反映	・安全衛生委員会での 審議および職制を通 じての社員（労働 者）の意見の把握 ・OSHMSの運用に当 たっての社員（労働 者）の意見の考慮・ 採用	・社員（労働者）の意 見の把握を適切に行 うために必要な措置 の実施 ・社員（労働者）の意 見の反映についての 意見具申	・部安全衛生委員会で の審議および職制を 通じての社員（労働 者）の意見の把握 ・部安全衛生目標の設 定等に当たっての社 員（労働者）の意見 の考慮・採用
安全衛生目標の 設定	・工場安全衛生目標の 決定 ・部安全衛生目標の承認	・工場安全衛生目標の 立案	・部安全衛生目標の決定 ・課安全衛生目標の承認 ・工場安全衛生目標へ の意見具申
安全衛生計画の 作成	・工場安全衛生計画の 決定 ・部安全衛生計画の承認	・工場安全衛生計画の 立案	・部安全衛生計画の決定 ・課安全衛生計画の承認 ・工場安全衛生計画へ の意見具申

3　PDCAサイクルの自律的システム

　OSHMSは，図2に示されるように，事業場における安全衛生管理について，P（Plan，計画），D（Do，実施），C（Check，評価）およびA（Act，改善）の「PDCAサイクル」という一連の過程を定めて自主的な活動を継続して実施することを求めています。また，システム監査というチェック機能を働かせることによって，事業場の安全衛生水準がスパイラル状に向上していくことが期待されます。

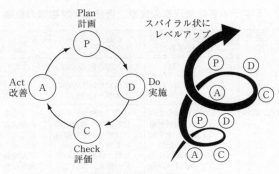

図2　PDCA サイクル

4　手順化, 明文化および記録化

OSHMS は, 事業場全体で組織的に実施します。そのため, システムの運用を担当するシステム各級管理者それぞれの役割を, 定められた責任と権限のもと実施していくことを求めています。そのためには具体的に, 誰が, 何を, いつまでに, どのようにしていくのかを明らかにし, 必要な情報を共有して, 協力しあっていくことが必要です。

なお, OSHMS では, 必要な事項, 手順等については明文化することを, また, 措置した場合には必要な事項を記録することを求めています。

5　構築における基本的な考え方

OSHMS の構築に当たっては, 事業場が従来から取り組んできた安全衛生活動の蓄積を基礎とすることが重要です。まず労働安全衛生法に基づく安全衛生管理を基本として, 職場巡視, 各種教育, 災害原因の調査・分析のほかに日常的な安全衛生活動（危険予知活動, ヒヤリ・ハット活動, 4S 活動）等のすでに取り組んでいる活動に

ついて，OSHMS の観点から見直しを行います。ゼロからの構築ではなく，現状をベースとして OSHMS へ移行すればよいのです。

　また，組織の体制や活動のレベルなど自らの実態を把握しないと，クリアすべき課題は解決できません。現状を把握した上で，OSHMS の指針等に基づき不足している事項を補っていくことが重要です。

　まず，OSHMS の構築の担当者を定めて導入段階として次のような事項を実施します。

---

① 事業者の意向の具体的な内容の把握・確認
② 関係者への OSHMS 導入の説明
③ 導入時の推進体制の整備およびその指揮
④ 導入スケジュールの立案および周知
⑤ 導入スケジュールに従った実施状況の確認
⑥ 事業者，関係者，安全衛生委員会等への実施状況の報告

次に具体的なプロセスを，次のような手順で進めます。

---

① 事業者による OSHMS の導入宣言
② OSHMS 導入のための当面必要な組織の設置
③ 各担当者等に対する研修の実施等による人材の育成
④ OSHMS の整備のための現状把握
⑤ 危険性または有害性等の調査および実施事項の決定
⑥ 安全衛生目標の設定
⑦ 安全衛生計画の作成
⑧ 体制の整備
　　（システム各級管理者，人材・予算の確保，教育等）
⑨ 安全衛生計画の実施
⑩ 安全衛生目標の達成状況や安全衛生計画の進捗状況の管理
⑪ システム監査の実施

---

6 労働安全衛生マネジメントシステムに関する指針 (概要)

(平成 11 年 4 月 30 日付け 労働省告示第 53 号)
(改正 令和元年 7 月 1 日付け 厚生労働省告示第 54 号)

第 1 条～第 4 条(目的, 定義, 適用)

目的, 定義, 適用の条文であり, 自主的な活動による安全衛生水準の向上を目的としています。

本指針で求めている実施事項は, 以下の第 5 条～第 18 条です。

第 5 条(安全衛生方針の表明)

OSHMS 運用の始点となるトップの安全衛生方針の表明と関係者への周知。

第 6 条(労働者の意見の反映)

安全衛生目標の設定ならびに安全衛生計画の作成, 実施, 評価および改善に当たり, 安全衛生委員会等の場を利用して労働者の意見を反映する手順を定めて実施すること。

第 7 条(体制の整備)

システム各級管理者を定め, それぞれの役割等を明確にして関係者に周知すること, OSHMS に関する人材および予算を確保すること, OSHMS に関する教育を行うことなど。

第 8 条(明文化)

安全衛生方針, OSHMS に従って行う措置の実施の単位, システム各級管理者の役割等, 安全衛生目標, 安全衛生計画, 指針で要求される各種手順を定め, さらにそれらの文書を管理する手順を定めて管理すること。

第 9 条(記録)

安全衛生計画の実施状況, システム監査の結果等, OSHMS に従って行う措置の実施に関し必要な事項を記録し, 保管すること。

第 10 条(危険性又は有害性等の調査及び実施事項の決定)

法第 28 条の 2 第 2 項に基づく指針および法第 57 条の 3 第 3 項

に基づく指針に従って危険性又は有害性等を調査（リスクアセスメント）する手順を定めて実施すること，法またはこれに基づく命令，事業場の安全衛生規程等に基づき実施すべき事項およびリスクアセスメントの結果に基づく必要な措置を決定する手順を定めて実施すること。

第11条（安全衛生目標の設定）

　安全衛生方針に基づき安全衛生目標を設定して，関係者に周知すること。

第12条（安全衛生計画の作成）

　安全衛生目標を達成するための具体的な実施事項，日程等について定めた安全衛生計画を作成し，その中に，次の事項を含めること。

1. リスクアセスメント結果に基づく措置の内容および実施時期
2. 日常的な安全衛生活動の実施
3. 健康の保持増進のための活動の実施
4. 安全衛生教育および健康教育の内容および実施時期
5. 協力会社等に対する措置の内容および実施時期
6. 安全衛生計画の期間
7. 安全衛生計画の見直し

第13条（安全衛生計画の実施等）

　作成した安全衛生計画を適切かつ継続的に実施するための手順，並びに，安全衛生計画を実施するために必要な事項を，関係者に周知するための手順も定めて，実施すること。

第14条（緊急事態への対応）

　あらかじめ，緊急事態が生ずる可能性を評価して，労働災害を防止するための措置を定めるとともに，これに基づき対応すること。

第15条（日常的な点検，改善等）

　安全衛生計画の実施状況等の日常的な点検および改善を実施する手順を定めて実施すること。

第16条（労働災害発生原因の調査等）

　労働災害，事故等が発生した場合には，これらの原因の調査なら

びに問題点の把握および改善を実施する手順を定めて実施すること。

第 17 条（システム監査）

システム監査の計画を作成し，本指針で規定する事項についてシステム監査を実施する手順を定めて実施すること。

また，不具合があった場合は，改善すること。

第 18 条（OSHMS の見直し）

システム監査の結果を踏まえ，定期的に OSHMS の妥当性および有効性を確保するため，安全衛生方針の見直し，この指針に基づき定められた手順の見直し等を行うこと。

＊指針の詳細は，中災防安全衛生情報センターホームページ（https://www.jaish.gr.jp/）の告示・指針一覧をご参照ください。

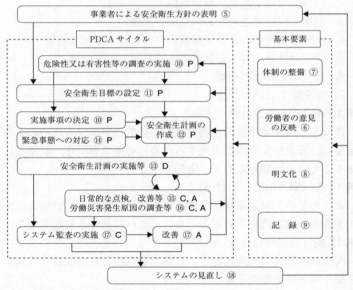

（注1）○数字：指針の条番号を示す
（注2）P, D, C, A はそれぞれ「計画」，「実施」，「評価」，「改善」を示す

図3　OSHMS の概要

第3章　リスクアセスメントの実施

　本章では，危険性又は有害性（以下「ハザード」という）の特定，リスクの見積りおよびその結果に基づくリスク低減措置（以下「リスクアセスメント」という）の具体的な実施方法等を紹介します。リスクアセスメントについては，厚生労働省から「危険性又は有害性等の調査等に関する指針」（指針の概要は，p. 73 参照）を基本指針として，また，対象の種類に対応した「化学物質等による危険性又は有害性等の調査等に関する指針」（指針の概要は，p. 75 参照），「機械の包括的な安全基準に関する指針」（指針に基づく機械の安全化の概要は，p. 79 参照）が基本指針に基づく詳細な指針として，それぞれ公表されています。いずれの指針においても，リスクアセスメントの実施手順等の基本は共通していて，図4に示すとおりとなっています。

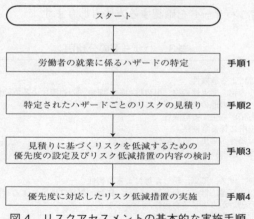

図4　リスクアセスメントの基本的な実施手順

　指針では，リスクアセスメントは設備，原材料，作業方法または作業手順等を新規に採用または変更したときや，機械設備等の経年劣化や新たな安全衛生に係る知見の集積などによりリスクに変化が生じ，または生じるおそれがあるときに実施することとされています。また，リスクアセスメントを一度もしていない既存の機械設備や作業なども計画的に実施すべきです。

　なお，化学物質そのもののリスクアセスメントは p. 75 の指針に，機械設備のリスクアセスメントについては p. 79 の指針に基づいて実施する必要があります。

1　ハザードの特定

　リスクアセスメントを実施するときは，職場に存在する多種多様なハザード（「危険源」ともいう）を，あらかじめ表3に示す分類例等により漏れなく特定する必要があります。また発生が予想される労働災害の事故の型から，表4に示す事故の型を一覧表にしたもの（ガイドワード）をチェックリストのように使用して，職場の作業等に潜むハザードを確認する方法もあります。

表3　ハザードの分類例

```
1　危険性
　(1) 機械等による危険性
　(2) 爆発性の物，発火性の物，引火性の物，腐食性の物等による危険性
　(3) 電気，熱その他のエネルギーによる危険性
　(4) 作業方法から生ずる危険性
　(5) 作業場所に係る危険性
　(6) 作業行動等から生じる危険性
　(7) その他の危険性

2　有害性
　(1) 原材料，ガス，蒸気，粉じん等による有害性
　(2) 放射線，高温，低温，超音波，騒音，振動，異常気圧等による有害性
　(3) 作業行動等から生じる有害性
　(4) その他の有害性
```

表4　ハザードの特定のためのガイドワード（例）

番号	事故の型	内　容
1	墜落・転落	人が樹木，建築物，足場，機械，乗物，はしご，階段，斜面等から落ちることをいう。
2	転　倒	人がほぼ同一平面上で転ぶ場合をいい，つまずきまたは滑りにより倒れた場合等をいう。
3	激　突	墜落・転落および転倒を除き，人が主体となって静止物または動いている物に当たった場合をいい，つり荷，機械の部分等に人からぶつかった場合，飛び降りた場合等をいう。
4	飛来・落下	飛んでくる物，落ちてくる物等が主体となって人に当たった場合をいう。
5	崩壊・倒壊	堆積した物（はい等も含む），足場，建築物等が崩れ落ちまたは倒壊して人に当たった場合をいう。
6	激突され	飛来・落下，崩壊・倒壊を除き，物が主体となって人に当たった場合をいう。
7	はさまれ・巻き込まれ	物にはさまれる状態および巻き込まれる状態でつぶされ，ねじられる等をいう。
8	切れ・こすれ	こすられる場合，こすられる状態で切れた場合等をいう。
9	踏み抜き	くぎ，金属片等を踏み抜いた場合をいう。
10	おぼれ	水中に墜落しておぼれた場合を含む。
11	高温・低温との接触	高温または低温の物との接触をいう。
12	有害要因との接触	放射線による被ばく，有害光線による障害，CO中毒，酸素欠乏症ならびに高気圧，低気圧等有害環境下にばく露された場合を含む。
13	感　電	帯電体に触れ，または放電により人が衝撃を受けた場合をいう。
14	爆　発	圧力の急激な発生または解放の結果として，爆音を伴う膨張等が起こる場合をいう。
15	破　裂	容器，または装置が物理的な圧力によって破裂した場合をいう。
16	火　災	建築物，設備，材料等が燃える場合をいう。
17	交通事故（道路）	交通事故の内，道路交通法適用の場合をいう。
18	交通事故(その他)	交通事故の内，船舶，航空機及び公共輸送用の列車，電車等による事故をいう。
19	動作の反動・無理な動作	上記に分類されない場合であって，重い物を持ち上げて腰をぎっくりさせたというように身体の動き，不自然な姿勢，動作の反動などに起因して，筋をちがえる，くじく，ぎっくり腰およびこれに類似した状態になる場合をいう。
20	その他	分類する判断資料に欠け，分類困難な場合をいう。

2　リスクの見積り

　リスクの見積りは，リスク低減措置を講ずる優先度を決定するために行われます。見積りは，発生するおそれのある負傷または疾病（以下「災害」という）の重篤度とその発生の可能性の度合をそれぞれ考慮して行います。また，発生の可能性の度合をさらに2つの要素に分けて，「危険状態が生じる頻度」と「危険状態が生じたときに災害に至る可能性」で見積もる方法もあります。

　代表的な見積りの例としては，マトリクスを用いる方法，数値化による方法，リスクグラフによる方法などがあります。ここでは，数値化による方法（p.67）の例を紹介します。

　この数値化による方法では，発生の可能性の度合（「危険状態が生じる頻度」と「危険状態が生じたときに災害に至る可能性」）と「災害の重篤度（重大性）」のそれぞれに，あらかじめ配点を決めておきます。リスクの見積りは，リスク低減措置を講じていく際の優先度を決めるためのものですので，配点については，組織内で統一された基準であれば，定量的であるとか，細かくランク分けするとかいった厳密性は必ずしも必要ありません。

　配点に当たっては，死亡災害など重篤な災害の防止を最優先する場合には，重篤度（重大性）に重みを置きます。

　「頻度」や「可能性」，「重篤度（重大性）」を具体的に見積もる際は，職場の職長等や，リスクアセスメントの実務を担当する者などがよく協議をして決定します。

　p.69，70に，この数値化によるリスクの見積り方法を用いた事例を紹介します。

リスクの見積り例（数値化による方法）

(1)　危険状態が生じる頻度

頻　　度	評価点	内　　容
頻　繁	4点	1日に1回程度
時　々	2点	週に1回程度
滅多にない	1点	半年に1回程度

　作業を行っている中で，「危険状態」が生じる頻度を見積もる。作業頻度そのものではない。

(2)　「危険状態」が生じたときにケガに至る可能性

ケガの可能性	評価点	内容（危険事象の発生確率&回避の可能性）
確実である	6点	"常に注意を払っていてもケガをすることがある"　なお，回避の可能性には関わらない。 　～ハザードを低減する措置，ガード・インターロック・安全装置・局所排気装置の設置等の措置がなされていない。
可能性が高い	4点	"注意を払っていないとケガをする"　ただし，回避の可能性がある場合とする。注1 　～ハザードを低減する措置，ガード・インターロック・安全装置・局所排気装置の設置等の措置がなされているが，その措置に相当不備がある（なお，これらの措置の除去・無効化の可能性がある場合を含む）。
可能性がある	2点	"うっかりするとケガをする"　ただし，回避の可能性がある場合とする。注2 　～ハザードを低減する措置，ガード・インターロック・安全装置・局所排気装置の設置等の措置がなされているが，その措置に，軽微な不備がある（なお，これらの措置の維持管理が不十分な場合を含む）。
可能性はほとんどない	1点	"特別に注意していなくてもケガをしない"　なお，回避の可能性には関わらない。 　～ハザードを低減する措置，ガード・インターロック・安全装置・局所排気装置の設置等の措置がなされており，かつ適切な維持管理が行われている。

注1：回避が困難な場合は，「確実である」とする
注2：回避が困難な場合は，「可能性が高い」とする
危険状態が生じたとき，実際に災害に至る可能性がどの程度なのか見積もる。

(3)　ケガの重篤度（重大性）

重篤度（重大性）	評価点	内　容
致命傷	10 点	死亡や永久的労働不能につながるケガ，障害が残るケガ
重　傷	6 点	休業災害（完治可能なケガ）
軽　傷	3 点	不休災害
微　傷	1 点	手当後直ちに元の作業に戻れる微小なケガ

(4)　リスクレベルとリスクポイントの対応

リスクレベル	リスクポイント	リスクの内容	リスク低減措置の進め方
IV	13〜20	安全衛生上重大な問題がある	リスク低減措置を直ちに行う措置を講ずるまで作業を停止する注1
III	9〜12	安全衛生上問題がある	リスク低減措置を速やかに行う
II	6〜8	安全衛生上多少の問題がある	リスク低減措置を計画的に行う
I	3〜5	安全衛生上の問題はほとんどない	必要に応じてリスク低減措置を行う注2

注1：「リスクレベルIV」は，事業場として許容不可能なリスクレベルであり，リスク低減措置を講じるまでは，作業中止が必要となる。しかし，技術的課題等により，適切なリスク低減の実施に時間を要する場合には，事業者の判断により，それを放置することなく，実施可能な暫定的な措置を直ちに実施した上で作業を行うことも可能とする。

注2：「リスクレベルI」は，事業場として広く受け入れ可能なレベルであり，追加のリスク低減措置の実施は原則として不要である。ただし，安全対策が後戻りしないように，適切なリスク管理は必要となる。

リスクポイント＝「危険状態が生じる頻度」＋「危険状態が生じたときに災害に至る可能性」＋「災害の重篤度（重大性)」

3　リスク見積りの事例

(1) 墜落・転落の例

ハザード：
脚立の高さ（1.5m）

労働災害に至るプロセス
作業台を使用して窓の清掃作業しているときに，力を入れて窓を拭いた反動でバランスを崩し，作業台から転落して頭を打って重傷となる。

頻度	可能性	重篤度 (重大性)	評価点 合計	リスク レベル
1	2	10	13	IV

ハザード：1.5ｍの深さ

労働災害に至るプロセス
床面からの高さ75cmの反応槽にアルミニウムインゴット（20kg）を投入する作業で，腰をかがめて身を乗り出しながら投入している時，バランスを崩し，深さ1.5ｍの反応槽に墜落し，頭を打って重傷となる。

頻度	可能性	重篤度 (重大性)	評価点 合計	リスク レベル
4	2	10	16	IV

ハザード：8ｍの高さ

労働災害に至るプロセス
コンベアの下側ベルトの不具合を発見し，工具を持って8ｍの高さに上り修理しようとしたところ足を滑らせて墜落し，後頭部を強打し，頭蓋骨を骨折する。

頻度	可能性	重篤度 (重大性)	評価点 合計	リスク レベル
1	2	10	13	IV

(2) 転倒の例

ハザード：ハンガーラック

労働災害に至るプロセス
包装機から流れてくるワイシャツを取ろうとした際，床に置いた段ボール箱に気を取られたため付近にあったハンガーラックを踏んで後方に転倒し，手をついて手首を骨折する。

頻度	可能性	重篤度 (重大性)	評価点 合計	リスク レベル
2	2	6	10	Ⅲ

(3) 切れ，こすれの例

ハザード：カッターの刃

労働災害に至るプロセス
クッキー成型機を停止せずにベルト部分に手を押し付けて清掃していたところ，力が入って手が滑りこみ，カッターの刃で指を切る。

頻度	可能性	重篤度 (重大性)	評価点 合計	リスク レベル
4	4	6	14	Ⅳ

(4) 飛来・落下の例

ハザード：落下した機械

労働災害に至るプロセス
トラックで搬入された機械（重さ1.2tで3台）の積み降ろしで，2台目を運び終えて3台目をテールゲートに載せたとき，傾斜地に止めたトラックが後方に傾いて機械が動きだし落下して下敷きになる。

頻度	可能性	重篤度 (重大性)	評価点 合計	リスク レベル
2	1	10	13	Ⅳ

4　リスク低減のための優先度の設定
およびリスク低減措置の内容の検討

　リスク低減の優先度は，リスクレベルの高い順に設定することになります。また，リスク低減措置の内容は，図5の優先順位に従って検討します。検討に際しては，次の点に留意が必要です。

(1)　法令に定められている事項は，確実に措置を講じなければなりません。

(2)　安易に③の管理的対策や④の個人用保護具の使用に頼るのではなく，まず①の本質的対策を，その次に②の工学的対策を検討し，③および④はその補完的措置と考えます。③および④のみの措置とするのは，①や②の措置を講じることが困難でやむを得ない場合のみとします。②の工学的対策を検討する場合は，専門的な知識が必要なため設備の専門家に協力を得て実施します。

(3)　死亡災害や重篤な疾病をもたらすおそれのある場合であって，適切なリスク低減措置を講じるのに時間を要する場合は，そのまま放置することなく，暫定的な措置を直ちに講じる必要があります。

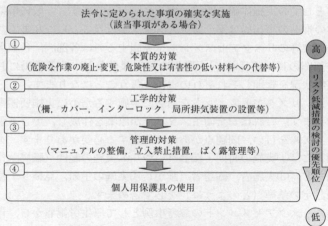

図5　リスク低減措置の検討の優先順位

(4)　措置を講じることにより新たなハザードが生じる場合もあるので，措置を講じた後のリスクも見積もり，講じた措置の有効性や改善効果を確認します。

5　リスク低減措置の実施

　リスク低減措置の内容が決まったら，いつまでに改善するのか具体的な改善計画を作成して，必要な措置が確実に講じられるようにします。措置を講じた後は，改めて作業者を含めてリスクを見積もり，講じた措置の有効性や改善効果も確認します。また，措置後に残るリスク，いわゆる残留リスクがある場合については，管理的対策など追加する措置があれば追加して改善します。作業者に対しては，これら一連の措置内容について教育訓練などを通じて周知を徹底することが大切です。

6　リスクアセスメントの導入段階

　リスクアセスメントを実施するには各部門，各職場を含め事業場全体としての実施体制を明確にする必要があります。一般に事業場全体の推進の事務局は安全衛生スタッフが行うことになります。一方，作業等のリスクアセスメントを実施するのは各部門，各職場であり部門の長（部長など），職場の長（課長など）は各職場における実施状況を管理しそれぞれの責任を負うことになります。

　また，リスクアセスメントを適切に実施するために実施要領書を作成します。これは安全衛生スタッフが原案を作成し，できる限りトライアルを行い，問題点があれば修正する必要があります。実施要領書には①実施の時期・機会（いつ）②実施の範囲（職場，作業，設備など）③実施者，確認者（誰が）④実施の手順，見積り・優先度の設定の基準（どのように）を必ず含めます。

　またリスクアセスメントの参考事例として厚生労働省から，作業

別のリスクアセスメントの進め方なども示されています（https://www.mhlw.go.jp/bunya/roudoukijun/anzeneisei14）。

7　危険性又は有害性等の調査等に関する指針（概要）
（平成 18 年 3 月 10 日付け　危険性又は有害性等の
調査等に関する指針公示第 1 号）

（1）　危険性又は有害性等の調査

　危険性又は有害性等の調査（リスクアセスメント）とは，労働者の就業に係る危険性又は有害性（ハザード）を特定し，それに対する対策を検討する一連の流れです。事業者は，リスクアセスメントの結果に基づき，リスク低減措置を実施するよう努めなければなりません。

（2）　実施体制等

　リスクアセスメントおよびその結果に基づく措置は，次の体制で実施する必要があります。また，安全衛生委員会等の活用等を通じ，労働者を参画させる必要があります。
　・事業場トップ
　・安全管理者，衛生管理者等
　・作業内容を詳しく把握している職長等
　・機械設備等に専門的な知識を有する者

（3）　実施時期

　リスクアセスメントは，設備を新規に採用し，又は変更するとき，原材料を新規に採用し，または変更するときなどのほか，事業場におけるリスクに変化が生じ，または生ずるおそれがあるときに，実施する必要があります。

（4）　対象の選定

　リスクアセスメントおよびその結果に基づく措置は，労働者の就業に係るハザードによる負傷又は疾病の発生が合理的に予見可能であるものについて行う必要があります。

（5）　情報の入手

　リスクアセスメントの実施に当たり，作業手順書，化学物質の安全データシート等のような資料等を，現場の実態を踏まえて入手する必要があります。この際，定常的な作業に係るものだけでなく，非定常作業に係るものも含める必要があります。

　必要な情報は，作業を行う事業者が自ら収集するだけでなく，機械設備等のメーカー等から入手することも必要です。

（6）　危険性又は有害性の特定

　労働者の就業に係るハザードは，作業標準等に基づいて，特定に必要な単位で作業を洗い出した上で，あらかじめ定めたハザードの分類に則して各作業ごとに特定します。特定に当たっては，労働者の疲労など，ハザードへの付加的影響を考慮する必要があります。

（7）　リスクの見積り

　リスク低減の優先度を決定するため，ハザードにより発生するおそれのある負傷または疾病の重篤度とそれらの発生の可能性の度合をそれぞれ考慮してリスクを見積もります。ただし，化学物質等による疾病については，化学物質等の有害性の度合およびばく露の量のそれぞれを考慮して見積もることができます。

（8）　リスク低減措置の検討及び実施

　リスク低減措置は，法令に定められた事項がある場合にはそれを必ず実施することを前提とした上で，①本質的対策，②工学的対策，③管理的対策，④個人用保護具の使用の優先順位で，可能な限り高い優先順位のものを実施します。

（9）　記　録

　リスクアセスメントおよびその結果に基づく措置を実施した際には，次の事項を記録しなければなりません。

　・洗い出した作業，特定したハザード，見積もったリスク，設定したリスク低減の優先度，実施したリスクの低減措置の内容

8　化学物質等による危険性又は有害性等の調査等に関する指針（概要）
（令和5年4月27日付け　危険性又は有害性等の調査等に関する指針公示第4号）

編注：
　安衛法第57条の3に基づき，事業者が化学物質，化学物質を含有する製剤その他の物で労働者の危険又は健康障害を生ずるおそれのあるものによる危険性又は有害性等の調査（以下「リスクアセスメント」という）を実施する必要があります。
　化学物質はその特性などから，リスクアセスメントを健康障害防止と爆発・火災防止の2方向で調べる必要があり，作業や機械設備に係るリスクアセスメントとは手法が異なります。そのため，化学物質のリスクアセスメントの基本的な考え方及び具体的な手順を「化学物質等による危険性又は有害性等の調査等に関する指針」で定めていますが，化学物質の自律的な管理に係る一連の法改正に伴い，この指針が改正されました（爆発・火災の防止対策については　第4編第11章をご参照ください）。

（1）　化学物質等による危険性又は有害性等の調査

　化学物質等による危険性又は有害性等の調査（リスクアセスメント）は，化学物質等に起因して発生するおそれのある負傷又は疾病の重篤度とその発生の可能性の度合（リスク）を見積もり，リスクに応じた対策を検討するものです。事業者は，リスクアセスメントを実施し，その結果に基づいて対策を講ずるとともに労働者に周知するよう努めなければなりません。

（2）　実施体制等

　リスクアセスメント及びその結果に基づく措置は，次の体制で実施する必要があります。また，安全衛生委員会等の活用等を通じ，労働者を参画させる必要があります。

・事業場トップ
・安全管理者，衛生管理者等
・化学物質管理者

・事業場内の化学物質管理専門家や作業環境管理専門家
・リスクアセスメント対象物に係る危険性及び有害性や，機械設備等に係る専門知識を有する者
※事業場内に化学物質管理専門家や作業環境管理専門家等がいない場合は，外部専門家の活用が望ましい。

（3）　実施時期

リスクアセスメントは，事業場におけるリスクに変化が生じ，又は生ずるおそれがあるときに，実施する必要があります。

（4）　対象作業の選定

事業場において製造又は取り扱う全てのリスクアセスメント対象物をリスクアセスメント等の対象とします。リスクアセスメント等は，対象のリスクアセスメント対象物を製造し，又は取り扱う業務ごとに行います。

（5）　情報の入手

リスクアセスメントの実施に当たり，SDS（化学物質等の安全データシート），リスクアセスメント対象物の取扱いに係る作業手順書等のような資料等を入手し，その情報を活用する必要があります。この際，定常的な作業に係るものだけでなく，非定常作業に係るものも含める必要があります。

（6）　危険性又は有害性の特定

リスクアセスメント対象物の危険性又は有害性は，作業標準等に基づいて，特定に必要な単位で作業を洗い出した上で，「化学品の分類及び表示に関する世界調和システム（GHS）」で示されている危険性又は有害性の分類，リスクアセスメント対象物の管理濃度及び濃度基準値，これらの値が設定されない場合は日本産業衛生学会の許容濃度または米国産業衛生専門家会議（ACGIH）のTLV-TWA等のばく露限界，及び皮膚等障害化学物質等への該当性に則して各作業ごとに特定します。

（7）　リスクの見積り

リスク低減の優先度を決定するため，発生するおそれのある負傷

又は疾病の重篤度とそれらの発生の可能性の度合をそれぞれ考慮してリスクを見積もります。ただし，リスクアセスメント対象物による疾病については，リスクアセスメント対象物の有害性の度合及びばく露の量のそれぞれを考慮して見積もることができます。

（8） リスク低減措置の検討及び実施

リスク低減措置は，法令に定められた事項がある場合にはそれを必ず実施することを前提とした上で，図6に示す優先順位で可能な限り高い優先順位のものを実施します。

（9） リスクアセスメント結果の労働者への周知

リスクアセスメントを実施したら，掲示や書面の交付によって次の事項を労働者に周知しなければなりません。

・対象のリスクアセスメント対象物の名称

・対象業務の内容

・リスクアセスメントの結果（特定した危険性・有害性，見積も

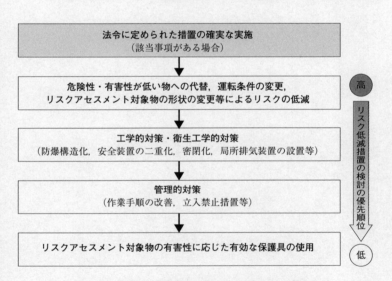

図6 リスク低減措置の検討および実施の優先順位

ったリスク)
・実施するリスク低減措置の内容

リスクアセスメント等の人材育成

　中災防では，リスクアセスメントの人材育成の研修として，安全衛生スタッフ，事務局等を対象とした「安全衛生スタッフ向けリスクアセスメント研修」，および現場の監督者，作業者等を対象とした「職場リーダー向けリスクアセスメント研修」，生産技術管理者向けの「機械設備のリスクアセスメント実務研修」に加えて，事業場が希望するテーマについて企画する「オリジナル研修」も実施しています。

| 中災防　受講ガイド　リスクアセスメント　OSHMS | | |

第4章　機械設備の安全化

　機械設備による労働災害（以下「機械災害」という）は依然として死傷災害全体の2割を占め，製造業においてはその比率は約3割にのぼります。機械災害は，機械のエネルギーが大きいことから，はさまれ・巻き込まれ等により身体部位の切断・挫滅等の重篤な災害や死亡災害につながることが多いのが特徴です。

　設計・製造段階でリスクアセスメントを実施し保護方策を織り込んだ機械を使用者に提供し，使用者がさらにリスクアセスメントを実施して機械を安全に使用すれば，機械災害の大部分は確実に防止できます。国は「（改正）機械の包括的な安全基準に関する指針」（平成19年7月31日付け基発0731001号。以下「機械包括安全指針」という）を公表し，機械の安全化を図ってきました。また，安衛則第24条の13により機械メーカー等に対し，機械譲渡時における機械危険情報の通知を努力義務化し，さらに中災防では，機械安全に関わる人材の育成を推進しています。

　また，従来の機械式の安全装置等に加え，新たに電気・電子・プログラム電子制御の機能を付加することにより，機械等によるリスクを低減するための措置（機能安全）を活用して安全確保を推進するため，「機能安全による機械等に係る安全確保に関する技術上の指針」（平成28年厚生労働省告示第353号）が公表されました。

　なお，機能安全をより深く理解していただくため，中災防では，平成29年度に厚生労働省からの委託を受けて「機能安全活用テキスト」と「機能安全活用実践マニュアル」を作成しましたので，参考にしてください（上記テキストおよびマニュアルは厚生労働省のホームページでダウンロードできます）。https://www.mhlw.go.jp/stf/seisakunitsuite/bunya/0000140176.html

1　機械の安全化の原則

機械の安全化を進める上では，以下の3つの大前提があります。

人はミスをする　　機械は故障する　　絶対安全は存在しない

人の注意力には限界がありますので，人がミスをしても事故・災害に結びつかないように，「人の注意力に頼る安全」から，より信頼性の高い「機械に任せる安全」にすることが効果的であり確実です。

しかし，信頼性の高い機械や安全装置も時には故障することを理解し，故障しても安全機能が継続するように考慮することが必要です。

また JIS Z 8051（ISO/IEC Guide51）「安全側面―規格への導入指針」に示されているように絶対安全（リスクがゼロの状態）はなく，危険源をなくさない限りどんなに安全化を進めても「残留リスク」が残ります。そのため，リスクアセスメント等により「許容可能なリスク」のレベルまでリスクを低減することが機械の安全化に求められ，そのレベルは合理的に実現可能な技術水準とされています。

機械災害を確実に防止するための機械の安全化の原則があります。それは，下記の3つです。

---

①　**本質安全の原則**
　　機械の危険箇所（危険源)を除去する，または人に危害を与えない程度にする。
②　**隔離の原則**
　　人が機械の危険源に接近・接触できないようにする。
③　**停止の原則**
　　一般的に機械が止まっていれば危険はなくなるので，人が機械の動作範囲に入る場合は，インターロック等で機械を停止させる，または停止してから入場を許可する。

2　機械包括安全指針による機械の安全化の手順

機械包括安全指針に基づく機械の安全化の手順を（図7）示します。

（1）機械製造者等の実施事項

　機械の製造等を行う者（メーカーや輸入業者だけではなくユーザー事業場が自社で使う機械の設計・製造・改造を行う部門が含まれ

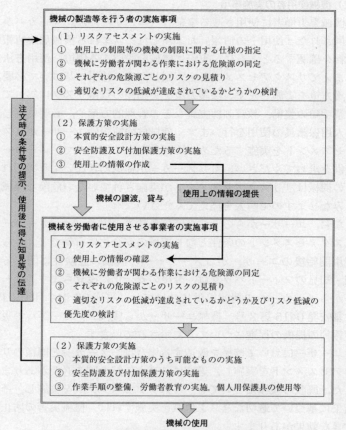

図7　機械包括安全指針に基づく機械の安全化の手順

る）は，機械の設計・製造段階でリスクアセスメントを実施し，その結果に基づいて必要な保護方策を適用し，適切にリスクの低減を図ることが求められます。

　保護方策実施後の残留リスクについては，「残留リスク一覧」，「残留リスクマップ」を「機械の制限仕様」とあわせて，機械危険情報としてユーザーに伝達します。

（2）機械使用者の実施事項

　機械を労働者に使用させる事業者（ユーザー）は，メーカーから提供された「使用上の情報」およびそれに含まれる機械危険情報の内容を確認するとともに，実際に機械を設置する環境，使用方法を踏まえてリスクアセスメントを実施し，その結果に基づいて必要な保護方策を実施します。保護方策を実施後の残留リスクに対しては，作業手順の整備，教育訓練実施などの管理的方策や，必要に応じて個人用保護具の使用を行います。機械危険情報はユーザーがリスクアセスメントを実施するために不可欠なものですので，メーカーに提供を求めてください。もしメーカーが提供できないようであれば，その機械は「リスクアセスメントが実施されていない危険な機械」とみなせますので購入を控えてください。

　なお，ユーザーからの「注文時の条件等の提示」は，メーカーのリスクアセスメントの条件となり機械の安全化に有効です。さらに使用開始後のユーザーからメーカーへの機械の危険性に関する情報・知見のフィードバックは，今後の安全化に役立ちます。ユーザーからメーカーへの情報提供については，平成26年4月15日付け基安発0415第2号「機械ユーザーから機械メーカー等への災害情報等の提供の促進について」に示されています。

　ユーザーにおいて機械を改造する場合は，メーカーと同様のリスクアセスメントを実施し，適切にリスク低減を図る必要があります。また，既設の機械についても，リスクアセスメントを実施し，その結果に基づいて適切なリスク低減を実施すれば，機械災害の防止に大きな効果があります。

3　保護方策, リスク低減方策について

リスクアセスメントを実施した後の保護方策については, 3ステ
ップメソッド（図8）と呼ばれる優先順位の手順があります。

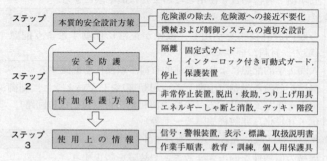

図8　保護方策3ステップメソッド

（1）本質的安全設計方策（機械包括安全指針別表第2）

本質的安全設計方策は, ガードまたは保護装置を使用する以前に,
機械の設計または運転特性を適切に選択することによりリスクを低
減する保護方策とされています。つまり

①　設計上の配慮・工夫により危険源そのものをなくす, または
　　危険源に起因するリスクを低減する, または危険源になること
　　を防止する

②　作業者が危険区域に入る必然性をなくす, または頻度を低減する

に大別されます。次のような例があります。

機構的に危険な部位をなくす
人に接触する可能性のある部位から鋭利な端部, 角, 突出部をなくす
はさまれるおそれのある部分は, 進入できない程度に狭くするか, はさまれない程度に広くする
危険源の影響を最小化する
身体に被害が生じない程度に駆動力を小さくする

身体に被害が生じない程度に運動エネルギーを小さくする
動力に低電圧を使用する
騒音，振動の発生，危険物の飛散，放射線の漏えいを防止する
危険物・有害物質を使用しないまたは最小限にする

危険源にならないようにする
一般的設計技術を活用し，機械が正常に作動するよう配慮する（応力，材料，経年変化等）
人間工学的配慮により，身体的負荷，誤操作を低減する
機械が危険な挙動（予期しない起動等）をしないように，制御システムを正しく設計する（不意の再起動防止（自己保持回路），二重化・冗長化，非対称故障モード等）

作業者が危険区域に入る必然性をなくす
機械の信頼性を向上させることで故障を防止する
材料の供給・製品の取出しを自動化・遠隔化する
保全作業等を危険区域の外からできるようにする（自動監視，遠隔監視，遠隔調整等）
給油・給脂作業を外部から実施または自動化する

（2）安全防護（機械包括安全指針別表第3）

　安全防護は，ガードおよび保護装置による保護方策で，隔離と停止の原則の応用です。

ガード
固定式ガード 恒久的に固定されているか工具を使用して外さないと内部に入れない構造のもの。（囲いまたは覆いに相当するもの） 危険源に応じて，高さ，開口部の大きさ（すきま），危険源との間の距離に JIS 規格の規定があります。
可動式ガード 工具を使用せずに開くことができるもので，固定式ガード等に設けられた扉や蓋等です。 開いた場合に危険源にばく露されるので，開いたら停止する，または停止しないと開かないインターロックが必要です。

保護装置

インターロック装置，インターロック
機械の条件（扉の開閉等）により，機械の運転を許可または禁止します。

能動的光電保護装置（AOPD）
一般にライトカーテンと呼ばれるもので，投受光器間の光線を遮ると運転許可を取り消し，機械を停止させます。

拡散反射型能動的光電保護装置（AOPDDR）
一般に，レーザースキャナと呼ばれるもので，スキャニング範囲に入ったことを検出して機械を停止させます。

イネーブル装置
ボタン式またはグリップ式のスイッチで，軽く握っている時だけ運転が可能になり，危険な状態で手を離したり握りこんだりした時には機械は停止します。ロボットの教示ペンダント等に使用されています。

ホールド・ツゥ・ラン制御装置
手動制御器の運転操作用スイッチで，押しているときだけ機械が動き，手を離せば機械が停止するものです。

両手操作制御装置
作業者が両手で同時に操作したときだけ機械が起動できるもので，プレス機械等の起動装置に使用されます。操作者自身の安全は確保されますが，第三者の安全は確保できません。

(3) 付加保護方策（機械包括安全指針別表第4）

　付加保護方策は，労働災害に至る非常事態からの回避等のための保護方策です。ハード対策ではあるものの，「人が操作してあるいは正しく使用して有効となる」方策なので，人の安全確保動作を必要としない安全防護とは一線を画するものですが，必要不可欠なものです。

付加保護方策
非常停止機能（非常停止装置）
拘束された人の脱出および救助手段
エネルギーの遮断および除去の手段（ロックアウト）
機械および重量物の運搬・取扱手段
機械類への安全な接近手段（階段・デッキ・手すり等）

(4) 使用上の情報（機械包括安全指針別表第5）

　(1) ～ (3) の方策を実施して低減されなかった「残留リスク」について，メーカーはユーザーに「使用上の情報」として，「標識・警告表示」として機械に表示する，「警報装置」を設置する，「取扱説明書」を提供する，などを実施します。安衛則第24条の13の改正で，残留リスクの情報を，機械危険情報としてユーザーに明確に伝達することが努力義務化されたことは前述のとおりです。ただし，本質的安全設計方策，安全防護または付加保護方策が適切に適用できるにもかかわらず，使用上の情報の提供で代替することは厳に禁止されています。危険情報の内容については平成24年3月16日厚生労働省告示第132号「機械譲渡者等が行う機械に関する危険性等の通知の促進に関する指針」を参照してください。

　なお「警報装置」はハード対策ですが，装置側では安全確保をしてくれません。発せられた警報に人が気付いて，退避行動をとる等，安全確保を100％「人に頼る方策」であり，確実性が劣るため「使用上の情報」の位置付けになっています。

　ユーザーは，メーカーからの使用上の情報および機械危険情報に基づきリスクアセスメントを実施し (1) ～ (3) の方策を実施し

ますが，最後に残った残留リスクに対して，「作業手順書の整備」「教育・訓練」を実施し，必要な場合は適切に選定し，管理された「個人用保護具」を使用させます。

（5）リスク低減への機械安全規格の活用

　機械の安全化に関して機械包括安全指針は必須要求事項の大要を示していますが，具体的に機械のリスク低減を図るには機械安全に関する JIS 規格（ISO/IEC 規格）を活用する必要があります。

4　機械安全の人材育成

　以上のような機械の安全化を図るには，機械メーカーの設計技術者やユーザーの生産技術管理者等にリスクアセスメント，リスク低減方策，機械関係法令等についての十分な知識を付与することが必要です。このため，厚生労働省から平成26年4月15日付け基安発0415第3号（改正平成31年3月25日付け基安発0325第1号）により機械安全教育カリキュラムが示されています。

項　目	設計技術者 （電気制御）	生産技術管理者
1．技術者倫理	1.0	1.0
2．関係法令	3.0	3.0
3．機械の安全原則 　（電気安全規格）	6.0 （5.0）	2.0
4．機械のリスクアセスメントと 　リスク低減 　（制御システム規格）	18.0 （5.0）	9.0
5．機械に関する危険性等の通知	2.0	―
合　計	30 （40)時間	15 時間

　中災防では，同通達の教育カリキュラムに基づく研修会を実施しています。

| 中災防　機械安全研修 |

検索

第 5 章　適正な作業方法の確立

　作業の安全化を図るためには，作業に関連する機械・原材料等の安全化とともに，安全な作業方法を確立しておくことが大切です。

　事業場では一般に，作業標準や作業手順が定められており，その標準・手順を作成する際に，安全を考慮した作業方法を採用することが肝要です。また，すでに作業標準や作業手順があるものの，安全の視点からは不十分な内容である場合には，新たに安全への配慮を加味して整備し直すことが必要になります。作業標準や作業手順は，安全を十分に考慮して作成されているかという評価が重要なのです。

　本章では，このような安全を十分に考慮した作業標準，作業手順などを「安全作業マニュアル」（以下「マニュアル」という）と称します（次ページ参照）。なお，第7編に紹介している作業手順書の例（p. 269～）については，安全面を配慮したものとなっており，「安全作業マニュアル」の例と言ってよいものです。

1　安全作業マニュアルの作成

　マニュアルを作成すると，労働災害の防止に効果があるばかりでなく，作業者が安心してトラブルなく働くことができますので，品質や生産性などにも良い影響を与えることになります。マニュアルの作成に当たっては，次の事項に留意することが重要です。

①　全ての作業を対象にマニュアルを作成していく必要はありますが，職場単位や職種単位，あるいはリスクが高いと想定される作業から始めて，計画的に順次対象を広げていくことが現実的でしょう。

　　それぞれの作業あるいは類似の作業について，災害事例，ヒヤリ・ハット事例，リスクアセスメント結果などの関連情報を

安全作業マニュアルの例

整理番号	作業名		作成者	
	大型トラックのシート掛け作業		作成日時	

No.	手順	急所	急所の理由
1	一人が荷台に上がる	保護帽を着用して 昇降設備を用いて	転落防止
2	荷台とロープの掛け具合を確認する	墜落制止用器具を使用して ゆるみはないか 荷台に確実に掛かっているか	転落防止 荷崩れ防止 荷崩れ防止
3	シートを上げる	一人が下から支えて	やりやすさ
4	長手の方向に伸ばす	荷とシートのセンターに合わせて	やりやすさ
5	片側に広げる	センターから押して	転落防止
6	裾をゴム輪で留める	中程から先に	やりやすさ
7	もう一方を広げる	センターから押して	転落防止
8	荷台から降りる	昇降設備を用いて	転落防止
9	全体の状況を確認する	しわ, たわみ, 角の収まり	成否確認

事故災害発生状況 　風にあおられてシートが巻き上がり, 荷台から転落(不休災害)	対策 　風速が10m／sを超えるときは中止 　広げたシートの裾をすぐに留める	備考		
		課長	係長	職長

　　　集めます。これらの情報をもとに，リスクの高い作業を洗い出
　　　し，洗い出された作業を優先してマニュアルづくりを行ってい
　　　くのが良いでしょう。

②　　マニュアルは，まとまり作業，単位作業，要素作業へと段階
　　　的に作業を細分化し，前記の関連情報をもとに必要な安全上の
　　　留意点を盛り込んで作成していきます。その際，現場の管理監
　　　督者が作業者とともに，熟練者の作業行動などを参考として，
　　　作業前の準備，関係する機械設備・器具・工具等の取扱い方，
　　　無理のない動作・姿勢などのポイントを検討し，マニュアルに
　　　反映させることも大切です。

　　　　また，品質管理その他の観点からの留意点も必要でしょうか
　　　ら，これらも含めて一つのマニュアルとします。

③　　例えば，使用設備に係る始業前点検，保護具の点検など，作
　　　業前に点検し，確認しなければならないことを，マニュアルの
　　　中で明確にしておきます。

④　　マニュアルはできるだけ分かりやすい言葉を使い，図は一目
　　　で分かるようにレイアウトなど工夫して，実際にそのとおりに
　　　容易に作業ができるように作成します。

　　　　最近では，実際の作業中の写真に分かりやすい言葉でコメン
　　　トを入れる「見える化」の事例が増えてきています。

2　非定常作業の安全作業マニュアル

　近年、生産システムの自動化が著しく，機械設備の保全作業やト
ラブル対処作業など，いわゆる非定常作業における災害が多く発生
しています。非定常作業は，日常的に反復・継続して行われること
が少ないことなどから，作業者が当該作業に習熟していない場合が
多いことや，設備および管理面でややもすると事前の検討が十分に
行われていないことなどが災害の要因として指摘されています。非
定常作業は，必ずしも当該作業に習熟した者が作業するとは限りま
せん。また，リスクの高い作業である場合が多いと考えられますの

で，まずはこれら作業の実態を洗い出して，前記の作成方法に従ってマニュアルを計画的に作成していくことが大切です。

　なお，非定常作業については，厚生労働省から，化学設備，鉄鋼生産設備および自動化生産システムのそれぞれについて「非定常作業における安全衛生対策のためのガイドライン」が公表されていますので，これらのガイドラインを参考に安全衛生対策を講じる必要があります。

○　化学設備（平成20年2月28日付け基発第0228001号）

○　鉄鋼生産設備（平成27年2月24日付け基発0224第1号）

○　自動化生産システム（平成9年12月22日付け基発第765号）

3　安全作業マニュアルの決定と順守

　マニュアルは，作業を行う上での安全の手引書といえるものであり，職場のみんなで決めたルールとして，みんなで守っていくことが大切です。このため，マニュアルの作成には，作業者を含めた関係者が参画して，安全衛生スタッフおよび関係部門との調整を図り，最終的には所属長がみんなの合意をもとに決定するといった手順が必要です。専門的な内容の場合には，安全衛生スタッフなどは，社内外の専門家を検討に参画させるよう助言することも必要です。

　作成されたマニュアルは，作業者がこれを十分に理解し，実際に身につくまで，OJTなども含め教育訓練が必要です。特に，新規採用や配置転換した作業者などの不慣れな人に対しては，念を入れた教育訓練を実施しなければなりません。

　また，マニュアルは，その作業や類似の作業などで災害が発生したり，機械や原材料等に変更があった場合などは随時，それ以外の場合でも一定期間ごとに見直すことを，ルール化しておくことも大切です。その際は，リスクアセスメントの実施時期に該当するので，リスク低減措置の実施やマニュアルの見直し等が必要になります。

第6章　安全教育の実施

1　安全教育の重要性

　事業場においては，機械設備の安全化，作業マニュアルの整備などによって安全対策が講じられています。また，リスクアセスメントによる取組みも進められています。しかし，実際に作業を行う労働者や，労働者を指揮・監督する者が安全についての知識や技能を十分に有していないと，これらの安全対策も実効をあげることができません。特に，危険な業務に従事する労働者が安全についての知識，技能を十分に持たないで，作業方法を誤ってしまうと，すぐさま大きな労働災害につながりかねません。

　このように安全に関する知識を付与する安全教育は，労働災害を防止する上で大変重要な意義を持っています。

　教育の実施に当たっては，それぞれの労働者の業務の内容に応じて，対象者，実施時期，教育内容等を適切に定め，繰り返し，計画的に行っていくことが必要です。

　このため，厚生労働省では，「安全衛生教育等推進要綱」（平成3年1月21日付け基発第39号，平成31年3月28日付け基発0328第28号改正）を定め，同要綱に基づいて各種の安全衛生教育の計画的な推進を図っているところです。

　教育を行う者には，その内容に十分な知識を有する者を充てることが必要であり，そういう人材を養成することも重要です。しかし，そのような人材がいない場合には，事業場の外部の専門家や専門の教育機関を活用することになります。外部の専門家や教育機関を活用することは，その事業場での教育の内容をレベルアップするのにも有効と考えられます。

　また，教育を教育担当者任せにするのではなく，ときには，事業

場トップが教育の場に立ち，自らの経験等をもとに，安全に対する熱意や考え方を労働者に伝えることは，労働者の安全意識を高め，事業場の安全活動を活発化させることにつながります。

2　教育の種類

労働安全衛生法においては，次の教育の実施が事業者に義務付けられています。

① 雇入れ時教育
② 作業内容変更時教育
③ 特別教育
④ 職長等教育

また，事業者は次の教育の実施に努めなければならないとされています。

① 安全管理者等労働災害を防止するための業務に従事する者に対する能力向上教育
② 危険または有害な業務に従事する者に対する安全衛生教育
③ 健康教育

さらに p. 94 の**表5**のような教育の実施が推奨されています（詳しくは，厚生労働省の「安全衛生教育等推進要綱」参照）。

3　教育の実施

教育の実施に当たっては，教育内容の充実を図りつつ，次のように計画的に実施していくことが重要です。

（1）　実施計画等の作成等

教育の種類ごとに，対象者，実施時期，実施場所，講師，教材等を定めた年間の実施計画を作成します。なお，労働者の職業生活を通じての継続的な教育を実施するために，中長期的な教育計画を作成することが望まれるところです。

また，教育を継続的，効果的に行っていくために，労働者ごとに，どのような教育をいつ受けたか等の記録を作成・保存しておくこと

表5　実施が推奨されている安全衛生教育

	対　象　者	教育の種類
①	危険有害業務（就業制限業務および特別教育対象）に準ずる危険有害業務に初めて従事する者	特別教育に準じた教育，危険有害業務従事者教育
②	危険有害業務（就業制限業務および特別教育対象）のうち車両系建設機械等の運転業務に従事する者	危険再認識教育
③	危険有害業務および作業強度の強い業務に従事する者等	高齢時教育（おおむね45歳に達したとき）
④	安全推進者，職長等	能力向上教育に準じた教育
⑤	作業指揮者	指名時の教育
⑥	安全衛生責任者	選任時の教育，能力向上教育に準じた教育
⑦	危険性又は有害性等の調査等担当者・労働安全衛生マネジメントシステム担当者	指名時の教育
⑧	特定自主検査に従事する者	能力向上教育に準じた教育
⑨	定期自主検査に従事する者	選任時の教育
⑩	生産技術管理者，設計技術者等	機械安全教育
⑪	経営トップ等	安全衛生セミナー
⑫	管理職	安全衛生教育
⑬	その他 ・安全衛生専門家	実務向上研修

が重要です。

（2）　実施責任者の選任

　実施計画の作成，実施，実施結果の記録・保存等教育に関する業務の実施責任者を選任します。

（3）　教育内容の充実

　ア　教育内容の充実のため，講師，教材等については次の点に留

意します。

① 講師は，当該業務に関する知識・経験を有し，かつ，教育技法に関する知識・経験を有する者であること。

② 教材は，カリキュラムの内容を十分満足するほか，労働災害事例等に即した具体的な内容とすること。また，視聴覚教材を有効に活用することが望ましいこと。

③ 教育技法は，講義方式のほか，現場での実習，受講者が直接参加する事例研究，課題解決等の討議方式を採用するなどの工夫を行うこと。

イ 安全衛生教育の推進に当たっては，中小企業，第三次産業，高年齢労働者，外国人労働者および就業形態の多様化といった労働災害防止上の課題に適切に対応していくことが重要です。また，危険感受性の低下が懸念されていることから，十分な安全を確保した上で，作業に伴う危険性を体感させるような教育やKYT（危険予知訓練）等の日々の危険感受性を向上させる教育も有効です。

外国人労働者については，一般に，日本語やわが国の労働慣行に習熟していないことなどから，母国語や視聴覚教材を用いる等，内容を確実に理解できる方法による教育の実施が求められます。

（4） 安全衛生教育センターの活用

国は，安全衛生教育の水準の向上を図るため，安全衛生教育センターを設置し，その運営を中災防と建設業労働災害防止協会（建災防）に委託しています。同センターでは，職長等教育の講師養成をはじめ，事業者が行う安全衛生教育のトレーナー，インストラクター等の養成や安全衛生担当者，管理・監督者等の資質向上のための講座を開設しています。同センターを活用し，事業場内での講師養成等を行うことも，より有効な安全衛生教育の実施につながります。（参照：p. 324）

第 7 章　日常的な安全衛生活動

　労働災害を防止するためには，適切な安全衛生管理体制を確立し，労働安全衛生関係法令を順守しつつ，さらに事業場における安全衛生水準を向上させていくための自主的な労働災害防止活動に作業者，管理監督者を問わず全員の参加により取り組むことが重要です。以下に示す日常的な安全衛生活動は，現場に潜在する危険要因などの諸問題を自らの問題ととらえて発見し，その解決策を考え，実行しようとするものです。その解決する力の育成が「現場力」の強化につながります。

1　KYT（危険予知訓練）

　KYT は，職場や作業の中に潜む危険要因を発見・把握・解決していく手法の一つで，ヒューマンエラー事故防止に有効な手段となっています。具体的には，現場で実際に作業をさせたり，してみせたり，または作業の状況を描いたイラストシートなどを用いて，職場で危険要因を話し合い，これに対する対策を考え合って決め，一人ひとりが実践するもので，作業者の危険に対する感受性とともに，問題解決能力や実践への意欲を高める効果が期待できます。

　リスクアセスメントとの関連でいえば，設備対策などによりリスク低減措置を講じてもなお残るリスク（残留リスク）や作業者の行動に起因するリスクに対して，KYT は有効な活動です。また，日常的に KYT を行う職場では常日頃から危険要因を見出す訓練が行われ，危険に対する感受性が高まることから，リスクアセスメントの「危険性又は有害性の特定」がスムーズに行えるようになるので，両者を一体的に活用することにより一層有効な対策につながります。

2　4S（整理, 整頓, 清掃, 清潔）5S（4S ＋しつけ）

5S は，4S（整理, 整頓, 清掃, 清潔）にその基盤となるしつけの S を加えたものです。これらを実施することにより働きやすい安全な職場を実現することができます。5S が定着していないと，労働災害の発生はもちろん，作業効率の低下，誤操作・誤動作，モラールや品質・環境面の水準の低下などのおそれがあります。

---

① 整　理：必要な物と不要な物を分けて，不要な物を処分する。
② 整　頓：必要なときに必要な物をすぐ取り出せるように，分かりやすく安全な状態で配置，収納する。
③ 清　掃：身の回りをきれいにして，ゴミ・汚れ等を取り除く。
④ 清　潔：整理, 整頓, 清掃を繰り返して衛生面を確保し，快適な状態を実現・維持する。
⑤ しつけ：4S が全員に徹底され，適切に実行される。

3　ヒヤリ・ハット報告活動

ヒヤリ・ハット報告活動は，①作業中にもう少しでケガをしそうになったり，中毒になりかけたりするなどヒヤリとしたことやハッとしたこと，②目にとまった同僚の危険な行動，などを危険情報として活用する安全衛生活動です。これは当事者の責任を追及するためではなく，貴重な危険情報をみんなで共有し解決を図ることをねらいとした活動です。せっかく潜在的な事象が顕在化したのに隠したり見なかったこととせずに，体験したことや気が付いたことをどんどん出し合うことが大切です。

また，重大なヒヤリ・ハット報告は，他工場・同業他社の災害事例とともに，リスクアセスメントの「危険性又は有害性の特定」を行う際の貴重な情報となります。

4　安全衛生改善提案活動

　より安全に安心して，また効率的に正確に作業が行えるよう作業者からの改善のための提案を募集して改善に結び付ける活動です。例えば，優れた提案を表彰したり，ヒヤリ・ハット報告活動などと組み合わせて取り組むなどの工夫をすると活動の活性化に効果的です。

5　ツールボックス（作業開始前等の）ミーティング

　作業開始前や作業の切替え時に短時間で，監督者を中心にその日の作業の範囲，段取り，分担，安全衛生のポイントなどを現場で話し合うことにより，安全に確実に作業するための小集団活動です。このミーティングの中に短時間 KYT などを取り入れて，全員で話し合うようにし，その結果を全員が実践するための行動目標として決めるようにするとより効果的です。

6　職場巡視（安全衛生パトロール）

　法令で定められた安全管理者や衛生管理者，産業医が行う巡視のほか，経営トップや各部署，職場の長などが職場を回り，危険有害な箇所や 5S の状況，作業手順の順守など安全衛生の管理状況について確認するものです。問題が明らかになり指摘を受けたものについては，早急に改善を実施します。

第4編

各分野ごとの
労働災害防止対策

GENERAL GUIDEBOOK
ON INDUSTRIAL SAFETY

第1章　墜落・転落災害の防止対策

墜落・転落災害は，死亡や後遺症を引き起こす重篤な災害になる可能性が高いものです。高さが2m以上の高所からの墜落災害を防止するために，法令では作業床の設置・要求性能墜落制止用器具の使用等（安衛則第518条），囲いの設置等（安衛則第519条）などの災害防止対策を事業者に求めています。

1　足場からの墜落・転落防止対策

建築現場などで広く使用される足場からの墜落・転落災害が，相変わらず数多く発生していることから，令和5年3月に安衛則が改正され，また同時に「足場からの墜落・転落災害防止総合対策推進要綱」の改正も行われました。この改正で足場からの墜落防止措置がさらに強化されました。強化点は次のとおりです。

① 一側足場の使用範囲の明確化（安衛則561条の2。）。

② 足場の点検を行う際，点検者を指名することの義務付け（安衛則第567条，568条および第655条。）。

③ 足場の完成後等の足場の点検後に記録すべき事項に点検者の氏名を追加（安衛則第567条および第655条。）。

詳細情報は厚生労働省のホームページで確認できます。

また，足場の組立て，解体または変更の作業においては，近年の状況を反映して「手すり先行工法等に関するガイドライン」が改正されました（令和5年12月）。

| 足場からの墜落防止 | 検索 |

2　高所作業で使用する墜落制止用器具

一般の製造業等で機械類への接近手段として設置される作業床や

階段などについて，国際規格（ISO）や JIS では，500mm を超える高さの墜落の可能性がある床には，1,100mm 以上の高さの柵を備えることとし，その柵の最下端には高さ 100mm 以上のつま先板を備えるよう規定しており，500mm を超える高低差のある階段には手すりと柵を備えることも規定しています。(ISO14122-3:2016，JIS B 9713-3:2004)

　また，国際規格をもとに日本でも規格化されたフルハーネス型墜落制止用器具は，胴ベルト型に比べ，墜落時の身体損傷の可能性が極めて低いものです。(JIS T 8165:2018，ISO10333-6:2004 他)

　厚生労働省は，安衛令，安衛則および関係告示の改正を行い，平成 31 年 2 月から高所作業で使用する墜落制止用の保護具はフルハーネス型を原則とするとともに U 字つり型は墜落制止用器具とはみなさないこととしました。さらに「安全帯」という呼称を「墜落制止用器具」に改め，構造規格は「墜落制止用器具の規格」に改正されています。

　胴ベルト型はベルト 1 本で身体を保持する構造のため，墜落時の衝撃による内臓損傷，宙づり状態下での胸部圧迫等による重篤な危害が指摘されており，死亡例も少なからず確認されています。このことから，国際規格では身体保持具として認められず，着用者の身体を肩，腿などの複数箇所で保持する構造のフルハーネス型の墜落制止用器具のみを規格化しています。

　事業者は，構造規格に適合した安全性の高い墜落制止用器具を労働者に使用させるようにしなければなりません。

　なお，改正構造規格に適合したフルハーネス型墜落制止用器具は，通常，ランヤード（つりひも）にショックアブソーバが組み込まれているので，墜落時の落下距離が従来型よりも長くなる（一定以上の高さがないと制止される前に地面に達してしまう）場合があることに，注意が必要です。

　高さ 2 m 以上の箇所であって作業床を設けることが困難なところにおいて，フルハーネス型墜落制止用器具を労働者に使用させる

ときは特別教育を行うことが必要です。

〈豆知識〉
墜落：高いところから落ちること。
　　　墜落には，こう配が40度以上の斜面を転落することを含む（安衛則第518条の解釈例規より）。
転落：階段，はしご等から転げ落ちること。

参考文献
　厚生労働省発行リーフレット
「足場からの墜落防止措置が強化されます」
https://www.mhlw.go.jp/content/001108426.pdf

中災防の図書

安全衛生実践シリーズ

なくそう！
墜落・転落・転倒

中野洋一　著／B6判　184ページ

商品№24520　定価：1,430円（本体1,300円＋税10%）

お申込み・お問合せは…
中央労働災害防止協会◆出版事業部
　TEL　03−3452−6401　FAX　03−3452−2480

第2章　転倒災害防止対策

1　増加する転倒災害

　図1は，「転倒」「動作の反動・無理な動作」「墜落・転落」「はさまれ・巻き込まれ」の4つの事故の型について，約15年間の発生件数の推移を示したものです。「転倒」，「動作の反動・無理な動作」は増加傾向を示しています。一方，「墜落・転落」「はさまれ・巻き込まれ」は長期的にはおおむね減少してきたものの近年は下げ止まり傾向にあります。また，図2は令和5年の休業4日以上の労働災害を事故の型別に示したものです。このように，休業4日以上の死傷災害の中では，転倒災害が最も多く発生しています。転倒災害が増えている理由の一つとして，働く人の高齢化が挙げられます。高年齢労働者は身体の平衡機能や敏捷性，視認性が低下するため転倒しやすく，また，つまずいて転倒しただけであっても災害の重篤度が高まる傾向があります。今後，労働力人口の高齢化が一層進行すると見込まれていますので，事業場における転倒災害防止対

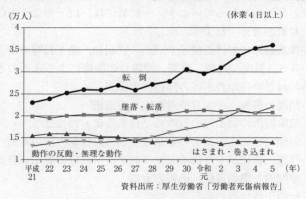

資料出所：厚生労働省「労働者死傷病報告」

図1　死傷災害発生数の推移（全産業）

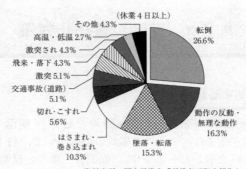

資料出所：厚生労働省「労働者死傷病報告」

図2　令和5年　死傷災害発生状況（全産業）

策は極めて重要になってきています。

2　転倒災害防止対策

　転倒災害の典型的なパターンは，「滑り」「つまずき」「踏み外し」の3つです。床面に水や油がこぼれていて滑った，段差につまずいた，両手で荷物を持っていて足元がよく見えずに階段を踏み外したなどが原因となっています。一般的には，以下のような転倒災害防止対策が考えられます。

① 作業通路における段差や凹凸，突起物，継ぎ目等の解消

② 4S（整理，整頓，清掃，清潔）の徹底による床面の水濡れ，油汚れ等のほか台車等の障害物の除去

③ 照度の確保，手すりや滑り止めの設置

④ 危険箇所の表示等の危険の「見える化」の推進

⑤ 転倒災害防止のための安全な歩き方，作業方法の推進

⑥ 作業内容に適した防滑靴やプロテクター等の着用の推進

⑦ 定期的な職場点検，巡視の実施

⑧ 転倒予防体操の励行

　また，冬季は積雪や路面の凍結により転倒災害が多く発生しています。以下のような対策を実施して転倒災害を防ぎましょう。

　①　気象情報の活用によるリスク低減の実施

　　ア　大雪，低温に関する気象情報を迅速に把握する体制の構築

　　イ　警報・注意報発令時等の対応マニュアルの作成，関係者への周知

　　ウ　気象状況に応じた出張，作業計画等の見直し

　②　通路，作業床の凍結等による危険防止の徹底

　　ア　屋外通路や駐車場における除雪，融雪剤の散布による安全通路の確保

　　イ　事務所への入室時における靴裏の雪，水分の除去，凍結のおそれのある屋内の通路，作業場への温風機の設置等による凍結防止策の実施

　　ウ　屋外通路や駐車場における転倒災害のリスクに応じた「危険マップ」の作成，関係者への周知

　　エ　凍結した路面，除雪機械通過後の路面等における荷物の運搬方法，作業方法の見直し

　多くの事業場で行われている安全活動も転倒災害の防止に効果があります。

（1）　4S活動

　4S活動は，転倒災害防止においても基本的かつ重要な対策です。「整理・整頓」で通路上の荷物への「つまずき」による転倒を防ぐことができ，「清掃・清潔」で油汚れ・水濡れなどによる「滑り」を防止することができます。

　また，4S活動が徹底されれば，ムリ・ムダ・ムラがなくなり作業性が向上し，生産性の向上も期待されます。

（2）　KY（危険予知）活動

　KY活動とは，作業を始める前に「どんな危険が潜んでいるか」を職場内で話し合い，危険のポイントについて合意し，みんなで話し

合って対策を決め，設定された行動目標や指差し呼称項目を一人ひとりが作業の中で実践するものです。要所要所で指差し呼称で集中力を高め，安全を確認しながら作業を行いますので，転倒災害の防止に効果があります。

忙しい時間帯などは4S活動がおろそかになって，作業通路に障害物が置かれたまま汚れていた，作業を急ぐあまり注意力が散漫になった等が生じると，転倒災害のリスクが増加します。過去の災害事例を基にしたKY（危険予知）活動も，積極的に進めましょう。

（3）　危険の「見える化」

危険の「見える化」とは，職場の危険を可視化（＝見える化）し，従業員全員で危険情報を共有することです。転倒のおそれのある箇所が分かっていれば，慎重に行動することができます。

職場の中で転倒災害が多発している箇所は，危険マップの作成やステッカーの貼り付けなどにより作業者全員で情報を共有し，安全意識を高めましょう。

厚生労働省および労働災害防止団体では，転倒災害の減少を図るため，平成27年1月から「STOP！転倒災害プロジェクト2015」（その後，期間を設けず「STOP！転倒災害」として継続）を開始し，取り組んでいます。

しかし，転倒災害は依然として休業4日以上の死傷災害の中で最も件数が多く，引き続きさらなる取組みが必要なことから，より具体的な手法，加齢による筋力低下や認知機能の低下等への対応が求められています。

厚生労働省は，平成21年度に「高年齢労働者の身体的特性の変化による災害リスク低減推進の手法等の検討」を中災防に委託して行いました。その結果，自らの身体機能の変化に気付き，転倒等のリスクを把握する方法として「転倒等リスク評価セルフチェック票」がまとめられました。令和2年3月に厚生労働省が公表した「高年齢労働者の安全と健康確保のためのガイドライン（エイジフレンドリーガイドライン）」においても，その活用が推奨されてい

ます。

　p.108 に，「転倒等リスク評価セルフチェック票」を掲載します。なお，このチェック票の活用に当たっては，身体機能計測の際にケガをすることがないよう，周囲の環境や事前の準備運動を入念に行うなど注意が必要です。進め方については動画「転びの予防　体力チェック」で紹介していますので，活用してください（https://www.jisha.or.jp/order2023/korobi/）。

　中災防では，「高年齢労働者の転倒・腰痛予防から労働管理までを学ぶセミナー」や「健康づくり推進スタッフ養成研修」等で災害防止のための健康づくりについて実習を通じて学ぶ機会を提供し，講師派遣も行っています（https://www.jisha.or.jp/seminar/health/）。

　また，日本整形外科学会では，身体機能の低下によるロコモティブシンドロームを予防するための運動として「ロコトレ」を推奨しています（https://locomo-joa.jp/check/locotre/）。

参考：「転倒等リスク評価セルフチェック票」（p.108）

　身体活動に必要な機能は，加齢とともに徐々に低下していきます。このような機能低下に対しては，施設・設備を改善して補う必要があることは言うまでもありませんが，機能低下は多様であり，個人差もあります。そして機能低下は自覚することもなく徐々に進行するため，日常生活や行動上に支障が出るまで放置してしまい，未然に防ぐよう意識することがむずかしいという問題もあります。

　そこで，身体機能の低下を自覚するために，本チェック票をご活用ください。

転倒等リスク評価セルフチェック票

I 身体機能計測結果

①2ステップテスト（歩行能力・筋力）※

あなたの結果は　　　　　cm／　　　　　cm（身長）＝

下の表に当てはめると→ 評価

評価表	1	2	3	4	5
結果／身長	～1.24	1.25～1.38	1.39～1.46	1.47～1.65	1.66～

②座位ステッピングテスト（敏捷性）※

あなたの結果は　　　　　回／20秒

下の表に当てはめると→ 評価

評価表	1	2	3	4	5
（回）	～24回	25～28回	29～43回	44～47回	48回～

③ファンクショナルリーチ（動的バランス）※

あなたの結果は　　　　　cm

下の表に当てはめると→ 評価

評価表	1	2	3	4	5
（cm）	～19cm	20～29cm	30～35cm	36～39cm	40cm～

④閉眼片足立ち（静的バランス）※

あなたの結果は　　　　　秒

下の表に当てはめると→ 評価

評価表	1	2	3	4	5
（秒）	～7秒	7.1～17秒	17.1～55秒	55.1～90秒	90.1秒～

⑤開眼片足立ち（静的バランス）※

あなたの結果は　　　　　秒

下の表に当てはめると→ 評価

評価表	1	2	3	4	5
（秒）	～15秒	15.1～30秒	30.1～84秒	84.1～120秒	120.1秒～

身体機能計測の評価数字を110頁のレーダーチャートに黒字で記入

※各方法は、https://www.mhlw.go.jp/new-info/kobetu/roudou/gyousei/anzen/dl/101006-1a_07.pdf　を参照。

Ⅱ 質問票（身体的特徴）

質問内容	あなたの回答 No. は		点数		評価	評価
1 人ごみの中、正面から来る人にぶつからず、よけて歩けますか	→	→	点	下記の評価表であなたの評価は		① 歩行能力 筋力
2 同年代に比べて体力に自信はありますか	→	↗				
3 突発的な事態に対する体の反応は素早い方だと思いますか	→	↗	点			② 敏捷性
4 歩行中、小さい段差に足を引っかけたとき、すぐに次の足が出ると思いますか	→	→				
5 片足で立ったまま靴下を履くことができると思いますか	→	→	点			③ 動的 バランス
6 一直線に引いたラインの上を、継ぎ足歩行で簡単に歩くことができると思いますか	→	↗				
7 眼を閉じて片足でどのくらい立つ自信がありますか	→	———————→				④ 静的バランス （閉眼）
8 電車に乗って、つり革につかまらずどのくらい立っていられると思いますか	→	↗		下記の評価表であなたの評価は		⑤ 静的バランス （開眼）
9 眼を開けて片足でどのくらい立つ自信がありますか	→	→	点			

▼ 回答No.を選んで記入

1	①自信がない　②あまり自信がない　③人並み程度　④少し自信がある　⑤自信がある
2	①自信がない　②あまり自信がない　③人並み程度　④少し自信がある　⑤自信がある
3	①素早くないと思う　②あまり素早くないと思う　③普通　④やや素早いと思う　⑤素早いと思う
4	①自信がない　②あまり自信がない　③少し自信がある　④かなり自信がある　⑤とても自信がある
5	①できないと思う　②最近やってないができないと思う　③最近やってないが何回かに1回はできると思う ④最近やってないができると思う　⑤できると思う
6	①継ぎ足歩行ができない　②継ぎ足歩行はできるがラインからすれる　③ゆっくりであればできる ④普通にできる　⑤簡単にできる
7	①10秒以内　②20秒程度　③40秒程度　④1分程度　⑤それ以上
8	①10秒以内　②30秒程度　③1分程度　④2分程度　⑤3分以上
9	①10秒以内　②30秒程度　③1分程度　④1分30秒程度　⑤2分以上

評価表	1	2	3	4	5
点数	2～3	4～5	6～7	8～9	10

それぞれの評価結果を110頁のレーダーチャートに赤字で記入

Ⅲ レーダーチャート

108、109 ページの評価結果を転記し線で結びます。
（Ⅰの身体機能計測結果を黒字、Ⅱの質問票（身体的特性）は赤字で記入）

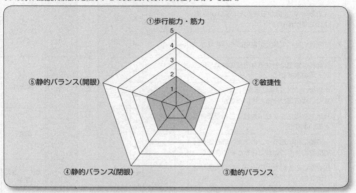

チェック項目

①身体機能計測（黒枠）の大きさをチェック

身体機能計測結果を示しています。黒枠の大きさが大きい方が、転倒等の災害リスクが低いといえます。黒枠が小さい、特に2以下の数値がある場合は、その項目での転倒等のリスクが高く注意が必要といえます。

②身体機能に対する意識（赤枠）の大きさをチェック

身体機能に対する自己認識を示しています。実際の身体機能（黒枠）と意識（赤枠）が近いほど、自らの身体能力を的確に把握しているといえます。

③黒枠と赤枠の大きさをチェック

（1）「黒枠 ≧ 赤枠」の場合

それぞれの枠の大きさを比較し、黒枠が大きいもしくは同じ大きさの場合は、身体機能レベルを自分で把握しており、とっさの行動を起こした際に、からだが思いどおりに反応すると考えられます。

（2）「黒枠 ＜ 赤枠」の場合

それぞれの枠の大きさを比較し、赤枠が大きい場合は、身体機能が自分で考えている以上に衰えている状態です。とっさの行動を起こした際など、からだが思いどおりに反応しない場合があります。枠の大きさの差が大きいほど、実際の身体機能と意識の差が大きいことになり、より注意が必要といえます。

あなたのレーダーチャートはどんな特徴がありましたか？　右ページにレーダーチャートの典型的なパターンを示しています。
転倒等は、筋力、バランス能力、敏捷性の低下等により起きやすくなると考えられます。
転倒や転落等の災害リスクに重点を置き、それらに関連する身体機能および身体機能に対する認識等から自らの転倒等の災害リスクを認識し、労働災害の防止に役立てるものです。

パターン1　身体機能計測結果　＞　質問票回答結果

　あなたの身体機能（太線）は、自己認識（点線）よりも高い状態にあります。このことから、比較的自分の体力について慎重に評価する傾向にあるといえます。生活習慣や加齢により急激に能力が下がる項目もありますので、今後も過信することなく、体力の維持向上に努めましょう。

　一方、太線が点線より大きくても全体的に枠が小さい場合（特に2以下）は、すでに身体機能面で転倒等のリスクが高いといえます。筋力やバランス能力の向上、整理整頓や転倒・転落しやすい箇所の削減に努めてください。

　また、職場の整理整頓がなされていない場合などには転倒等リスクが高まることがありますので注意しましょう。

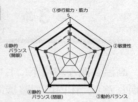

パターン2　身体機能計測結果　＜　質問票回答結果

　あなたの身体機能（太線）は、自己認識（点線）よりも低い状態にあります。このことから、実際よりも自分の体力を高く評価している傾向にあり、自分で考えている以上にからだが反応していない場合があります。

　体力の維持向上を図り、自己認識まで体力を向上させる一方、体力等の衰えによる転倒等のリスクがあることを認識してください。日頃から、急な動作を避け、足元や周辺の安全を確認しながら行動するようにしましょう。

　また、枠の大きさが異なるほど、身体機能と自己認識の差が大きいことを示しており、さらに、太線が小さい場合（特に2以下）はすでに身体機能面で転倒等のリスクが高いことが考えられます。筋力やバランス能力等の向上に努めてください。

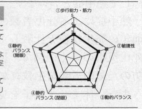

パターン3　身体機能計測結果　≒　質問票回答結果（枠が大きい）

　あなたの身体機能（太線）とそれに対する自己認識（点線）は同じくらいで、どちらも高い傾向にあります。このことから、転倒等リスクから見た身体機能は現時点で問題なく、同様に自分でもそれを認識しているといえます。

　現在は良い状態にありますが、加齢や生活習慣の変化により身体能力が急激に低下し、転倒等リスクが高まる場合もありますので、日頃から、転倒等に対するリスクを認識するとともに、引き続き体力の維持向上に努めてください。

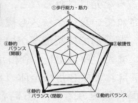

パターン4　身体機能計測結果　≒　質問票回答結果（枠が小さい）

　あなたの身体機能（太線）とそれに対する自己認識（点線）は同じくらいで、身体機能と認識の差は小さいですが、身体機能・認識とも低い傾向にあります（主に2以下）。

　このことから、転倒等リスクからみて身体機能に不安を持っており、そのことを自分でも認識しているといえます。日頃から、体力の向上等により身体面での転倒等のリスクを減らし、全体的に枠が大きくなるように努めてください。

　また、すぐに転倒リスクを減らすため、職場の整理整頓や転倒・転落しやすい箇所の改善等を行ってください。

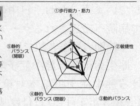

パターン5　項目により逆転している

　あなたは、計測項目によって、身体機能（太線）の方が高い場合と自己認識（点線）の方が高い場合が混在しています。

　このことから、それぞれの体力要素について、実際より高く自己評価している場合と慎重に評価している場合があるといえます。

　転倒等リスクからみた場合、特に自己認識に比べ、身体機能が低い項目（太線が小さい項目）が問題となります。身体機能の向上により太線の方が大きくなるよう努めてください。

　また、身体機能と認識にばらつきがあるため、思わぬところで転倒や転落する可能性がありますので、転倒・転落しやすい箇所の改善等を行ってください。

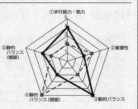

出典「転びの予防と簡単エクササイズ」（中災防）

第 **3** 章　熱中症の予防対策

　高温多湿な環境下において，体内の水分および塩分のバランスが崩れたり，体内の調整機能が破綻するなどして発症する障害を，総称して熱中症といいます。

　熱中症による死傷者数の推移は表1のとおりです。令和5年は，前年の発生状況と比較して，死傷者数が大きく増加となりました。死亡災害の多くの例で，暑さ指数（WBGT）を把握せず，熱中症予防のための労働衛生教育が行われていませんでした。

　また，休ませて様子を見ていたところ容態が急変，倒れているところを発見されるなど，熱中症の発症時・緊急時の措置が適切になされていないケースも複数みられました。

　業種別では製造業が最も多く，次いで建設業となっています。

　また，平成31／令和元〜令和5年計で月別の死傷者数をみると，7月および8月に全体の8割近くが発生しています。時間帯別の死傷者数をみると，15時台が最も多く，次いで11時台に多く発生しています。なお，日中の作業終了後に帰宅してから体調が悪化して病院へ搬送されるケースも散見されます。

　年齢別の死傷者数では，全体の約5割が50歳以上となっています。

　厚生労働省は熱中症予防対策の一層の推進を図るため「職場における熱中症予防基本対策要綱の策定について」を発表しています（令和3年4月20日付け基発0420第3号，改正令和3年7月26日付け基発0726第2号）。

表1　熱中症による死傷者数の推移（平成27年〜令和5年分）

年	平成27年	28年	29年	30年	令和元年	2年	3年	4年	5年
人	464（29）	462（12）	544（14）	1178（28）	829（25）	959（22）	561（20）	827（30）	1,045（28）

※（　）内は死亡者数で内数。
令和5年は速報値。

　また，厚生労働省，中災防等の主唱により，令和6年5月1日から9月30日まで，「STOP！熱中症　クールワークキャンペーン」が展開されています。要綱の概要は次のとおりです。

1　暑さ指数（WBGT）の活用

　WBGT（湿球黒球温度）の値は，暑熱環境による熱ストレスの評価を行う暑さ指数で，作業場所にWBGT指数計を設置して求めます（日射の有無による影響でWBGT値の計算式が異なる）。特に事前に暑さ指数がWBGT基準値（表2）を超えることが予想される場合は，作業中に測定するように努めます。また留意点として，作業時の着衣に応じて，暑さ指数に着衣補正値を加えることが必要です（表3）。WBGT基準値を超え，または基準値を超えるおそれのある場合には，冷房の活用や身体作業強度（代謝率レベル）の低い作業への変更，基準値の低い暑さ指数の作業場所への変更など，熱中症予防対策を状況に応じて実施するよう努めます。

　それでもなお，WBGT基準値を超え，または超えるおそれがある場合には，「2　熱中症予防対策」を徹底し，熱中症の発生リスクの低減を図りましょう。

2　熱中症予防対策

（1）　作業環境管理

①　WBGT基準値を超え，または超えるおそれのある作業場所（以下「高温多湿作業場所」という）においては，発熱体と労働者の間に熱を遮ることのできる遮へい物等を設けること。

②　屋外の高温多湿作業場所においては，直射日光ならびに周囲の壁面および地面からの照り返しを遮ることができる簡易な屋根等を設けること。

③　高温多湿作業場所に適度な通風や冷房を行うための設備を設けること。

表2　身体作業強度等に応じた WBGT 基準値（抄）

区分	身体作業強度（代謝率レベル）の例	暑熱順化者の WBGT 基準値 ℃	暑熱非順化者の WBGT 基準値 ℃
0 安静	安静，楽な座位	33	32
1 低代謝率	軽い手作業（書く，タイピングなど）；手および腕の作業（小さいベンチツール，点検など）；腕および脚の作業（通常の状態での乗り物の運転など）；立位でドリル作業；フライス盤；コイル巻き；小さい電機子巻き；小さい力で駆動する機械；2.5km/h 以下での平坦な場所での歩き。	30	29
2 中程度代謝率	継続的な手および腕の作業（くぎ打ち，盛土）；腕および脚の作業（トラックのオフロード運動など）；腕と胴体の作業（空気圧ハンマーでの作業，トラクター組立て，草むしりなど）；軽量な荷車および手押し車を押したり引いたりする；2.5～5.5km/h での平坦な場所での歩き；鍛造	28	26
3 高代謝率	強度の腕および胴体の作業；重量物の運搬；ショベル作業；ハンマー作業；のこぎり作業；硬い木へのかんな掛けまたはのみ作業；草刈り；掘る；5.5～7km/h での平坦な場所での歩き；重量物の荷車および手押し車を押したり引いたりする；鋳物を削る；コンクリートブロックを積む。	26	23
4 極高代謝率	最大速度の速さでのとても激しい活動；斧を振る；激しくシャベルを使ったり掘ったりする；階段を昇る；平坦な場所で走る；7km/h 以上で平坦な場所を歩く。	25	20

注1　日本産業規格 JIS Z 8504（熱環境の人間工学－WBGT（湿球黒球温度）指数に基づく作業者の熱ストレスの評価－暑熱環境）附属書 A「WBGT 熱ストレス指数の基準値」を基に，同表に示す代謝率レベルを具体的な例に置き換えて作成したもの。
注2　暑熱順化者とは，「評価期間の少なくとも1週間以前から同様の全労働期間，高温作業条件（又は類似若しくはそれ以上の極端な条件）にばく露された人」をいう。
資料出所：厚生労働省「職場における熱中症予防基本対策要綱」

④　高温多湿作業場所の近隣に冷房を備えた休憩場所または日陰などの涼しい休憩場所を設けること。また，休憩場所は足を伸ばして横になれることのできる広さを確保すること。

⑤　高温多湿作業場所またはその近隣に水，冷たいおしぼり，水風呂，シャワー等の身体を適度に冷やすことのできる物品および設備を設けること。

⑥　水分および塩分の補給を定期的かつ容易に行えることができ

表3　衣類の組合せにより WBGT 値に加えるべき着衣補正値（℃ − WBGT）

組合せ	コメント	暑さ指数（WBGT）に加えるべき着衣補正値（℃ − WBGT）
作業服	織物製作業服で，基準となる組合せ着衣である。	0
つなぎ服	表面加工された綿を含む織物製	0
単層のポリオレフィン不織布製つなぎ服	ポリエチレンから特殊な方法で製造される布地。	2
単層の SMS 不織布製のつなぎ服	SMS はポリプロピレンから不織布を製造する汎用的な手法である。	0
織物の衣服を二重に着用した場合	通常，作業服の上につなぎ服を着た状態。	3
つなぎ服の上に長袖ロング丈の不透湿性エプロンを着用した場合	巻付型エプロンの形状は化学薬剤の漏れから身体の前面および側面を保護するように設計されている。	4
フードなし単層の不透湿つなぎ服	実際の効果は環境湿度に影響され，多くの場合，影響はもっと小さくなる。	10
フードつきの単層の不透湿つなぎ服	実際の効果は環境湿度に影響され，多くの場合，影響はもっと小さくなる。	11
服の上に着たフードなし不透湿性のつなぎ服	−	12
フード	着衣組合せの種類やフードの素材を問わず，フード付きの着衣を着用する場合。フードなしの組合せ着衣の着衣補正値に加算される。	+1

注1　透湿抵抗が高い衣服では，相対湿度に依存する。着衣補正値は起こりうる最も高い値を示す。
注2　SMS はスパンボンド−メルトブローン−スパンボンドの3層構造からなる不織布である。
注3　ポリオレフィンは，ポリエチレン，ポリプロピレン，ならびにその共重合体などの総称である。
資料出所：厚生労働省 令和6年「STOP！熱中症　クールワークキャンペーン」実施要綱

るよう高温多湿作業場所に飲料水などの備付け等を行うこと。

（2）作業管理

① 作業の休止時間および休憩時間を確保し，高温多湿作業場所の作業を連続して行う時間を短縮すること，身体作業強度が高い作業を避けること，作業場所を変更することなどの熱中症予防対策を，作業の状況等に応じて実施するよう努めること。

② 計画的に，暑熱順化期間を設けることが望ましいこと。特に，梅雨から夏季にかけて，気温等が急に上昇した高温多湿作業場

所で作業を行う場合，新たにその作業を行う場合，また，長期間
その作業から離れ，その後再び作業を行う場合等においては，通
常，労働者は暑熱順化していないことに留意が必要であること。

③　のどの渇きなどの自覚症状以上に脱水状態が進行しているこ
とがあること等に留意の上，自覚症状の有無にかかわらず，水
分および塩分の作業前後の摂取および作業中の定期的な摂取を
指導するとともに，労働者の水分および塩分の摂取を確認する
ための表の作成，作業中の巡視における確認，水分を常備，休
憩・施設の工夫などにより，定期的な水分および塩分の摂取の
徹底を図ること。(定期的な摂取とは，20～30分ごとにカッ
プ1～2杯程度)

④　熱を吸収し，または保熱しやすい服装は避け，透湿性および
通気性の良い服装を着用させること。なお，直射日光下では通
気性の良い帽子等を着用させること。

⑤　定期的な水分および塩分の摂取に係る確認，労働者の健康状
態を確認し，熱中症を疑わせる兆候（表4）が現れた場合にお
いて速やかな作業の中断等必要な措置を講ずること等を目的に，
高温多湿作業場所での作業中は巡視を頻繁に行うこと。

作業開始前や休憩中にあらかじめ，深部体温上昇を抑えるプ
レクーリングを検討すること。体表面を冷却する方法と冷水や
アイススラリー（流動性の氷状飲料）などを摂取して体内から
冷却する方法がある。

（3）　健康管理

①　健康診断の項目には，糖尿病，高血圧症，心疾患，腎不全等
の熱中症の発症に影響を与えるおそれのある疾患と密接に関係
した血糖検査，尿検査，血圧の測定，既往歴の調査等が含まれ
ていること，および異常所見があると診断された場合には医師
等の意見を聴き，当該意見を勘案して，必要があると認めると
きは，事業者は，就業場所の変更，作業の転換等の適切な措置
を講ずることが義務付けられていることに留意の上，これらの

表4　熱中症の症状と分類

分類	症　状	重症度
Ⅰ度	めまい・生あくび・失神… 「立ちくらみ」のこと。「熱失神」と呼ぶこともあります。 筋肉痛・筋肉の硬直… 筋肉の「こむら返り」のこと。「熱けいれん」と呼ぶこともあります。 大量の発汗	小
Ⅱ度	頭痛，気分の不快，吐き気，嘔吐，倦怠感，虚脱感… 体がぐったりする，力が入らない，など。従来「熱疲労」といわれていた状態です。 集中力や判断力の低下	
Ⅲ度	意識障害，けいれん，手足の運動障害… 呼びかけや刺激への反応がおかしい，ガクガクと引きつけがある，真直ぐに歩けない，など。 高体温… 体に触ると熱いという感触があります。従来「熱射病」などといわれていたものが相当します。	大

資料出所：厚生労働省「職場における熱中症予防基本対策要綱」

徹底を図ること。

②　高温多湿作業場所で作業を行う労働者については，睡眠不足，体調不良，前日等の飲酒，朝食の未摂取などが熱中症の発症に影響を与えるおそれがあることに留意の上，日常の健康管理について指導を行うとともに，必要に応じ健康相談を行うこと。

③　作業開始前に労働者の健康状態を確認すること。作業中は巡視を頻繁に行い，声をかけるなどして労働者の健康状態を確認すること。また，複数の労働者による作業においては，労働者にお互いの健康状態について留意させること。単独作業を避けられない場合は，ウェアラブルデバイス導入を検討することや体調の定期連絡などの態勢を確保する。

（4）　労働衛生教育

　高温多湿作業場所において作業に従事させる場合には，作業を管理する者および労働者に対し，以下の事項について従事する前だけでなく繰り返し労働衛生教育を実施したり，教育内容の実践について，日々の注意喚起を図ること。

①　熱中症の症状

② 熱中症の予防方法

③ 緊急時の救急処置

④ 熱中症の事例

（5）救急処置

① あらかじめ，病院，診療所等の所在地および連絡先を把握するとともに，緊急連絡網を作成し，関係者に周知すること。

② 熱中症を疑わせる症状（**表4**）が現れた場合は，救急処置として涼しい場所で身体を冷やし，水分および塩分の摂取等を行わせること。また，必要に応じ，救急隊を要請し，または医師の診察を受けさせること（**図3**）。

参考：厚生労働省 ポータルサイト「学ぼう！ 備えよう！ 職場の仲間を守ろう！ 職場における熱中症予防情報」
　　　https://neccyusho.mhlw.go.jp

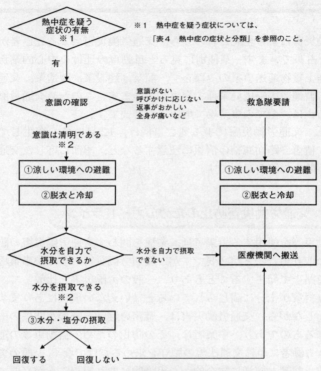

※1　熱中症を疑う症状については、「表4　熱中症の症状と分類」を参照のこと。

※2　意識が清明である又は水分を摂取できる状態であっても、Ⅱ度熱中症が疑われる場合は、医療機関への搬送を検討すること。

＊上記以外にも体調が悪化するなどの場合には、必要に応じて、救急隊を要請するなどにより、医療機関へ搬送することが必要であること。

資料出所：厚生労働省「職場における熱中症予防基本対策要綱」

図3　熱中症の救急処置（現場での応急処置）

第4章　交通労働災害防止対策

　労働災害による全死亡者のうち，交通労働災害による死亡者が約2割を占めています。業種別に見ると自動車の運行を中心的業務とする陸上貨物運送事業のみならず，商業，建設業，製造業，交通運輸業，警備業等幅広い業種で発生しています。このため交通労働災害の防止は，全ての事業場で取組みが必要です。

　また，交通労働災害による死亡事例は，12月に多く発生しています。積雪や路面凍結の情報に注意するなど，季節に応じた交通労働災害防止対策が必要です。

1　交通労働災害防止のためのガイドライン

　自動車等を使用する事業者は，業種を問わず交通労働災害の防止対策に取り組むことが必要ですが，交通労働災害の多くが事業場の外の道路上で発生することもあり，一般の労働災害と比較して，積極的な対策が十分に講じられているとはいえない現状にあります。

　しかしながら，交通労働災害は，業務の遂行と密接な関係の中で発生するものであり，事業者は，その防止のため，自動車等の運転を行う労働者に単に交通法規の順守を求めるだけでなく，一般の労働災害防止対策と同様に総合的かつ組織的に取り組むことが必要です。

　このようなことを踏まえ厚生労働省から平成6年に「交通労働災害防止のためのガイドライン」（以下「ガイドライン」という）が公表されました。その後，睡眠時間の確保に配慮した適正な労働時間の管理，乗務開始前の点呼等の実施を始めとした，交通労働災害防止対策を進めるため，平成30年6月に改正されています。

　さらに，いわゆる働き方改革の一環として，バス，トラック，タクシーなどの自動車運転者の拘束時間，休息期間，運転時間等の労

表5　交通労働災害（死亡災害）発生状況の推移

年 ＼ 区分	全死亡災害（人）	交通労働災害	
		死亡者数（人）	割合（%）
30 年	909	175	19.2
令和元年	845	157	18.6
2 年	784	164	20.9
3 年	778	129	16.6
4 年	774	129	16.7
5 年	755	148	19.6

資料出所：厚生労働省「死亡災害報告」

働条件の改善のための基準「自動車運転者の労働時間等の改善のための基準」（平成元年労働省告示第7号。改正令和4年12月23日付け厚生労働省告示第367号）も見直されています（令和6年4月1日施行）。

　また，高年齢労働者の交通労働災害の防止に関しては，厚生労働省が「高年齢者に配慮した交通労働災害防止の手引き」を策定しています。

2　ガイドラインの目的および推進事項

（1）目　的

　本ガイドラインは，労働安全衛生関係法令および前述の告示とともに，交通労働災害防止のための管理体制の確立等，適正な労働時間等の管理・走行管理，教育の実施等，健康管理，交通労働災害防止に対する意識の高揚および荷主・元請による配慮などの積極的な推進により，交通労働災害の防止を目的としています。

　対象となる交通労働災害は，道路上と事業場構内での自動車と，原動機付き自転車（以下「自動車等」という）による労働災害です。

　労働者に自動車等の運転を行わせる事業者の責務は，本ガイドラインを指針として，事業場での交通労働災害を防止することです。

　また，運転者の責務としては，自動車等を運転する労働者は，交通労働災害を防止するため，事業者の指示など，必要な事項を守り，

事業者に協力して交通労働災害の防止に努めることです。

（2）　推進事項

① 　交通労働災害防止のための管理体制等

　ア 　交通労働災害防止のための管理体制の確立

　イ 　方針の表明，目標の設定，計画の作成・実施・評価・改善

　ウ 　安全委員会等における調査審議

② 　適正な労働時間等の管理，走行管理等

　ア 　適正な労働時間等の管理，走行管理の実施

　イ 　適正な走行計画の作成等

　ウ 　点呼等の実施とその結果に基づく措置

　エ 　荷役作業を行わせる場合の措置等

③ 　教育の実施等

　ア 　雇入れ時等・日常の教育，交通危険予知訓練の実施

　イ 　運転者認定制度などの導入

④ 　交通労働災害防止に対する意識の高揚等

　ア 　交通労働災害防止に対する意識の高揚

　イ 　交通安全情報マップの作成

⑤ 　荷主・元請事業者による配慮等

⑥ 　健康管理

　ア 　健康診断

　イ 　面接指導等

　ウ 　心身両面にわたる健康の保持増進

　エ 　運転時の疲労回復

⑦ 　その他

　ア 　異常気象等の際の措置

　イ 　自動車の点検

　ウ 　自動車に装備する安全装置等

第 5 章　第三次産業における労働災害防止対策

1　第三次産業における労働災害の現状

　第三次産業における労働災害は，近年増加の傾向にあり，休業 4 日以上の死傷災害の 5 割を超え（6 万 9,602 人（全産業 13 万 5,371 人）（令和 5 年）），その割合は年々高くなっています（45.0%（平成 27 年）→ 51.4%（令和 5 年）（図 4））。

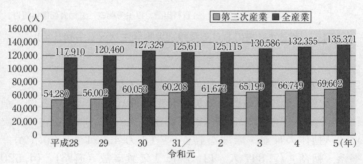

資料出所：厚生労働省「労働者死傷病報告」

図 4　労働災害発生件数の推移（休業 4 日以上）

2　第三次産業における労働災害の特徴

（1）　業種別の特徴

　第三次産業の業種別の労働災害発生状況（図 5 参照）は，小売業（1 万 6,174 人）などの商業（2 万 1,673 人）が最も多く，次いで，社会福祉施設（1 万 4,049 人）などの保健衛生業（1 万 8,786 人）が多く，3 番目に飲食店（5,710 人）などの接客・娯楽業（9,686人），4 番目に清掃・と畜業（6,850 人）の順番となっています。

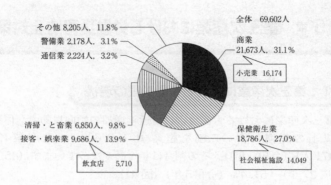

資料出所：厚生労働省「労働者死傷病報告」

図5 第三次産業における業種別災害発生状況（令和5年）

（2） 事故の型別の特徴

　第三次産業の事故の型別の災害発生状況（図6）は，「転倒」が最も多く，全体の約3.5割（2万4,079人，34.6%）を占め，次いで，「動作の反動・無理な動作」[注]（1万4,021人，20.1%），「墜落・転落」（7,847人，11.3%），「交通事故（道路）」（4,520人，6.5%）と続き，これら4種の事故の型で第三次産業全体の約7割を占めています。

　また，事故の型別で，第三次産業が全産業に占める割合を見ると，「転倒」（66.8%），「交通事故（道路）」（65.0%），「動作の反動・無理な動作」（63.6%）はいずれも6割以上を占めています。これら3つの事故の型が全産業と比較したときの第三次産業における労働災害の特徴といえます。

　　（注）「動作の反動・無理な動作」とは，重い物を持ち上げて腰をぎっくりさせたというように身体の動き，不自然な姿勢，動作の反動などが起因して，筋をちがえる，くじく，ぎっくり腰およびこれに類似した状態をいいます。

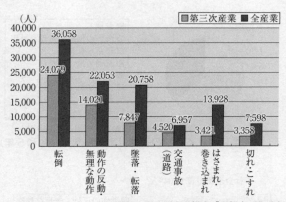

資料出所：厚生労働省「労働者死傷病報告」

図6　第三次産業における事故の型別災害発生状況（令和5年）

（3）　業種別の事故の型の特徴

　業種別の事故の型（図7,8）をみると，小売業では，「転倒」が最も多く，社会福祉施設では「動作の反動・無理な動作」が，また，飲食店では，「転倒」が最も多くなっています。また「転倒」は各業種に共通して大部分を占めています。

3　第三次産業の労働災害防止対策

　第三次産業においては，国が第14次労働災害防止計画で重点事項の一つとする「作業行動に起因する災害」である転倒や腰痛をはじめとする労働災害が増加しており，全体に占める割合が高まっています。

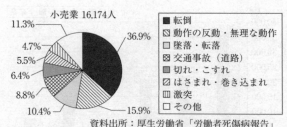

資料出所：厚生労働省「労働者死傷病報告」

図7　小売業における事故の型別災害発生状況（令和5年）

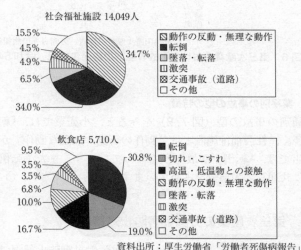

資料出所：厚生労働省「労働者死傷病報告」

図8　社会福祉施設，飲食店における事故の型別災害発生状況（令和5年）

　事業場において取り組むべき対策を次にまとめます。

（1）　共通的な対策

ア　安全管理体制の確立

　第三次産業でも災害の多い特定の業種（各種商品小売業，ゴルフ場業など）では事業場規模50人以上の場合は，安全管理者を選任

し，安全委員会を設置するなど，事業者の責務として安全管理体制を整え，組織として災害防止を推進していくことが必要です。安全委員会においては，労働者を代表する組織からの委員で半数を構成しなくてはなりません。

　また，これら特定の業種では規模10人以上50人未満の事業場の場合は，安全衛生推進者の選任が必要です。なお，安全管理者，安全衛生推進者の選任，安全委員会の設置の義務のない業種の事業場においても，これらに準じて安全管理体制を整備することをお勧めします（第7編資料3　p.249参照）。

イ　4S（5S）活動の推進

　4S（5S）活動は，安全衛生管理の基本であり，特別な道具等がなくても行え，作業者の安全確保だけでなく品質管理，生産性や顧客満足度の向上などが期待でき，経営改善にも役立つ活動です。

　実際の活動の進め方は，

① 整理：必要な物と不要な物を分けて，不要な物を処分する
② 整頓：必要なときに必要な物をすぐに取り出せるように，分かりやすく安全な状態で配置，収納する
③ 清掃：身の回りをきれいにして，作業場のゴミ・汚れ等を取り除く
④ 清潔：整理，整頓，清掃を繰り返し，衛生面を確保し，快適な状態を実現・維持する

となります（p.97参照）。

ウ　リスクアセスメントの実施促進

　リスクアセスメントについては，第三次産業のうち，安全管理者の選任が必要な業種において（第7編資料4　p.250参照）努力義務が課せられています。職場（作業現場）に潜んでいる危険性または有害性（労働者に負傷又は疾病を生じさせる潜在的な根源）を特定し，労働災害のリスクを低減していくことが，今後ますます重要となります。

　第三次産業のリスクアセスメントとしては，産業廃棄物処理業な

どにおけるリスクアセスメントマニュアルや各種テキストが公開されていますので，これらを活用して，リスクアセスメントの実施を促進することが有効です。

エ　適切な作業方法の確立

　作業の安全化を図るため，安全を十分に考慮した作業標準書，作業手順書など「安全作業マニュアル」を作成することが重要です。マニュアルを作成すると，作業者が安心してトラブルなく働くことができますので，品質や生産性などにも良い影響を与えることになります。

オ　安全教育の実施

　作業者に対して安全作業に関する技能や知識を習得させるため，教育訓練を実施する必要があります。具体的には，雇入れ時，作業内容変更時の安全教育とともに，特定の危険有害業務に従事する際に特別教育を行う必要があります。

（2）　事故の型別対策

　第三次産業に多い事故の型別に対応した労働災害防止対策としては，次の対策が挙げられます。

　①　転倒災害
・床面や通路は，くぼみ，段差のない滑りにくい構造のものとすること。
・床の濡れや油汚れは放置せずその都度除去すること。
・履物は滑りにくく安定したものにすること。
・確認してから次の動作に移ること，走らないことを徹底すること。

　②　動作の反動・無理な動作（腰痛対策）
・前屈態勢や中腰など不自然な姿勢を取らないようにすること。
　そうした姿勢を取らざるを得ない場合でもその程度を小さくするとともに頻度や時間を減らすこと。
・重量物の取扱い作業では，機械による自動化や台車・昇降装置の使用により省力化を図ること。
・介護・看護業務における人を抱え上げる作業は，リフトなどを積極的に利用し，人力で行わせないこと。

③　墜落・転落災害

・階段には，手すりや滑り止めを設けること。

・はしご，踏み台，脚立は安定した場所で正しい使用方法で使わせること。

・倉庫などの高所の床の端には，周囲に手すりや柵を設けること。

④　交通労働災害

・「交通労働災害防止のためのガイドライン」（p. 120 参照）に基づき，管理者，運転者に対する教育を徹底すること。

・飲食物のデリバリーサービスでは自転車や原動機付自転車の事故防止について教育すること。

⑤　はさまれ・巻き込まれ災害

・機械設備の危険な部分にはガード，安全装置を設けること。

・機械を点検，修理調整（トラブル処理など）する場合は，停止してから行わせること。

・機械の運転を開始するときは，定められた合図をもとに行わせること。

⑥　切れ・こすれ災害

・包丁などの刃物を使用する時は，目線を外さないようにすること。

・４Ｓを徹底し使い終わった刃物はきちんと片付けること。

（3）　外部専門家の活用

　事業場内に労働災害防止対策の進め方が分かる人材がいない，どこから手をつけていけばいいのか戸惑うような場合は，労働安全・衛生コンサルタントや中災防の安全・衛生管理士などの専門家の支援を受けることをお勧めします。

　なお，100 人未満の事業場の場合は，無償で中災防の専門家の支援を受けることができる「中小規模事業場安全衛生サポート事業」（p. 136 参照）を利用することができます。

（4）　行動災害防止に対する行動変容の促進

　厚生労働省は，小売業，介護施設を中心に増加している行動災害を防止するため，事業者の行動変容を促し，自主的な安全衛生管理

の定着を図るための取組みを令和4年度から実施しています。具体的には都道府県労働局ごとに管内のトップ企業，地方公共団体，関係団体等を構成員とする協議会を設置・運営するとともに，中規模程度の企業の自主的な安全衛生管理の導入の支援（育成支援）を行っています。

なお厚生労働省では企業，関係行政機関，業界団体等を加盟団体とする「SAFE コンソーシアム」を設置し，広報活動を実施しています。

① 協議会の設置および運営

　　行動災害が増加傾向にある小売業（食品スーパー，総合スーパー等），介護施設等の多店舗展開企業および複数の介護施設を展開する法人（以下「多店舗展開企業等」という）を対象に，その本社および法人本部主導による自主的な安全衛生管理を促進するため，各労働局において，管内での波及効果が期待されるリーディングカンパニー，地方公共団体，関係団体等を構成員とする協議会を設置します。協議会では，構成員による連携した取組みとして，取組み目標の設定，行動災害の予防に係る啓発資料等を作成し，構成員の安全衛生管理の好事例を管内事業場へ水平展開を行うこと等により，管内全体の安全衛生に対する機運醸成を図ります。

② 育成支援の実施

　　各労働局においては，企業における自主的な安全衛生管理の導入を支援することを目的として，安全衛生の取組みが不十分と考えられる小売業及び介護施設の多店舗展開企業等を対象者（以下「育成支援対象企業」という）として，個別に育成支援を行います。

　　育成支援は，育成支援対象企業の自主的な安全衛生管理のスタートアップ支援を行うものです。支援開始に当たり，労働局

においては，対象企業の安全衛生管理の状況や課題を確認し，効果が高いと見込まれる対策について優先順位を付けた支援計画を作成します。

なお，育成支援の実施に当たっては，中災防が実施する中小規模事業場安全衛生サポート事業との連携を図ることとされています。

［参考］　業種別の対策

労働災害の多い，または増加しているいくつかの業種ではモデル安全衛生規程，労働災害防止のためのガイドラインおよび安全衛生対策マニュアルが整備されていますので，参考にしてください。

①　小売業
「小売業・飲食店における労働災害防止の進め方」
https://www.mhlw.go.jp/content/retailstore_202311_1.pdf
「流通・小売業における行動災害のリスクアセスメントのすすめ方
店舗におけるリスクアセスメントの実施のために」
https://www.mhlw.go.jp/bunya/roudoukijun/anzeneisei14/dl/
ryutu1.pdf
「多店舗展開企業（小売業）でのリスクアセスメントマニュアル」
https://www.mhlw.go.jp/content/11300000/RA_tatenpo_
kouri.pdf
「職場の危険の見える化（小売業，飲食業，社会福祉施設）実践
マニュアル」
https://www.mhlw.go.jp/content/11300000/mieruka.pdf
「小売業における労働災害防止のポイント〜安全で安心な職場
をつくるために〜」
https://www.mhlw.go.jp/new-info/kobetu/roudou/
gyousei/anzen/dl/120528-00.pdf

「飲食店，小売業向け転倒・腰痛防止用視聴覚教材」
https://www.youtube.com/watch?v=f5RuEeAmzDg

② 飲食店

「多店舗展開企業（飲食業）でのリスクアセスメントマニュアル」
https://www.mhlw.go.jp/content/11300000/RA_tatenpo_
inshoku.pdf

「配達中の交通事故を防ぐために（事業者の皆様へ）」
https://www.mhlw.go.jp/content/000687877.pdf

「飲食店を経営する皆さまへ　労働災害防止のためのポイント」
https://www.mhlw.go.jp/new-info/kobetu/roudou/gyou-
sei/anzen/dl/131018-01.pdf

「安全で健康な 12 ヵ月を過ごすために飲食店で働く皆さんへ」
https://www.jisha.or.jp/restaurant/movie/chapter.html

③ 社会福祉施設

「高齢者介護施設における雇入れ時の安全衛生教育マニュアル」
https://www.mhlw.go.jp/file/06-Seisakujouhou-11300000-
Roudoukijunkyokuanzeneiseibu/0000153894.pdf

「高齢者介護施設における雇入れ時の安全衛生教育用パンフレット」
https://www.mhlw.go.jp/file/06-Seisakujouhou-11300000-
Roudoukijunkyokuanzeneiseibu/0000156036.pdf

「在宅介護サービス業におけるモデル安全衛生規程及び解説」
https://www.mhlw.go.jp/new-info/kobetu/roudou/gyousei/
anzen/dl/0503-1.pdf

「安全衛生チェックリスト（在宅介護サービス業用）」
https://www.mhlw.go.jp/new-info/kobetu/roudou/gyousei/
anzen/dl/0503-3.pdf

「社会福祉施設における安全衛生対策マニュアル」及びテキスト
https://www.mhlw.go.jp/new-info/kobetu/roudou/gyousei/
anzen/dl/1911-1_2a.pdf（マニュアル）

https://www.mhlw.go.jp/file/06-Seisakujouhou-11300000-
Roudoukijunkyokuanzeneiseibu/0000075083.pdf（テキス
ト）

「介護作業者の腰痛予防対策チェックリスト」
https://www.mhlw.go.jp/bunya/roudoukijun/dl/checklist_
a.pdf

「社会福祉施設向け転倒・腰痛防止用視聴覚教材」
https://www.youtube.com/watch?v=FHjo7o5KLuo

④　ビルメンテナンス業
「ビルメンテナンス業におけるリスクアセスメントマニュアル」
https://www.mhlw.go.jp/bunya/roudoukijun/anzeneisei14/
dl/081001-1g.pdf

⑤　産業廃棄物処理業
「産業廃棄物処理業におけるリスクアセスメントマニュアル」
https://www.mhlw.go.jp/bunya/roudoukijun/anzeneisei14/
dl/080201a.pdf

「産業廃棄物処理業におけるモデル安全衛生規程及び解説」
https://www.mhlw.go.jp/new-info/kobetu/roudou/gyousei/
anzen/dl/0303-1.pdf

「安全衛生チェックリスト（産業廃棄物処理業）」
https://www.mhlw.go.jp/new-info/kobetu/roudou/gyousei/
anzen/dl/0303-2.pdf

⑥　その他災害の多い業種
「農作業安全を学びましょう（事業者向け）」
https://www.mhlw.go.jp/content/001234812.pdf

「農作業安全を学びましょう（労働者向け）」
https://www.mhlw.go.jp/content/001234813.pdf

第6章　中小規模事業場における労働災害防止対策

　事業場規模別の労働災害の発生状況は，死傷者数でみると労働者数50人未満の事業場で全体の6割弱を占め，労働者数300人未満で全体の約9割を占めています。

　また，労働災害発生率を事業場の規模別にみても，規模が小さくなるほど高くなっています。これを令和4年の全産業における規模別度数率（事業所規模100人以上のみ）でみると，労働者数100～299人の事業所の度数率は，1,000人以上に比べ約4倍の高率になっています。

　つまり，わが国の労働災害の減少を着実なものとするためには，中小規模事業場における安全衛生活動を促進し，労働災害の防止を図ることが，重要な課題であるといえます（表6）。

表6　全産業における規模別度数率（令和4年）

規　模	度数率
100～299人	2.83
300～499人	1.98
500～999人	1.31
1,000人以上	0.62

資料出所：厚生労働省「労働災害動向調査」

1　安全衛生推進者制度

　職場で働く人々の労働災害を防止するために，機械設備や作業方法の安全化を図ることなど，安全管理を的確に行うことは，事業者の重要な責務です。

　安衛法においては，事業場の規模の大小にかかわらず，事業者が労働災害を防止するために講じなければならない最低水準の措置を

定めていますが，中小規模事業場においては，それらの措置をはじめとする労働災害防止への取組みが必ずしも十分とはいえない状況にあります。

　このような状況を踏まえ，中小規模事業場の安全衛生水準の向上を図るため，安衛法では，常時10人以上50人未満の労働者を使用する一定の業種の事業場においては，所定の講習を修了した者等の中から安全衛生推進者を選任し，安全衛生に関する業務を担当させなければならないこととされています。

　また安全衛生推進者の選任を要しない，小売業（安衛令第2条第2号に含まれる業種を除く），社会福祉施設，飲食店等の業種であっても，常時10人以上の労働者を使用する事業場には，安全推進者を，1事業場につき1名以上配置し，労働災害を防止するための一定の職務を行わせるよう「安全推進者の配置等に係るガイドライン」で求められています。

2　中小規模事業場における安全衛生活動

　中小規模事業場において安全衛生活動に取り組む際に，ポイントとなるのは，各種の安全衛生情報の収集と活用，安全衛生を担当する人材の養成です。安全衛生情報の収集では厚生労働省，中災防，都道府県労働局，労働基準協会等が一般的な情報源であり，機械設備や化学物質などではメーカーが情報源となります。これらの情報源からは情報を入手することが必要ですし，人材養成については，多少費用はかかっても，各種安全衛生団体が実施する研修会を利用するか，個別に支援を求めることが必要となります。

　中小規模事業場が集団としてまとまって自主的な安全衛生活動を実施することは，スケールメリット，相互啓発，相互研鑽という点からも効果的と考えられます。この集団としては，

① 　親会社を中心とする構内，構外の協力事業場集団からなるもの

② 　一定地域に形成された工業団地，事業協同組合などの地域ま

たは業種的にまとまりのある事業者集団からなるもの
などがあります。

集団における自主的安全衛生活動の重点事項として次のようなものが挙げられます。

① 経営首脳者などで構成する連絡協議組織の設置
② 親会社などとの協力によるリスクアセスメントの実施と，その結果に基づく安全衛生計画の策定
③ 相互安全衛生診断の実施
④ 共通する作業における安全作業マニュアルの共同作成
⑤ 安全衛生教育の共同実施
⑥ 労働災害に関する情報，改善事例などの収集・提供および意見交換
⑦ 安全衛生活動を評価するための各種統計の作成

中小規模事業場での安全衛生活動等については，「経営者のための安全衛生の手引き」（中央労働災害防止協会編）等が参考になります。

3　労働安全・労働衛生コンサルタントの活用

労働災害が発生した場合には，事業者は自ら原因究明を行うとともに，再発防止対策を実施することが必要ですが，多くの中小規模事業場においては技術的基盤が弱いことなどから，自らの力だけではこれらの実施が不十分になりがちです。

このような場合，労働安全コンサルタント，労働衛生コンサルタントなどの外部の専門家を活用して的確な労働災害防止対策を講ずることが重要です。

4　中小規模事業場安全衛生活動支援事業

中小規模事業場では，一般に，大規模事業場に比べて労働災害発

生率が高い状況にあることから，中災防では，中小規模事業場の自
主的な安全衛生活動の促進を図ることを目的として，安全衛生活動
支援事業を行っています。

（1）　割引サービス

　中災防が実施する研修・セミナーや，安全衛生技術サービスのう
ち，一部のものについて利用に対し，受講料等の割引を行っていま
す。対象は，常時使用する労働者が300人未満で，労災保険の適
用事業場です。

　詳細は，中災防ホームページでご確認いただくか以下まで
お問い合わせください。

◎中央労働災害防止協会　総務部総合調整課

　　電話　03-3452-6074

◎中央労働災害防止協会　各地区安全衛生サービスセンター

　　（連絡先はp.335参照）

（2）　中小規模事業場安全衛生サポート事業（対象業種：製造業・第三次産業）

　中災防が行う厚生労働省の補助事業で，費用は無料です。ぜひご
活用ください。

　①　個別支援事業

　　おおむね，従業員100名未満の事業場（店舗・工場・施設な
ど）を対象に，現場確認，アドバイス，教育を実施する個別支援
事業を行っています。

　　経験豊富な中災防の安全・衛生管理士等が現場訪問の上，作業
現場の状態や作業方法の改善等についてアドバイスを行います。

　②　集団支援事業

　　おおむね，従業員100名未満の事業場の集団（工業団地，商
工会，店長会議など）の皆様が集まる機会に，安全衛生に関する
勉強会を開催いたします。

　詳細は，ホームページでご確認いただくか以下まで
お問い合わせください。

◎中央労働災害防止協会　技術支援部　電話　03-3452-6366

第 7 章　高年齢労働者の安全対策

1　高年齢労働者の安全対策の必要性

　わが国は，急速に高齢社会に移行しつつあり，労働力人口に占める高年齢労働者の割合もそれにあわせて増加してきています。

　総務省統計局が公表している労働力調査によると，令和 5 年の就業者数 6,747 万人のうち，55 歳以上の就業者数は，2,151 万人と 3 割を占めています。

　今後についても，国立社会保障・人口問題研究所が公表している「日本の将来推計人口（令和 5 年推計）」によると，総人口に占める 65 歳以上の人口の割合（高齢化率）は 2020 年の 28.6% から 2070 年の 38.7% へと上昇が見込まれています。65 歳以上人口のピークである 2043 年では，35.8% です（出生中位・死亡中位推計）。

　また，高年齢労働者の労働災害発生状況をみると，令和 5 年の労働者死傷病報告（厚生労働省）によると 50 歳以上の死傷者は全死傷者の 5 割以上を占め，死亡者にいたっては全死亡者の 6 割以上となっています（図 9）。

　高年齢労働者は，若年労働者に比べ被災した場合に休業日数が長くなるなど，その程度が重くなるという傾向があります。

　高齢社会においては，高年齢労働者が活力を失わずにその能力を十分に発揮することが必要であり，そのような職場を作っていくことが，本人のためにはもちろんのこと，企業や社会全体の活力を維持するために非常に大切なこととなっています。このような背景のもと，令和 3 年 4 月 1 日に改正高年齢者雇用安定法が施行され，65 歳までの雇用機会の確保措置に加えて，70 歳までの就業機会の確保が事業主の努力義務となるなか，一層の安全対策の充実が求め

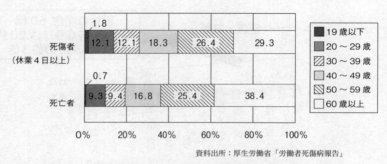

資料出所：厚生労働省「労働者死傷病報告」

図9　年齢階級別死傷者および死亡者の割合（令和5年）

られています。

　高年齢労働者は，一般に，豊富な知識と経験を持っていること，業務全体を把握した上での判断力と統率力を備えていることが多いことなどの特徴がありますが，一方で加齢に伴い心身機能が低下し，労働災害発生の要因の一つとなっています。例えば，年齢を重ねるにつれ脚力が衰え，バランス能力，歩行能力が低下することから，「転倒」「墜落・転落」の災害が増加することが懸念されます。特に，加齢による骨密度の低下が顕著な中高年齢の女性について「転倒」の災害の発生率が高くなっています（図10）。

　今後，高齢者の雇用確保・戦力化などにより労働者の高年齢化が一層進むものと予測され，高年齢労働者の労働災害を防止すること，すなわち職場の安全を確保することは最も重要な課題の一つといえます。

　これらを踏まえ，第14次労働災害防止計画では，次の事項について労働者の協力を得て，事業者が取り組むこととしています。

・「エイジフレンドリーガイドライン」に基づき，高年齢労働者の就労状況等を踏まえた安全衛生管理体制の確立，職場環境の改善等の取組みを進める。
・転倒災害が，対策を講ずべきリスクであることを認識し，その取組みを進める。

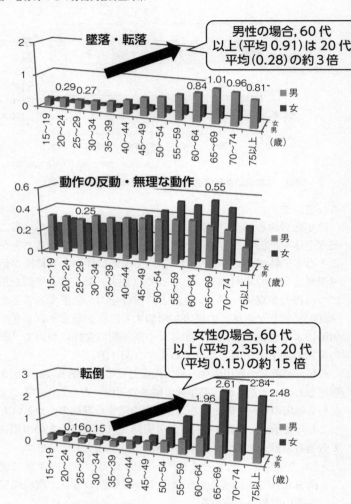

※千人率＝労働災害による死傷者数／その年の平均労働者数 × 1,000
※便宜上，15〜19 歳の死傷者数には 14 歳以下を含めた。

資料出所：厚生労働省　「令和 4 年　高年齢労働者の労働災害発生状況」

図 10　令和 4 年　高年齢労働者の労働災害発生状況（千人率）

・健康診断情報の電磁的な保存・管理や保険者へのデータ提供を行い，プライバシー等に配慮しつつ，保険者と連携して，年齢を問わず，労働者の疾病予防，健康づくり等のコラボヘルスに取り組む。

　また，これら取組みについて，国や関係団体等による支援も活用して，実施可能な労働災害防止対策に積極的に取り組むよう努めることが求められています。

2　配慮すべき安全対策

　安全対策を講ずる際には，高年齢労働者のみを視野に入れるのではなく，女性や，若年の労働者などすべての労働者に対して有効であるとの認識のもとに，具体的な対策を実施する必要があります。

　そこで，中災防では，「生涯現役社会の実現につながる高年齢労働者の安全と健康確保のための職場改善ツール（エイジアクション100[1]）」を作成し，公表するとともに，職場改善に活用するセミナーを行っています。前述のエイジフレンドリーガイドラインにおいても，エイジアクション 100 の活用が推奨されています。

　なお，高年齢労働者の特性に配慮した作業環境や作業方法等の具体的な改善例については，「高年齢労働者に配慮した職場改善事例（製造業）[2]」を参照することができます。また，中災防では「高年齢労働者の活躍促進のための安全衛生対策—先進企業の取組事例集—[3]」を公表しています。

※ 1：https://www.jisha.or.jp/age-friendly/ageaction100/index.html

※ 2：https://www.mhlw.go.jp/new-info/kobetu/roudou/gyousei/anzen/1003-2.html

※ 3：https://www.jisha.or.jp/research/report/201703_01.html

第8章　非正規労働者等の安全管理

1　非正規労働者の状況

　近年，労働者全体の中での非正規労働者の割合が増加しており，平成12年には26.0%であったものが令和5年には37.1%にまで達しています（表7）。その内訳は，パート・アルバイト70.1%，契約社員13.3%，派遣社員7.3%となっています。

　非正規労働者の8割は労働災害が増加している第三次産業に集中しています（表8）。

　また，最近は，さまざまな分野で請負などによる外部委託が行われるようになっています。

表7　正規労働者と非正規労働者の割合の推移

	平成12年 (2000年)	平成18年 (2006年)	平成23年 (2011年)	平成28年 (2016年)	令和3年 (2021年)	令和5年 (2023年)
正規 労働者	74.0%	67.0%	64.9%	62.5%	63.3%	62.9%
非正規 労働者	26.0%	33.0%	35.1%	37.5%	36.7%	37.1%

資料出所：総務省「労働力調査」

表8　非正規労働者の業種別構成比

製造業	建設業	第三次産業				その他
			卸売・小売	宿泊・飲食	医療・福祉	
11.5%	2.5%	79.7%	21.6%	12.0%	15.3%	6.3%

資料出所：総務省「2023年　労働力調査」

2　非正規労働者等の安全管理のポイント

（1）　パート，アルバイト，契約社員の安全衛生管理

労働者の安全衛生については，本来，労働者の属性にかかわりなく等しく確保されるべきものであり，パート，アルバイト，契約社員に対して，危険防止措置を講じたり，安全衛生教育を行ったりすることにより，その安全と健康を守ることは雇用する事業者の責務になります。

通常は，一般健康診断（雇入れ時の健診，1年以内ごとに1回の定期健診，深夜業を含む業務に従事する労働者への配置替え時および6月以内ごとに1回の定期健診）については，常時使用する労働者が対象となります。

ただし，以下の2つの要件を満たすパートタイム労働者等には，一般健康診断を行わなければなりません。

① 期間の定めのない労働契約により使用される者であること。
　　ただし，期間の定めのある労働契約により使用される者であって，当該契約の契約期間が1年以上である者ならびに契約更新により，1年以上使用されることが予定されている者および1年以上引き続き使用されている者を含む。

② 1週間の労働時間数（所定労働時間）がその事業場において同種の業務に従事する正社員の4分の3以上であること。

なお，1週間の労働時間が正社員のおおむね2分の1以上である者に対しても一般定期健康診断を行うことが望ましいとされています。

表9　派遣労働者の労働災害による死亡および休業4日以上の死傷者数

		31／令和元年	2年	3年	4年
死亡者数	派遣労働者	15	8	13	14
	全労働者	845	784	778	774
休業4日以上の死傷者数	派遣労働者	5,911	5,178	5,704	6,248
	全労働者	125,611	125,115	130,586	132,355

資料出所：厚生労働省「労働者死傷病報告」

（2）　派遣労働者の安全衛生管理

　派遣労働者の安全衛生の確保については，原則として派遣労働者と労働契約関係のある派遣元事業主が責任を負うことになります。ただし，派遣労働者の危険または健康障害を防止するための措置など，派遣元事業主に責任を問えない事項や派遣労働者の保護の実効を期する上から派遣先事業主が責任を負うことが適切な事項については，派遣先事業主が責任を負うことになっています。

　派遣先事業主が責任を負うべき主な事項としては，

ア　派遣労働者を含めた安全衛生管理体制の確立

イ　危険または健康障害を防止するための措置の適切な実施

ウ　危険性または有害性等の調査（リスクアセスメント）およびその結果に基づく措置の実施

エ　安全衛生教育（作業内容変更時教育，特別教育）

オ　安全な作業の確保（就業制限業務に係る資格の確認，作業マニュアルの作成等）

カ　特殊健康診断の実施

などがあります（第6編5　p. 205参照）。

　なお，一般健康診断，雇入れ時の安全衛生教育は派遣元事業主の実施事項ですが，「派遣先が講ずべき措置に関する指針」（平成11年労働省告示第138号，改正令和2年厚生労働省告示第346号）において，派遣先事業主は，派遣元事業主がこれを適切に実施できるように派遣労働者が従事する業務に関する情報の提供など，必要な協力を行うこととされています。

（3）　請負事業者の労働者の安全管理

　請負事業者については，その労働者の安全や健康を守るのは基本的には請負事業者の責務になりますが，複数の事業者による作業が同一の場で行われる場合には，混在作業による労働災害を防止するため，元方事業者に関係請負人を含めた労働者に労働災害防止のための指導を行う責務が与えられています（安衛法第29条）。

　特に，建設業，造船業の場合，元方事業者（特定元方事業者）には，協議組織の設置，作業間の連絡調整，作業場所の巡視などの措置を行うことが義務付けられています（同法第 30 条）。また，製造業（造船業を除く）の場合も，元方事業者に作業間の連絡調整等の措置が義務付けられています（同法第 30 条の 2）。

　製造業（造船業を除く）における元方事業者による安全衛生管理については，「製造業における元方事業者による総合的な安全衛生管理のための指針」（平成 18 年 8 月 1 日付け基発第 0801010 号）が示されており，鉄鋼業，化学工業，自動車製造業については，実施のための具体的なマニュアルが作成されています（詳細は厚生労働省ホームページ参照）。

○「製造業における元方事業者による総合的な安全衛生管理のための指針〈鉄鋼業向け解説マニュアル〉」

○「化学工業における元方事業者・関係請負人の安全衛生管理マニュアル」

○「自動車製造業における元方事業者・関係請負人の安全衛生管理マニュアル」

　なお，令和 5 年 4 月より労働者以外の者（危険有害な作業をする請負人（一人親方，下請業者），同じ作業場所にいる一人親方，他社の労働者等）に対しても労働者と同じ保護措置を実施することが義務付けられています。

第9章　外国人労働者の災害防止対策

1　外国人労働者の増加

　経済や社会のグローバル化を背景に，わが国で就業する外国人労働者が増加してきました。その結果，外国人労働者は令和5年には過去最高の205万人となりました（同10月末現在）。対前年増加率は，外国人労働者総数で12.4％と前年5.5％から6.9ポイント増加しています（図11）。

　日本で就労している外国人の主な在留資格の内訳は，専門的・技術的分野の在留資格の者が最も多く次いで，技能実習，資格外活動，身分に基づき在留する者，の順となっています。また，国籍別にみるとベトナムが最も多く，次いで中国，フィリピンの順となっています。

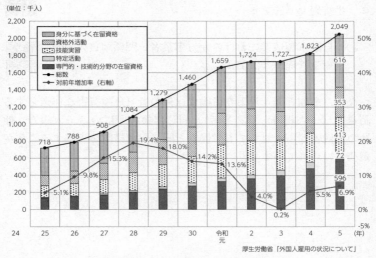

図11　在留資格別にみた外国人労働者数の推移

2　災害発生状況

　令和4年の外国人労働者の労働災害による休業4日以上の死傷者数は，4,808人で，年々増加傾向にありましたが，令和4年は減少しました（図12）。また，そのうち2,131人が，身分に基づく在留資格となっており，次いで技能実習生が1,301人となっています（表10）。業種別では，製造業が最も多く2,466人で，次いで建設業の788人，商業401人の順となっています。

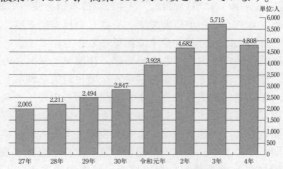

資料出所：厚生労働省「労働者死傷病報告」

図12　外国人労働者の労働災害発生状況の推移（死傷者数）

表10　外国人労働者の在留資格別の労働災害による休業4日以上の
　　　死傷者数（令和4年）　　　　　　　　　　　　　　　　　　　（人）

①就労目的で在留が認められる者 （いわゆる「専門的・技術的分野の在留資格」）	879
②身分に基づく在留する者 （「定住者」「永住者」「日本人の配偶者等」）	2,131
③技能実習	1,301
④特定活動 （EPAに基づく外国人看護師・介護福祉士，ワーキングホリデーなど）	250
⑤資格外活動 （留学生のアルバイトなど）	232
その他	15

資料出所：厚生労働省「労働者死傷病報告」

3　安全衛生対策・安全衛生教育

　外国人労働者には，労働災害防止対策はもちろんのこと，本人が理解できる安全衛生教育の実施が求められます。しかし，言葉や生活習慣の違いにより，私たちが当然だと思っている常識でも，十分に理解できない場面が少なくありません。また，一つの職場に複数の国籍の人がいる場合，共通言語として日本語を使うことがあります。「職場のルール」については，やさしい日本語を使って説明し，理解を深めてもらうことが重要です。やさしい日本語とは，普段使う日本語を外国人にも分かりやすく簡単にしたものです。

　より効果的な教育を実施するためには，作業マニュアルの作成も有効です。作業工程ごとに作業方法や安全衛生対策を理解してもらうために，母国語に翻訳したり，また言語に頼らずにイラストや写真などで視覚に訴えた作りにしたりするとよいでしょう。

　厚生労働省では，各種外国語による安全衛生テキストをホームページで公開しています。各種安全衛生対策や教育を実施するに当たり，事業場に詳しい人材がいない場合，厚生労働省ホームページ「外国人労働者の安全衛生対策」を活用することをお勧めします。

厚生労働省ホームページ「外国人労働者の安全衛生対策」

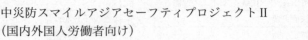

中災防スマイルアジアセーフティプロジェクトⅡ
（国内外国人労働者向け）

第 **10** 章　自然災害等の復旧工事の安全対策

1　震災の復旧・復興工事について

　令和 6 年 1 月 1 日に発生した能登半島地震は，北陸地方の広い範囲において，家屋の倒壊，土砂崩壊，道路の寸断など甚大な被害をもたらしました。

　復旧工事を進めるにあたり，地山が崩れやすくなっている可能性がある箇所の土砂崩壊災害やがれきの処理作業や建築物の解体等作業に伴う建設機械による災害などの発生に，注意が必要です。

　厚生労働省は，復旧工事等における労働災害防止の徹底を図るため「令和 6 年能登半島地震による災害の復旧工事における労働災害防止対策の徹底について」（令和 6 年 1 月 4 日基安安発 0104 第 2 号，基安労発 0104 第 3 号，基安化発 0104 第 2 号）を示し，対策の周知の徹底を通知しています。

① 　土砂崩壊災害防止対策
② 　墜落・転落災害防止対策
③ 　がれき処理作業及び損壊した建物等への立入り時における安全確保及び石綿粉じん等のばく露防止対策
④ 　車両系建設機械を用いて作業を行う場合における安全確保
⑤ 　その他

　また，こうした自然災害からの復旧・復興工事には，がれきの片付け・搬送等の作業が初めての作業員やボランティアが多く，労働災害の発生が危惧されます。建設業労働災害防止協会では能登半島地震の復旧・復興工事の安全確保のための特設ページを開設しており，災害防止のための動画やリーフレット等をまとめています。
https://www.kensaibou.or.jp/safe_tech/shizensaigai/
noto_reconstruction.html

2　近年の自然災害等の復旧工事について

　近年，地球温暖化の影響により，短時間の間に非常に激しい雨が降る集中豪雨が増加しています。

　そのため梅雨や台風の時期には，記録的な大雨による土砂災害，浸水害など国民生活に甚大な被害を及ぼしています。

　復旧工事に当たる場合は，雨により地盤が緩くなっていることから，厚生労働省が発出している通達を参考に対策を行います（「令和2年7月豪雨による災害の復旧工事における労働災害防止対策の徹底について」：令和2年7月8日　基安安発 0708 第1号，基安労発 0708 第1号，基安化発 0708 第1号）。

①　土砂崩壊災害防止対策

②　土石流災害防止対策

③　がれき処理作業における安全確保及び石綿粉じん等のばく露防止対策

④　車両系建設機械を用いて作業を行う場合における安全の確保

⑤　熱中症の予防

　また，自然災害等の復旧工事は，一定の工事エリア内で複数の工事を近接・密集して実施することになり，災害も起きやすくなります。安全に実施できるように適正な施行計画，作業計画の作成をして工事を進めましょう。

第 11 章　爆発・火災の防止対策

　爆発・火災災害は，発生すると死亡に至る重篤な災害となることが少なくなく，被害が周辺住民にまで及ぶ広範な災害となることもあります。近年，製鉄所や廃棄物処理施設などにおいて重大な爆発・火災が相次いでおり，ここ数年の爆発・火災による労働災害の発生状況は，表 11 のとおりです。これらの災害の多くは複数の作業を同時に並行して行っていたり，非定常作業を行っていた場合などに発生しています。

　最近の特徴でいえば，化学工場ばかりでなく，化学物質を取り扱うさまざまな業種の事業場で発生しています。市場に出回る化学物質の種類は，増加の一途をたどっており，爆発・火災の危険性は第三次産業を含むさまざまな分野に広がっているといえます。さらに，爆発・火災は化学物質によるものばかりでなく，金属粉，穀物粉などの可燃性粉じんによる粉じん爆発や，高温物と水との接触による水蒸気爆発にも注意し，必要な対策を講じておかなければなりません。

表 11　爆発・火災による労働災害

		30 年	令和元年	2 年	3 年	4 年	5 年
全業種		149 (13)	194 (49)	125 (10)	124 (11)	126 (16)	131 (8)
	製造業	57 (8)	69 (7)	65 (6)	54 (2)	55 (12)	61 (4)

(休業 4 日以上の死傷者数，（　）は死亡者数)

1　危険性に関する情報の収集とその周知徹底

　化学物質を譲渡・提供する者は，相手方に安全データシート（SDS）を交付することが制度化されています。交付対象となっている物質は，労働者に危険または健康障害を及ぼすおそれのある物で政令で定めるものです。化学物質を取り扱う場合には，まずはSDS が交付されているか確認しなければなりません。交付されていなければ，譲渡・提供者に SDS あるいはそれに相当する危険有害性情報の提供を求める必要があります。SDS には，化学品の名称のほか，危険有害性の要約，物理的及び化学的性質，安定性及び反応性，取扱い及び保管上の注意，火災時及び漏出時の措置などが記載されることとなっています。

　このほか，過去の事故・災害，ヒヤリ・ハット，異常の発生なども重要な情報となります。これらの情報は作業者などの関係者にわかりやすく工夫して周知し，情報を共有しておかなければなりません。

2　リスクアセスメントの実施とリスク低減

　化学物質に関するリスクアセスメントとリスク低減措置については，「化学物質等による危険性又は有害性等の調査等に関する指針」（令和5年4月27日付け 危険性又は有害性等の調査等に関する指針公示第4号）（p. 75 参照）が公表されているので，指針に沿って実施しましょう。

　リスクアセスメントの実施に際しては，次のことに留意する必要があります。

①　作業者が化学物質を取り扱うすべての過程，製造，貯蔵，出荷，運搬，廃棄などが対象となること。

②　SDS などの危険有害性情報を有効に活用すること。特に爆発・火災事例を収集して関係者に周知することは，爆発・火災の危険性に対する感受性を高める上でも重要となる。

③　化学物質管理者もしくは化学物質管理者の管理の下で化学物質の安全に詳しい者などに担当させること。また，外部の専門家や機関に相談・協力を依頼できる体制を作っておくことも大切である。

④　化学物質を取り扱う設備や装置の故障（不具合），作業者によるミス（ヒューマンエラー），台風や豪雨などの自然災害，大規模停電などが発生した場合などについても考慮しておくこと。これらは化学物質の危険性を顕在化させ，不安全状態や爆発・火災発生のきっかけとなる。

⑤　爆発・火災発生につながるシナリオを検討する際には，燃焼の3要素（「可燃物（可燃性物質）」，「酸素供給源（支燃物）」，「着火源」）が揃うかどうかを調べること。可燃性や引火性を有する化学物質が酸素（空気）と接触または混合することで爆発性雰囲気が形成され（不安全状態となり），同時に着火源が発現することにより爆発・火災が発生すると考えることができる。また，化学物質の燃焼の未然防止のためにはこの3要素のうち，少なくとも一つを存在しない状態にすることがポイントとなる。

図13にリスクアセスメントとリスク低減措置の検討のフローを示します。リスク低減措置の実施に際しては，次のことに留意しなければなりません。

①　生じる被害の大きさ，広範な影響を考慮して，危険性のない，またはより危険性の低い物質や工程への変更などの本質的な安全化を最優先すること。

②　使用する電気機械器具は防爆性能を有するものとすること。帯電防止や静電気除去の措置など着火源対策の検討も重要であること。

③　リスク低減措置を講じても，なお残るリスク（残留リスク）については，安全衛生教育の機会などを通じ労働者に周知徹底すること。

化学物質以外にも爆発のおそれのある作業については，リスクア

153

ステップ1	**発火・爆発危険性の把握** 取り扱う化学物質やプロセス・作業及び設備・機器に潜む発火・爆発危険性を洗い出し，把握する。
ステップ2	**発火・爆発危険性の特定** 事故事例などを参考に，発火・爆発危険性が顕在化するシナリオを検討する。
ステップ3	**安全化対策の妥当性の評価** 発火・爆発危険性が顕在化した場合の影響を最小化するための安全化対策（リスク低減措置）の導入状況を確認し，対策の妥当性を評価する。
ステップ4	**リスクの程度を判定** ステップ1〜3を踏まえ，リスクの程度を判定する。リスクが大きいと判定される場合，リスク低減措置の導入を検討し，再度，リスクの程度を判定する。

図13　リスクを「知る」ためのスクリーニングフロー

セスメントを行い，措置を講じることが必要です。

　リスク低減措置を実施した後は，その目的を果たすために，常にリスク低減措置の機能を維持することが重要です。

3　化学物質を製造・取り扱う設備の改造作業等の安全対策

　爆発・火災の危険性の高い作業として，化学物質を取り扱う設備の改造，修理，清掃等の作業があります。また，実際に爆発・火災が発生しています。その原因の1つとして，これらの作業が外注により行われることが多いため，作業者が当該設備で取り扱われる化学物質の危険性・有害性，取扱上の注意事項等の情報を十分に知らされないまま作業が行われているとの指摘がなされています。

　このため，こうした作業に係る元方事業者をはじめ仕事の注文者は，次の事項を記載した文書を作成し，請負人に交付しなければならないこととされています（安衛法第31条の2）。

① 取り扱われている物質の危険性および有害性
② 作業において注意すべき安全または衛生に関する事項
③ 作業について講じた安全または衛生を確保するための措置
④ 取扱物質の流出その他事故が発生した場合に講ずべき応急の
　措置

また，製造業の元方事業者には，元方事業者の労働者と関係請負人の労働者の作業が同一の場所で行われることによって生ずる労働災害を防止するために作業間の連絡調整等の実施が義務付けられています（安衛法第30条の2）。併せて，「製造業における元方事業者による総合的な安全衛生管理のための指針」（平成18年8月1日付け基発第0801010号）が公表されています。

化学工場での日常的な保全作業などでは，化学会社は元方事業者となり，総合的な安全衛生管理を行う必要があります（p.212参照）。

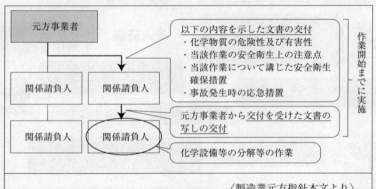

〈製造業元方指針本文より〉

2.9　危険性及び有害性等の情報の提供

元方事業者は，化学設備等の改造等の作業における設備の分解又は設備の内部への立入りを関係請負人に行わせる場合には，その作業が開始される前に，当該設備で製造し，取り扱う物の危険性及び有害性等の事項を記載した文書等を作成し，当該関係請負人に交付する必要があること。（安衛法第31条の2）

安全衛生動画配信サービス

パソコン・タブレットで
効率的に安全衛生を学ぼう！

中災防では、安全衛生を楽しく気軽に学べる安全衛生動画を
サブスクリプション形式で配信しています。
社内研修や朝礼、イベントなどの機会はもちろん、テレワークや
すき間時間を活用して、安全衛生の知識習得、スキルアップを
目指しませんか？

コンテンツの一部を紹介します

日常の安全衛生活動

OSHMS・ISO45001
リスクアセスメント

転倒災害防止対策
・災害の現状
・適切な靴の選び方

新人研修

保護具の種類
着用方法

ヒューマンエラー対策

働く人のメンタルヘルス

健康づくり　　熱中症予防

・KYT活動
・指差し呼称の効果

・化学物質対策の最新情報
・マスクフィットテスト

※記載の内容は今後作成予定のものも含めた一例です。

有料登録前に動画の一部を無料でお試しいただけます。

お問い合わせ先

中央労働災害防止協会　教育ゼロ災推進部
事業サービス企画課
〒108-0014　東京都港区芝5-35-2
☎03-3452-6186　✉doga@jisha.or.jp

中災防 オンデマンド　　検索

第**5**編 災害事例

GENERAL GUIDEBOOK
ON INDUSTRIAL SAFETY

1　転倒による災害

結束機付近に落ちていたバスタオルで足を滑らせ，転倒

業種　クリーニング業	被害　休業1名

発生状況

　クリーニング工場にて，被災者は結束機の周囲の床に落ちていたバスタオルに気付かず踏んでしまい，バスタオルで足を滑らせ，転倒し，足小指を骨折した。

原因と対策

この災害の原因としては，次のようなことが考えられる。

1　転倒の要因となるクリーニング物が乱雑に放置され，結束するクリーニング物を収納する箱が用意されておらず，結束機周囲の整理整頓が行われていなかったため。

類似災害の防止のためには，次のような対策の徹底が必要である。

1　転倒の要因となるクリーニング物（バスタオル）を乱雑に放置せず，結束する物を収納する箱を用意する等，結束機周囲の整理整頓を行うこと。

2　滑りにくい履物を着用すること。

3　転倒災害防止のため，労働者に対し，職場における安全衛生教育や研修を十分に実施すること。

作業者の再発防止のポイント

・クリーニング物が落ちない作業台を使用する。

・クリーニング物を落としたら，すぐに拾うよう教育を行う。

・落ちているクリーニング物を発見したら所定場所に戻すよう教育する。

・落ちたクリーニング物がわかるように区画を明確（囲う）にする。

・作業場の整理整頓を行い異常に気付ける職場環境をつくる。

・職場の足元が暗いようであれば適切な照度を確保する。

2　転倒による災害

台車に足を乗せたところ，台車が動きだし，バランスを崩して転倒し，足首を骨折

業種　製造業	被害　休業 1 名

発生状況

　被災者は，加工室にて，コンテナを入れて運ぶためのドーリー台車（車輪があり，手押しのためのハンドルがない台車。以下「ドーリー」という。）を動かすため，ドーリーに足を乗せたところ，ドーリーが動き出し，バランスを崩し転倒。軸足の足首を骨折した。

　なお，加工室にて作業する労働者は，通常ドーリーには手を触れず，足でドーリーを操作し，移動させていた。

原因と対策

この災害の原因としては，次のようなことが考えられる。

1　コンテナを運ぶ際，ハンドル付きの台車（手押し台車）ではなく，ハンドルが付いていないドーリーを使用していたこと。

2　ドーリーを足で動かそうとしたこと。また，それが事業場内の慣習となっていたこと。

同種災害の防止のためには，次のような対策の徹底が必要である。

1　加工室内で使用するドーリーは，足で操作することがないように，ハンドル付きの台車（手押し台車）の使用が望ましいこと。

2　加工室内におけるコンテナの運搬に係る作業手順書を作成すること。

作業者の再発防止のポイント

・ドーリーを使う作業のリスクアセスメントを実施し，その結果に基づき必要な措置を行う。

・ドーリーを手押し台車に代替する。

・ドーリーを使う場合，作業手順書を作成し，作業者に徹底する。

---

3 転倒による災害

スイングドアを通って売り場に出たところ，水で濡れていた床で足を滑らせて転倒

業種 各種商品小売業	被害 休業1名

発生状況

スーパーの総菜売り場横のスイングドアにて，作業場より売り場に出ようとしたところ，売り場の床が水で濡れていたため，足を滑らせ，転倒した。

原因と対策

　この災害の原因としては，次のようなことが考えられる。
1　売り場の床が濡れていたが，拭き取られていなかったこと。
2　作業場から売り場に出る箇所に，靴に付着した水滴を拭き取るためのマット等が設置されていなかったこと。

　類似災害の防止のためには，次のような対策の徹底が必要である。
1　床の水濡れに気がついたなら，直ちに，水切りまたはモップ等で拭き取ること。
2　定期的な職場巡視を通じ，水濡れの危険箇所を洗い出し，該当する箇所に転倒防止のためのマットを敷き，または頻繁に清掃・水切り等を行うと共に，水濡れの原因を究明して解決すること。
3　事業場にて，安全衛生活動を行う者を選任し，転倒災害防止のため，労働者に対し，職場における安全衛生教育や研修を十分に実施すること。

作業者の再発防止のポイント

・作業におけるリスクアセスメントを実施し，その結果に基づき必要な措置を行う。
・床が濡れる原因を究明し，床を濡らす原因を排除する，または作業をなくす。
・出入口付近は人や台車の出入りにより床が摩耗するため，耐滑塗料がはがれ，床面が滑りやすいことから，溝などにより耐滑性を向上させる。
・耐滑性の高い履物を用意し，靴底の点検を定期的に行う。

4　爆発・火災による災害

カセットコンロ用使用済みガスボンベの廃棄作業中に火災が発生し，火傷

業種　その他の接客娯楽業	被害　休業3名

発生状況

　この災害は，カラオケボックスの厨房において，カセットコンロ用の使用済みガスボンベ（ブタンガス使用）を廃棄するために穴を開ける作業中に発生したものである。

　災害発生当日，従業員Aは，厨房内の棚にカセットコンロの使用済みガスボンベが多数乱雑に置かれているのに気付き，部下の従業員Bにこれを廃棄するよう指示した。

　指示を受けたBは，ガスボンベを点検したところ，ガスボンベにガスが残留しているものがいくつかあることが分かったので，BはAに厨房内で作業を行ってよいか確認し，厨房内の床上に置いて，金槌の尖った方でガスボンベに穴を開けるガス抜き作業を同僚のCと始めた。

　ガス抜き作業中，Bがガスボンベに穴を開けるとシューとガスが噴出したのが確認されたがBはそれに構わず作業を続行した。Bが4本目のガスボンベに穴を開けた時，突然，火炎が生じ，その火によりBとCは火傷を負った。

　また，その火炎は床を這うように厨房の出入り口方向に走り，外で開店準備をしていた同僚Dの足元まで達したため，Dも火傷を負った。

　なお，点火源については，ガスレンジ等の火気を使用する機械を，ガス抜き作業中に使用していないことから，ガス抜き作業をしていた近くの床上に設置されていたサーモスタット機能がついた製氷機と断定された。

　ガス抜き作業を行った厨房は，換気が不十分な狭い部屋であり，当該店舗では，ガスボンベの廃棄処理方法についてのマニュアル等は作成されておらず，作業者に対する安全衛生教育も行われていなかった。

原因と対策

　この災害の原因としては，次のことがあげられる。

1　換気，自然通風の不十分な狭い厨房内で，可燃性ガスが残留したガスボンベの廃棄処理のためのガス抜きを行ったこと。

2　ガスボンベのガス抜き作業を，サーモスタット等可燃性ガスの点火源となるものが存在する厨房内で行ったこと。

3　ガスボンベの廃棄処理方法について，安全に作業を行うためのマニュアルを作成していなかったこと。

4　従業員に対する安全衛生教育を行っていなかったこと。

　同種災害防止のためには，次のような対策の徹底が必要である。

1　カセットコンロ用ガスボンベの廃棄処理作業（ガス抜き作業）は，
　換気，自然通風が十分な場所で行うこと。
　　メーカーの示す廃棄処理の注意書きにもその旨記載されているので，
　これに従って作業を行うことが必要である。

2　カセットコンロ用ガスボンベのガス抜き作業は，火気，サーモスタ
　ットその他の点火源となるもののない場所で行うこと。

3　カセットコンロ用ガスボンベの廃棄処理方法について，安全に作業
　が行えるようマニュアルを作成すること。

4　従業員に対して，安全に厨房内での作業を行うために必要な安全衛
　生教育を実施すること。

作業者の再発防止のポイント

・ガス抜き作業を含むカセットボンベ，ガスボンベの廃棄作業の作
　業手順書を作成，教育を行う。
・ガス抜きを行う場所は屋外や換気の良い，点火源となるものがな
　い場所で行う。
・必要に応じて作業指揮者を任命する。
・作業前にＫＹ（危険予知）を実施する。

5　崩壊による災害

魚介類等の冷凍保管庫においてフォークリフトで荷の搬出作業中，荷が崩壊

業種　卸売業	被害　死亡1名

発生状況

　この災害は，冷凍保管庫において荷をフォークリフトで搬出する作業中に，「はい」の荷が崩壊したものである。

　当日，魚介類等の卸・小売をしている会社の被災者は，冷凍保管庫内において注文のあった荷をパレット（2.1m×1m×10cmの木製）ごと「はい」からフォークリフト（最大荷重1.7t，最大揚高は5.6m）で降ろし，それをいったん冷凍保管庫の外に運んで注文のあった製品を取り出し，残りを再び冷凍保管庫に入れる作業に従事していた。

　その作業の途中，被災者が冷凍保管庫内で一時フォークリフトを降りてフォークに載せた荷の確認をしていたところ，突然，周囲の「はい」の一部が崩壊してきたため，その下敷きとなった。

　「はい」は，約15kgの冷凍魚が入っているパレット（冷凍魚が入っている箱を5箱並べ，これを1層として10層積んだものの外周をビニールラップで固定したものを1段と称している）を数段積み重ねたものとなっており，1段の高さは約1.7mであった。

　また，パレットには，上に積まれた箱が傾くことなどを防止するため，周囲に鋼管製の支柱枠が取り付けられていた。

　被災者の冷凍保管庫内での作業経験は5カ月であったが，フォークリフトの運転資格は有しておらず，また，この会社にはフォークリフトが4台あったのに資格を有する者が1名しかいなかったため，日常的に無資格者が運転をしていた。

　なお，被災者は，上下防寒着，長靴を着用していたが保護帽は着用していなかった。

原因と対策

　この災害の原因としては，次のようなことが考えられる。

1　無資格者にフォークリフトの運転をさせたこと。

　　最大荷重（フォークリフトの構造および材料に応じて基準荷重中心に負荷させることができる最大の荷重）が1t以上のフォークリフトの運転は，フォークリフト運転技能講習を修了した者でなければ従事させてはならないのに，無資格者に運転をさせた。

2　「はい」の状況の確認を行っていなかったこと。

　　この作業では，「はい崩し」等の作業が伴うので，常に「はい」の状況を確認し，危険を感じた場合には速やかにその是正または避難をする必要があったのに怠っていた。

3　「はい崩し」作業の手順等の教育を実施していなかったこと。

　　会社は，フォークリフトの運転者に対して，「はい付け」，「はい崩し」の作業手順，「はい」の崩壊による危険防止措置等について安全衛生教育を実施していなかった。

4　作業場所の照度が不足していたこと。

　　作業場所の照度が不足していたため，「はい」の状況の確認，フォークリフトに積んだ荷の確認が十分にできなかった。

　同種災害の防止のためには，次のような対策の徹底が必要である。

1　フォークリフトの運転は有資格者に行わせること。

　　最大荷重（フォークリフトの構造及び材料に応じて基準荷重中心に

負荷させることができる最大の荷重）が1t以上のフォークリフトの運転は，必ずフォークリフト運転技能講習を修了した者に行わせる（安衛法第61条，安衛令第20条第11号）。

2　「はい」作業主任者の選任等を行うこと。

荷役機械の運転者のみによって行われる「はい付け」，「はい崩し」の作業については，法令上「はい作業主任者」の選任は義務付けられていないが，「はい」の高さが高く，「はい付け」，「はい崩し」の作業が頻繁に行われる会社では「はい作業主任者」の技能講習を修了した者を養成し，作業方法の決定，作業場所の巡回，運転者の指導等を行わせることが望ましい（参考：安衛則第428条，第429条）。

3　安全衛生教育を実施すること。

会社は，冷凍保管庫での製品の積み下ろし等の作業を行う作業者に対して，作業開始前における「はい」の状況の確認，作業の手順，「はい」の崩壊防止措置等についてあらかじめ安全衛生教育を実施する（安衛法第59条，安衛則第432条）。

4　一定の照度を確保すること。

「はい付け」，「はい崩し」の作業が安全に行える照度を確保する（安衛則第434条）。

─ 作業者の再発防止のポイント ─

・フォークリフトを用いた「はい作業」の作業手順を作成し，教育を行う。

・法定外ではあるが，「はい作業主任者技能講習」を修了した者を「はい作業主任者」に選任すること。

・鋼管製支柱枠の変形が原因ならば，定期に支柱枠の点検を行う。

・荷の荷札は分かりやすい大きさにし，フォークリフト搭乗者が見易い箇所に貼るようにする。

・作業計画を定め，フォークリフトに資格者以外は乗らせない，乗らないを徹底する。

・荷の確認場所は，「はい」から離れた場所で行う。

6　墜落による災害

テールゲートリフター車の荷台からロールボックスパレットを引き出す作業で，昇降台の高さを見誤り墜落

業種　陸上貨物運送業	被害　死亡1名

発生状況

　荷の配送先店舗において，被災者はテールゲートリフター車の荷台からロールボックスパレットを引き出す作業を行っていた。

　その際，被災者は，昇降板が荷台と同じ高さまで上がっていると勘違いしてロールボックスパレットを引いたため，高さ1mの荷台の端から地上にロールボックスパレットとともに墜落して，その下敷きになり，脳挫傷により死亡した。

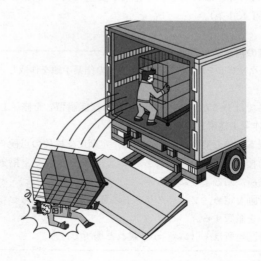

原因と対策

この災害の原因としては次のようなことが考えられる。

1　昇降板の位置が，地面まで下がっていたが，それを確認せずに荷台からロールボックスパレットを引き出す作業を行った

2　ロールボックスパレットを引き出す作業を，荷台から昇降板まで後ずさりで行おうとした。

3　荷台から昇降板までの荷の移動時に，墜落時保護用の保護帽を着用させていなかった。

4　荷台からロールボックスパレットを引き出す作業について，安全教育がされていなかった。

類似災害の防止のためには，次のような対策の徹底が必要である。

1　トラックからロールボックスパレット等の台車を引き出す作業に当たっては，昇降板の位置を目視で確認してから行うこと。

2　ロールボックスパレット等の台車を引き出す場合には，荷の端を認識しながら押せる位置まで引き出し，その後は押しながら作業をすること。なお，引きから押し作業に転換する位置の目安として，荷台の端から約1m内側の庫内に表示する方法もあること。

3　荷台から昇降板での荷の移動時および昇降板から荷台への移動時には，昇降板の端から墜落・転落のおそれがあるため，墜落時保護用の保護帽を着用させること。

4　トラックからロールボックスパレット等の台車を引き出す作業について，安全な方法を教育し，トラックからの墜落災害を防止すること。

5　テールゲートリフターを使用する場合は，テールゲートリフター特別教育を受講させること。

┌─ **作業者の再発防止のポイント** ───────────────┐

・テールゲートリフターを使用する可能性のある者にはテールゲートリフター特別教育を受講させる。

・テールゲートリフターを使った作業の作業手順を作成し，教育を行う。

・ロールボックスパレットの移動は，初期の引き出し以降は必ず押すことを教育する。

・必要に応じて作業指揮者を置く。

・作業前にＫＹ（危険予知）を実施する。

└─────────────────────────────┘

第 6 編

安全に関する
主要指針・通達等

GENERAL GUIDEBOOK
ON INDUSTRIAL SAFETY

1　第14次労働災害防止計画（安全関係）

「労働災害防止計画」は，労働災害を減少させるために国が重点的に取り組む事項を
定めた中期計画です（5年ごとに策定）

計画期間

2023年度から2027年度までの5カ年

現状と課題

- ■死亡災害は，減少しており1,000人を切った後も減少傾向にあります。
- ■休業4日以上の死傷者数は，新型コロナウイルス感染症へのり患による影響もあ
るが，その影響を除いても増加傾向にあります。特に第三次産業が5割を占めて
おり，内訳としては，労働者の作業行動（行動災害）に起因する災害が男女とも
に中高年層で増えています。

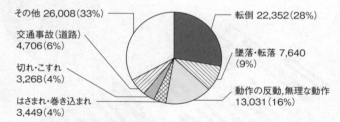

その他 26,008（33%）

交通事故（道路）
4,706（6%）

切れ・こすれ
3,268（4%）

はさまれ・巻き込まれ
3,449（4%）

転倒 22,352（28%）

墜落・転落 7,640
（9%）

動作の反動,無理な動作
13,031（16%）

**図1　令和3年第三次産業における休業4日以上の死傷者数
（事故の型別）（労働者死傷病報告）**

計画が目指す社会

　誰もが安全で健康に働くためには，事業者，注文者のほか，労働者等の関係者が
安全衛生対策について，自身の責任を認識し，真摯に取り組むことが重要です。ま

た，消費者・サービス利用者においても，安全衛生対策の必要性や提供されるサービスに安全衛生対策に要する経費が含まれることへの理解が求められます。

　今後，ウィズ・コロナ，ポスト・コロナ社会も見据え，また，DX（デジタルトランスフォーメーション）進展も踏まえ，ウェアラブル端末，VR（バーチャル・リアリティ）やAI等の活用を図る等，就業形態の変化はもとより，価値観の多様化に対応しなければなりません。

　また，労働者の安全衛生対策については，「費用としての人件費から，資産としての人的投資」として，事業者の経営戦略の観点や人材確保・育成の観点からも重要性が増してきています。安全衛生対策に取り組む事業者が社会的に評価される環境を醸成し，さらなる安全と健康の確保の促進が望まれます。

　特に中小事業者等も含め，どのような働き方においても労働者の安全と健康が確保されていることを前提として，多様な形態で働く一人ひとりが潜在力を十分に発揮できる社会を実現しなければなりません。

計画の目標

■全体
　重点事項のアウトカム指標の達成を目指した場合，労働災害全体としては，少なくとも死亡災害については5％以上の減少
　死傷災害については，増加傾向に歯止めをかけ2027年までに減少

■主な重点事項
　進捗状況を確認する指標（アウトプット指標）を設定し，アウトカム指標（達成目標）を定める。
〇労働者（中高年齢の女性を中心に）の作業行動に起因する労働災害防止対策の推進
アウトプット指標
・転倒災害対策に取り組む事業場の割合を50％以上とする。
アウトカム指標
・転倒の年齢層別死傷年千人率を2027年までに男女ともその増加に歯止めをかける。

〇高年齢労働者の労働災害防止対策の推進
アウトプット指標
・「エイジフリーガイドライン」に基づく取組を実施する事業場の割合を50％以上とする。
アウトカム指標
・60歳代以上の死傷年千人率を2027年までに男女ともその増加に歯止めをかける。

〇労働者の健康確保対策の推進
アウトプット指標
・メンタルヘルス対策に取り組む事業場の割合を2027年までに80％以上とする。

アウトカム指標
・仕事等に関する強い不安，ストレス等がある労働者の割合を 50% 未満とする。

重点事項

（ア）自発的に安全衛生対策に取り組むための意識啓発
　　・安全衛生対策に取組を見える化する仕組みを活用し，主体的な安全衛生対策の実施
（イ）労働者（中高年齢の女性を中心に）の作業行動に起因する労働災害防止対策の推進
　　・転倒災害が骨密度の低下の著しい中高年齢の女性にとって対策を講ずべきリスクであることを認識した取組
　　・転倒しにくい環境づくり
　　・介護職員の身体の負担軽減のための介護技術（ノーリフトケア）等の腰痛予防対策の普及
（ウ）高年齢労働者の労働災害防止対策の推進
　　・「エイジフレンドリーガイドライン（高年齢労働者の安全と健康確保のためのガイドライン）」に基づく対策（国では，エッセンス版の作成等による周知啓発）
（エ）多様な働き方への対応や外国人労働者等の労働災害防止対策の推進
　　・テレワークや副業・兼業を行う労働者の安全と健康の確保
　　・外国人労働者への安全衛生教育マニュアルを活用した安全衛生教育，健康管理
（オ）個人事業者等に対する安全衛生対策の推進
　　・労働者ではない個人事業主等に対しても，労働者と同等の保護措置を実施
（カ）業種別の労働災害防止対策の推進
　　・陸上貨物運送事業→荷役作業時の労働災害防止のためのガイドラインに沿った対策
　　・建設業→墜落・転落災害の防止対策の実施
　　・製造業→はさまれ，巻き込まれ災害の防止対策の実施
　　・林業→伐木等作業の安全ガイドラインに基づく措置の実施
（キ）労働者の健康確保対策の推進
　　・メンタルヘルス対策・過重労働対策の推進等
（ク）化学物質等による健康障害防止対策の推進
　　・危険性・有害性の情報の伝達，リスクアセスメントの実施
　　・建築物石綿含有建材調査者講習を修了した者による事前調査の実施
　　・作業場所の暑さ指数を把握し対策を実施　　　　　　　　　　など

2　令和5年度中に発せられた安全衛生に関する主な通達

労働安全衛生規則等の一部を改正する省令等の施行等について（金属アーク溶接等限定技能講習関係）
（令和5年4月3日付け　基発0403第6号）

　特化物技能講習の受講者の多くが金属アーク溶接等作業のみに従事する者となっていること等を踏まえ，金属アーク溶接等限定技能講習を新設し，修了した者のうちから，金属アーク溶接等作業主任者を選任することができることとするために特化則等の改正の趣旨，内容等について関係者に通知したもの。

防じんマスク，防毒マスク及び電動ファン付き呼吸用保護具の選択，使用等について
（令和5年5月25日付け　基発0525第3号）

　労働安全衛生規則等の一部を改正する省令（令和4年厚生労働省令第91号。）等により，新たな化学物質管理が導入されたことに伴い，呼吸用保護具の選択，使用等に当たっての留意事項を関係事業場に対して示したもの。

橋梁建設工事における橋桁等構造物の落下防止等に関する安全総点検について
（令和5年7月6日付け　基安発0706第2号）

　橋梁建設工事において架設桁が落下する重大災害が発生したため，橋桁，架設桁等の重量物が落下した場合には，甚大な被害が発生することから，橋桁等移動作業においては，安全対策の徹底を期する必要がある。そこで橋桁等移動作業の計画，実施段階において安全確保措置等が講じられているか等，安全総点検の実施を関係団体に要請したもの。

貨物自動車の昇降設備の設置，保護帽の着用等に関する問答について
(令和5年8月1日付け　事務連絡)

　労働安全衛生規則の一部を改正する省令（令和5年厚生労働省令第33号）関係（昇降設備の設置及び保護帽の着用が必要な貨物自動車の範囲の拡大や，テールゲートリフター作業の特別教育の義務化など）の問答をまとめて示したもの。

ボイラー及び圧力容器の肉盛溶接補修について
(令和5年9月26日付け　基安安発0926第1号)

　肉盛溶接により強度回復を行う場合の統一的な要件等について，一般社団法人日本ボイラ協会より報告がとりまとめられたことから，報告書に示された要件に従って肉盛溶接補修を行ったときは，十分な強度があると認められると示したもの。

「手すり先行工法等に関するガイドライン」について
(令和5年12月26日付け　基発1226第2号)

　「建設業における墜落・転落災害防止対策の充実強化に関する実務者会合」の報告書（令和4年10月）や「建設工事従事者の安全及び健康の確保に関する基本的な計画」（令和5年6月13日閣議決定）にて，足場の組立・解体中の墜落・転落防止対策の充実強化を図ることとされたことから，最新の足場機材や安全基準，省令改正を当該ガイドラインに盛り込んだもの。

山岳トンネル工事の切羽における肌落ち災害防止対策に係るガイドラインの改正について
(令和6年3月26日付け　基発0326第1号)

　山岳トンネル工事においては地山を掘削してトンネルを築造するため，掘削面から岩石が落下して労働者に激突する肌落ち災害が見受けられることから，平成28年に当該ガイドラインが策定された。しかし，その後肌落ち災害が散見されることから，発注者等が講ずべき措置の新設など必要な対策を盛り込み改正したもの。

3 製造業（造船業を除く。）における元方事業者による総合的な安全衛生管理のための指針（抄）

（平成 18 年 8 月 1 日付け　基発第 0801010 号）

第 1　趣旨及び適用範囲
1　本指針の趣旨

　製造業においては，近年，業務請負が増加し，これを背景とした労働災害が発生している。また，関係請負人の労働災害の発生率は，元方事業者のものと比較して一般に高いところである。

　これら関係請負人は，設備の修理，製品の運搬等危険，有害性の高い作業を分担することが多く，さらにその作業場所が元方事業者の事業場構内であることから，関係請負人の自主的な努力のみでは十分な災害防止の実をあげられない面があるため，労働安全衛生法（昭和 47 年法律第 57 号。以下「法」という。）においては，従来から，当該事業遂行の全般について権限と責任を有している元方事業者に一定の義務を課してきたところであるが，今般，元方事業者の労働者及び関係請負人の労働者の作業が同一の場所において行われることによって生ずる労働災害（以下「混在作業による労働災害」という。）を防止するため，労働安全衛生法等の一部を改正する法律（平成 17 年法律第 108 号）により，製造業（造船業を除く。）の元方事業者に作業間の連絡調整の実施等が義務付けられたところである。

　本指針は，製造業（造船業を除く。）における元方事業者及び関係請負人の労働災害の防止を図ることを目的とし，元方事業者による関係請負人も含めた事業場全体にわたる安全衛生管理（以下「総合的な安全衛生管理」という。）を確立するため，元方事業者及び関係請負人のそれぞれが法令に基づき実施しなければならない事項及び実施することが望ましい事項を併せて示したものである。

2　本指針の対象

　本指針は，製造業（造船業を除く。）に属する事業の元方事業者（以下本指針において単に「元方事業者」という。）及び関係請負人を対象とする。

　なお，事業者が，設備の改修の全部を建設事業者に発注する場合など仕事の全部を注文し自らはその仕事を行わない場合は，当該事業者は元方事業者には該当しないが，第2の9及び12の(1)等法令に基づき注文者が実施しなければならない事項は，当然に遵守する必要がある。

第2　元方事業者が実施すべき事項

　元方事業者は，総合的な安全衛生管理を確立するため，以下の事項を実施すること。

1　総合的な安全衛生管理のための体制の確立及び計画的な実施

(1)　作業間の連絡調整等を統括管理する者の選任等

　元方事業者は，総合的な安全衛生管理の体制を確立するため，元方事業者の事業場全体の労働者の数（元方事業者の労働者及び関係請負人の労働者を合わせた労働者数）が常時50人以上である場合は，作業間の連絡調整等2以下に掲げる事項を統括管理する者を選任し，当該事項を統括管理させること。

(2)　安全衛生に関する計画の作成及び実施

　元方事業者は，労働災害防止対策として実施すべき主要な事項（関係請負人に対して実施する事項を含む。）を定めた安全衛生に関する計画（以下「安全衛生計画」という。）を作成し，関係請負人に周知させること。また，安全衛生計画に沿って労働災害防止対策を実施すること。

2　作業間の連絡調整の実施

　元方事業者は，混在作業による労働災害を防止するため，随時，元方事業者と関係請負人との間及び関係請負人相互間における作業間の連絡及び調整を行う必要があること。（法第30条の2第1項）

　作業間の連絡調整の具体的な内容は，混在作業の内容に応じ異なるが，

次の表の左欄に掲げる場合には，同表の右欄に定める措置を講じること。

　また，作業間の連絡調整の具体的な実施は，作業発注時にあらかじめ作業指示書に具体的な実施事項を記載した上で関係請負人に通知する，現場における作業開始前の打合せにおいて関係請負人に指示する等の方法によること。

ア　一の作業に用いられる一連の機械等について，ある関係請負人が運転を，別の関係請負人が点検等を行う場合	それぞれの作業の開始又は終了に係る連絡，作業を行う時間帯の制限等の措置
イ　複数の関係請負人がそれぞれ車両系荷役運搬機械等を用いた荷の運搬等の作業を行う場合	作業経路の制限，作業を行う時間帯の制限等の措置
ウ　ある関係請負人が溶鉱等の高熱溶融物の運搬等周囲に火災等の危険を及ぼす作業を，別の関係請負人がその周囲で別の作業を行う場合	周囲での作業に係る範囲の制限等の措置
エ　ある関係請負人が有機溶剤を用いた塗装作業を，別の関係請負人が溶接作業を行う場合	通風又は換気，防爆構造による電気機械器具の使用等についての指導，作業を行う時間帯の制限等の措置
オ　ある関係請負人が物体の落下を伴うおそれのある作業を，別の関係請負人がその下の場所で別の作業を行う場合	落下防止措置に関する指導，物体の落下のおそれがある場所への立入り禁止又は当該場所で作業を行う時間帯の制限等の措置
カ　ある関係請負人が別の関係請負人も使用する通路等に設けられた手すりを取り外す場合，設備の安全装置を解除する場合等	その旨の別の関係請負人への連絡，必要な災害防止措置についての指導等の措置
キ　ある関係請負人が化学設備を開放し，当該化学設備の内部に立ち入って修理を，別の関係請負人がその周囲で別の作業を行う場合	化学物質等の漏洩防止に関する指導，作業を行う時間帯の制限，法第31条の2の化学物質等の危険性及び有害性等に関する情報の提供等の措置
ク　その他，元方事業者と関係請負人及び関係請負人相互が混在作業を行う場合	当該混在作業によって生ずる労働災害の防止を図るために必要な措置

3　関係請負人との協議を行う場の設置及び運営

　元方事業者は，関係請負人との間において必要な情報を共有し，共通認識を持つことが混在作業による労働災害防止に当たって有効であることから，関係請負人の数が少ない場合を除き，関係請負人と協議を行う

場（以下「協議会」という。）を設置し，定期的に開催するとともに，その使用する労働者に協議会における協議結果を周知させること。

また，機械等を導入し，又は変更したとき，元方事業者又は関係請負人の作業内容を大幅に変更したとき，関係請負人が入れ替わったとき等混在作業による労働災害の防止のために協議すべき必要が生じたときにも協議会を開催すること。

協議会の参加者及び議題は，次によること。

ア　参加者

(ア)　元方事業者

a　作業間の連絡調整等の統括管理を行う者

b　安全管理者及び衛生管理者又は安全衛生推進者（以下「安全管理者等」という。）

c　職長等

(イ)　関係請負人

a　第3の1により関係請負人が選任する責任者

b　安全管理者等

イ　議題

議題には，①安全衛生に関する方針，目標，計画に関すること，②作業手順や点検基準等の安全衛生規程及び当該規程に基づく作業等の実施に関すること，③労働者に対する教育の実施に関すること，④クレーン等の運転についての合図の統一等に関すること，⑤作業場所の巡視の結果及びこれに基づく措置に関すること，⑥労働災害の原因及び再発防止対策に関すること等があること。

4　作業場所の巡視

元方事業者は，連絡調整の実施状況等現場の状況を確認することが混在作業による労働災害の防止に当たって有効であることから，定期的に，混在作業による労働災害を防止するため必要な範囲について作業場所を巡視すること。また，機械等を導入し，又は変更したとき，元方事業者又は関係請負人の作業内容を大幅に変更したとき，関係請負人が入れ替わったとき等においても同様に巡視すること。

巡視に当たっては，労働安全衛生規則（昭和47年労働省令第32号。以下「安衛則」という。）第6条による安全管理者の職場巡視や，3の協議会においてパトロールを実施する場合の当該パトロールに併せて実施するなど，事業場全体の安全衛生管理活動との関連性を考慮して効果的かつ効率的に実施すること。

5　関係請負人が実施する安全衛生教育に対する指導援助

元方事業者は，必要に応じ，関係請負人が行う労働者の雇入れ時教育，作業内容変更時教育，特別教育等の安全衛生教育について，場所の提供，資料の提供等を行うこと。

6　クレーン等の運転についての合図の統一等

元方事業者は，クレーン等の運転についての合図の統一，事故現場等の標識の統一等，有機溶剤等の容器の集積箇所の統一，警報の統一等を行う必要があること。（安衛則第643条の3から第643条の6まで）

7　元方事業者による関係請負人の把握等

(1)　関係請負人の責任者等の把握

元方事業者は，作業間の連絡調整，協議会の設置運営等の円滑な実施のため，関係請負人に対し，請負契約の成立後速やかに，作業間の連絡調整等を統括管理する元方事業者に属する者との連絡等を行う責任者（第3の1）の選任状況及び安全管理者等の選任状況を通知させ，これを把握しておくこと。

また，新たに作業を行うこととなった関係請負人に対しては，関係請負人が作業を開始することとなった日以前の作業間の連絡調整の措置，クレーン等の運転についての合図の統一等及び協議会における協議内容のうち，当該関係請負人に係る必要な事項を周知させること。

(2)　労働災害発生のおそれのある機械等の持込み状況の把握

元方事業者は，関係請負人が防爆構造の電気機械器具，車両系荷役運搬機械，車両系建設機械等労働災害発生のおそれのある機械等を持ち込む場合は，当該関係請負人に，事前に通知させこれを把握しておくとともに，定期自主検査，作業開始前点検等を確実に実施させること。

8　機械等を使用させて作業を行わせる場合の措置

　元方事業者は，関係請負人に自らが管理権原を有する機械等を使用させて作業を行わせる場合には，当該機械等について，法令上の危害防止措置が適切に講じられていることを確認するとともに，当該機械等について法第28条の2第1項に基づく調査等を実施した場合には，リスク低減措置を実施した後に見込まれる残留リスクなどの情報を当該関係請負人に対して提供すること。

　また，当該機械等の定期自主検査，作業開始前点検等を当該関係請負人に確実に実施させるとともに，定期自主検査の結果，作業環境測定結果の評価，労働者の特殊健康診断の結果等により，当該機械等の補修その他の改善措置を講じる必要がある場合は，当該関係請負人に必要な権限を与え改善措置を講じさせるか，又は元方事業者自らが当該関係請負人と協議の上，これを講じること。

9　危険性及び有害性等の情報の提供

　元方事業者は，化学設備等の改造等の作業における設備の分解又は設備の内部への立入りを関係請負人に行わせる場合には，その作業が開始される前に，当該設備で製造し，取り扱う物の危険性及び有害性等の事項を記載した文書等を作成し，当該関係請負人に交付する必要があること。（法第31条の2）

10　作業環境管理 （略）

11　健康管理 （略）

12　その他請負に伴う実施事項

(1)　仕事の注文者としての配慮事項

　元方事業者は，労働者の危険及び健康障害を防止するための措置を講じる能力がない事業者，必要な安全衛生管理体制を確保することができない事業者等労働災害を防止するための事業者責任を遂行することのできない事業者に仕事を請け負わせないこと。

　また，元方事業者は，仕事の期日等について安全で衛生的な作業の遂行を損なうおそれのある条件を付さないように配慮する必要があること。（法第3条第3項）

　このため，元方事業者の組織内における安全衛生管理部門並びに設計部門及び作業発注部門間の連携を図ること。

　なお，これらの事項は，仕事の全部を注文し自らは仕事を行わない事業者についても同様であること。

(2)　関係請負人及びその労働者に対する指導等

　元方事業者は，関係請負人及びその労働者が法令の規定に違反しないよう必要な指導及び違反していると認められる場合における必要な指示等を行う必要があること。（法第 29 条）

(3)　適正な請負

　請負とは，当事者の一方が仕事の完成を約し，相手方がその仕事の結果に対して報酬を支払うことを約するもの（民法（明治 29 年法律第 89 号。以下「民法」という。）第 632 条）であり，注文者と労働者との間に指揮命令関係を生じないものであるが，元方事業者と関係請負人の労働者との間に現に指揮命令関係がある場合（具体的には「労働者派遣事業と請負により行われる事業との区分に関する基準（昭和 61 年労働省告示第 37 号）」により判断される。）には，請負形式の契約により仕事が行われていても労働者派遣事業に該当し，労働者派遣事業の適正な運営の確保及び派遣労働者の就業条件の整備等に関する法律（昭和 60 年法律第 88 号。以下「労働者派遣法」という。）の適用を受けることになる。この場合，元方事業者は，当該労働者について，同法に基づき派遣先事業主として労働安全衛生法上の措置を講じる必要があること。

第3　関係請負人が実施すべき事項

1　元方事業者との連絡等を行う責任者の選任

　関係請負人は，元方事業者が第 2 の 1 (1)の作業間の連絡調整等を統括管理する者を選任した場合は，当該者との連絡その他労働災害を防止するために必要な事項を実施する責任者を選任し，当該事項を実施させること。

2　作業間の連絡調整の措置の実施

　関係請負人は，第2の2の元方事業者による作業間の連絡調整の措置のうち，当該関係請負人に関係する事項について，その使用する労働者に周知させ，これを確実に実施すること。

3　協議会への参加

　関係請負人は，元方事業者において第2の3の協議会が設置された場合は，第2の3のア(イ)の者等を参加させるとともに，その使用する労働者に協議会における協議結果を周知させること。

4　クレーン等の運転についての合図の統一等

　関係請負人は，クレーン等の運転についての合図を定めるときは，元方事業者が統一的に定めたクレーン等の運転についての合図と同一のものを定める必要があること（法第32条第1項，安衛則第643条の3第2項）。

　事故現場等の標識の統一等，有機溶剤等の容器の集積箇所の統一，警報の統一等についても同様であること。

5　関係請負人に関する事項の通知等

(1)　名称等の通知

　ア　関係請負人は，元方事業者から直接仕事を請け負った場合は元方事業者に対し，別の関係請負人から仕事を請け負った場合は当該別の関係請負人に対し，請負契約の成立後速やかに，第3の1により関係請負人が選任する責任者の選任状況，安全管理者等の選任状況を通知すること。

　イ　関係請負人は，仕事の一部を別の関係請負人に請け負わせる場合は，当該別の関係請負人から通知された情報についても，併せて上記アにより通知すること。

(2)　労働災害発生のおそれのある機械等の持込み状況の通知

　　関係請負人は，防爆構造の電気機械器具，車両系荷役運搬機械，車両系建設機械等労働災害発生のおそれのある機械等を持ち込む場合は，元方事業者に対し事前に通知すること。また，持込んだ機械等の定期自主検査，作業開始前点検等を確実に実施する必要があること。

6　機械等を使用させて作業を行わせる場合の措置

　関係請負人は，別の関係請負人に自らが管理権原を有する機械等を使用させて作業を行わせる場合には，当該機械等について法令上の危害防止措置が適切に講じられていることを確認するとともに，当該機械等について法第28条の2第1項に基づく調査等を実施した場合には，リスク低減措置を実施した後に見込まれる残留リスクなどの情報を当該別の関係請負人に対して提供すること。

　また，当該機械等の定期自主検査，作業開始前点検等を当該別の関係請負人に確実に実施させるとともに，定期自主検査の結果，作業環境測定結果の評価，労働者の特殊健康診断の結果等により，当該機械等の補修その他の改善措置を講じる必要がある場合は，当該別の関係請負人に必要な権限を与え改善措置を講じさせるか，又は当該関係請負人自らが当該別の関係請負人と協議の上，これを講じること。

7　危険性及び有害性等の情報の交付

　関係請負人は，化学設備等の改造等の作業における設備の分解又は設備の内部への立ち入りを別の関係請負人に行わせる場合には，その作業が開始される前に，当該設備で製造し，取り扱う物の危険性及び有害性等の事項を記載した文書等を当該別の関係請負人に交付する必要があること。（法第31条の2）

8　健康管理（略）

9　その他請負に伴う実施事項

(1)　仕事の注文者としての配慮事項

　関係請負人が，仕事の一部を別の関係請負人に請け負わせる場合は，労働者の危険及び健康障害を防止するための措置を講じる能力がない事業者，必要な安全衛生管理体制を確保することができない事業者等労働災害を防止するための事業者責任を遂行することのできない事業者に仕事を請け負わせないこと。

　また，この場合，関係請負人は，仕事の期日等について安全で衛生的な作業の遂行を損なうおそれのある条件を付さないように配慮する必要があること（法第3条第3項）。

(2) 適正な請負

　　請負とは，当事者の一方が仕事の完成を約し，相手方がその仕事の結果に対して報酬を支払うことを約するもの（民法第632条）であり，注文主と労働者との間に指揮命令関係を生じないものであるが，関係請負人が仕事の一部を別の関係請負人に請け負わせた場合で，当該関係請負人と当該別の関係請負人の労働者との間に現に指揮命令関係がある場合（具体的には「労働者派遣事業と請負により行われる事業との区分に関する基準（昭和61年労働省告示第37号）」により判断される。）には，請負形式の契約により仕事が行われていても労働者派遣事業に該当し，労働者派遣法の適用を受けることになる。この場合，当該関係請負人は，当該別の関係請負人の労働者について，同法に基づき派遣先事業主として労働安全衛生法上の措置を講じる必要があること。

4 建設業における総合的労働災害防止対策（抄）

（平成 19 年 3 月 22 日付け　基発第 0322002 号）

1 基本的考え方

　建設業は，重層下請構造の下，所属の異なる労働者が同一場所で作業するという作業形態であり，短期間に作業内容が変化するという事業の性質から，建設業における労働災害防止対策においては，工事現場における元方事業者による統括管理の実施，関係請負人を含めた自主的な安全衛生活動の推進を基本に，当該現場を管理する本店，支店，営業所等がそれぞれ工事現場への安全衛生指導・援助を的確に行うことが重要である。

　このような状況の中で，建設業における労働災害防止対策の推進に当たっては，工事現場における統括管理を基本とし，工事現場における安全衛生管理に対して，当該現場を管理する本店，支店，営業所等が指導・援助を的確に行うとともに，労働災害防止団体，関係業界団体，発注者及び労働基準行政が一体となって，総合的に推進していくこととする。また，この対策の推進に当たっては，労働安全衛生関係法令の遵守はもとより，危険性又は有害性等の調査及びその結果に基づく措置（以下「危険性又は有害性等の調査等」という。）の実施及び事業者の主体的能力に応じた労働安全衛生マネジメントシステムの導入を推進させることにより，自主的な安全衛生活動を活性化し，もって，工事現場における安全衛生水準のさらなる向上を図ることとする。

2 安全衛生管理の実施主体別実施事項 （略，別添 1 および 2 に詳述）

3 労働基準行政の実施事項 （略）

別添1　建設業における安全衛生管理の実施主体別実施事項

区分		実　施　事　項
元方事業者	工事現場	1　労働安全衛生マネジメントシステムに関する指針（以下「マネジメント指針」という。）に基づく現場における安全衛生方針（工事安全衛生方針）の表明 2　過重の重層請負の改善，請負契約における労働災害防止対策の実施者及びその経費の負担者の明確化 3　店社及び関係請負人との連携による危険性又は有害性等の調査及びその結果に基づく措置（以下「危険性又は有害性等の調査等」という。）の実施事項の決定 4　危険性又は有害性等の調査等に基づく工事安全衛生目標の設定及び工事安全衛生計画の作成 5　協議組織の設置・運営等元方事業者による建設現場安全管理指針に基づく統括管理の実施 6　マネジメント指針に基づく工事安全衛生計画の実施，評価及び改善 7　工事用機械設備の点検等による安全性の確保 8　安全な施工方法の採用 9　関係請負人の法令違反を防止するための指導及び指示 10　土砂崩壊等のおそれがある作業場所についての安全確保のための関係請負人に対する指導 11　移動式クレーン等を用いての作業に係る仕事の一部を請負人に請け負わせて共同して当該作業を行う場合における作業内容等についての連絡調整の実施 12　関係請負人が現場に持ち込む機械設備（以下「持込機械等」という。）の安全化への指導及び有資格者の把握 13　関係請負人が行う新規入場者教育に対する資料，場所の提供等 14　関係請負人に対し健康管理手帳制度の周知，その他有害業務に係る健康管理措置の周知等 15　現場作業者に対する安全衛生意識高揚のための諸施策の実施
元方事業者	店社（本支店営業所等）	1　マネジメント指針に基づく店社全体の安全衛生方針の表明，安全衛生目標の設定，安全衛生計画の策定 2　統括安全衛生責任者，元方安全衛生管理者等の選任等工事現場の安全衛生管理組織の整備の促進 3　施工計画時の事前審査体制の確立 4　工事現場の危険性又は有害性等の調査等の実施事項の決定支援 5　工事現場の危険性又は有害性等の調査等に基づく工事安全衛生計画の作成支援 6　店社安全衛生管理者等による安全衛生パトロールの実施等工事現場の安全衛生管理についての指導 7　工事用機械設備の点検基準，安全衛生点検基準等の整備

区分		実　施　事　項
元方事業者	店社（本支店営業所等）	8　設計技術者，現場管理者等に対する安全衛生教育の企画，実施及び関係請負人の行う安全衛生教育に対する指導，援助 9　関係請負人，現場管理者等に対する安全衛生意識高揚のための諸施策の実施 10　マネジメント指針に基づく店社の安全衛生計画の実施，評価及び改善 11　マネジメント指針に基づくシステム監査の実施及びシステムの見直し 12　下請協力会の活動に対する指導援助 13　災害統計の作成，災害調査の実施，同種災害防止対策の樹立等 14　各種安全衛生情報の提供
関係請負人	工事現場	1　安全衛生責任者の選任等安全衛生管理体制の確立 2　元方事業者の行う統括管理に対する協力 3　店社及び元方事業者と連携した危険性又は有害性等の調査等の実施 4　作業主任者，職長等による適切な作業指揮 5　使用する工事用機械設備等の点検整備及び元方事業者が管理する設備についての改善申出 6　ツールボックスミーティングの実施等による安全な作業方法の周知徹底及び安全な作業方法による作業の実施 7　移動式クレーン等を用いる作業に係る仕事の一部を関係請負人に請け負わせる場合における的確な指示の実施 8　持込機械等に係る点検基準，安全心得，作業標準，安全作業マニュアル等の遵守 9　新規入場者に対する教育の実施 10　仕事の一部を他の請負人に請け負わせて作業に係る指示を行う場合における的確な指示の実施 11　建設業労働災害防止協会が示す専門職種に応じた労働安全衛生マネジメントシステムに基づくシステムの構築
関係請負人	店社	1　安全衛生推進者の選任等安全衛生管理体制の確立 2　店社全体の安全衛生方針の表明，安全衛生目標の設定及び安全衛生計画の策定 3　元方事業者と連携した工事現場における危険性又は有害性等の調査等の実施支援 4　安全衛生教育の企画，実施 5　安全衛生意識高揚のための諸施策の実施 6　安全衛生パトロールの実施 7　持込機械等に係る点検基準，安全心得，作業標準，安全作業マニュアル等の作成による作業等の安全化の促進 8　下請協力会の行う災害防止活動への積極的参加

区分		実　施　事　項
関係請負人	店社	9　災害統計の作成，災害調査の実施等 10　建設業労働災害防止協会が示す専門職種に応じた労働安全衛生マネジメントシステムの構築
建設業労働災害防止協会 総合工事業団体 専門工事業団体		1　危険性又は有害性等の調査等（危険有害特定モデル）並びに労働安全衛生マネジメントシステムの普及啓発 2　設備，施工方法及び作業の安全化についての調査研究の実施及びその結果についての周知 3　安全衛生教育の実施及び勧奨 4　安全衛生意識高揚のための広報活動等諸施策の実施 5　各種情報の分析及び提供 6　安全衛生診断，安全衛生相談，安全衛生点検等の実施 7　安全衛生パトロールの実施 8　専門職種に応じた安全作業マニュアル，労働安全衛生マネジメントシステム等の作成・普及
発注者		1　施工時の安全衛生の確保に配慮した工期の設定，設計の実施等 2　施工時の安全衛生を確保するために必要な経費の積算 3　施工時の安全衛生を確保する上で必要な場合における施工条件の明示 4　適正な施工業者の選定及び施工業者に対する指導 5　分割発注等により工区が分割され複数の元方事業者が存在する工事の発注者にあっては，次の事項 　(1)　個別工事間の連絡及び調整 　(2)　工事全体の災害防止協議会の設置 6　入札参加者指名時における安全成績の優良な業者の選定及び労働安全衛生マネジメントシステム等自主的な安全衛生活動の取組を評価する仕組みの導入

別添2　建設業における労働災害を防止するため事業者が講ずべき措置(抄)

1　基本的事項

(1)　工事の計画段階における安全衛生の確保

　　労働災害防止を図るには，工事を施工する前に，仕事の工程，機械設備等について，安全衛生面から事前の評価を行うことが重要であり，労働安全衛生法（以下「法」という。）第88条の計画の届出の対象の工事はもとより，対象とならないものについても，法第28条の2により危険性又は有害性等の調査及びその結果に基づく措置（以下

「危険性又は有害性等の調査等」という。）を実施すること。このため，
企業内の事前評価体制を確立するとともに，当該工事の計画作成に参
画する有資格者等の資質の向上を図るため，必要な教育等を徹底する
こと。さらに，事前評価の内容の充実を図るため山岳トンネル工事に
係るセーフティ・アセスメントに関する指針等のセーフティ・アセス
メント指針を活用すること。
(2)　安全衛生管理体制の整備等
ア　工事現場における安全衛生管理の確立及び体制の整備
　　工事現場における安全衛生管理が適切に実施されるためには，工事
全体を統括管理する元方事業者が主導的な役割を果たすとともに，元
方事業者及び関係請負人がそれぞれ果たすべき役割に応じて，安全衛
生管理を推進することが重要であること。
(ア)　元方事業者の実施事項
　　元方事業者においては，平成7年4月21日付け基発第267号
の2「元方事業者による建設現場安全管理指針について」により，
工事現場の安全衛生管理を行うこと。特に，統括安全衛生責任者，
元方安全衛生管理者等及び店社安全衛生管理者等の選任，これらの
者の責任と権限の明確化及び職務の励行等統括安全衛生管理体制を
確立し，①安全衛生計画の作成による施工と安全衛生管理の一体化，
②法第30条第1項各号の事項の実施，③関係請負人の法令違反を
防止するための指導及び指示，④土砂崩壊等のおそれのある作業場
所における安全確保についての関係請負人に対する指導及び援助，
⑤注文者として設備等を関係請負人の労働者に使用させる場合の適
切な措置の実施等を徹底すること。
　　また，店社及び関係請負人と連携して，工事現場の危険性又は有
害性等の調査等を実施するとともに，元方事業者の主体的能力に応
じた労働安全衛生マネジメントシステムの導入を促進し，自主的な
安全衛生活動を展開すること。
　　さらに，関係請負人が行う労働者の健康管理について，元方事業
者は，必要に応じ，関係請負人に対し健康管理手帳制度の周知その

他有害業務に係る健康管理措置の周知等を行うこと。

　なお，移動式クレーン等を用いての作業に係る仕事の一部を請負人に請負わせて共同して当該作業を行う場合には，作業内容，指示の系統等についての連絡調整の実施を徹底すること。

　(イ)　関係請負人の実施事項

　　　工事を直接施工する関係請負人においては，元方事業者との連携を強化し，統括安全衛生責任者との連絡等安全衛生責任者の職務の徹底を図ること等により元方事業者の講ずる措置に応じた適切な措置を講ずること。

イ　本店，支店，営業所等による工事現場に対する指導・援助の充実

　　工事現場における安全衛生管理は，それぞれの事業者の本店，支店，営業所等における安全衛生管理に左右されることが多いことから，経営トップの安全衛生意識の一層の高揚を図るとともに，店社安全衛生管理者等による工事現場に対する指導をはじめ，工事現場における統括安全衛生管理体制の確立，危険性又は有害性等の調査等の実施，労働安全衛生マネジメントシステムの導入の促進のための指導・援助を行うこと。

(3)　工事用機械設備に係る安全性の確保

ア　適正な方法による機械の使用及び検査等の適正な実施

　　工事用機械設備の使用に当たっては，製造者等から提供される使用上の情報を活用して危険性又は有害性等の調査等を行い，適切な安全方策を検討すること。さらに，安全装置が機能しない状態で使用することのないよう建設用機械等について法令に定められた適正な方法による作業を行うとともに，定期自主検査，作業開始前点検，修理等を適正に実施すること。

　　また，定格荷重を超えた荷のつり上げ，地盤の不同沈下等による転倒災害が続発しているので，車両系建設機械，移動式クレーン等を用いて作業を行うときは，あらかじめ，使用する機械の種類及び能力，運行経路，作業の方法等を示した作業計画を作成し，これに基づき作業を行うこと。

イ 仮設用設備に係る安全性の確保

　足場，型枠支保工等の仮設設備については，計画段階から安全面についての十分な検討を行い，これに基づき施工を行うことにより適正な構造要件を確保するとともに，施工中においても適宜点検，整備を励行することによりその安全の確保を徹底すること。また，足場，型枠支保工に使用される仮設機材の経年劣化については，平成8年4月4日付け基発第223号の2「経年仮設機材の管理について」に基づき適切な管理を行うこと。

ウ リース業者等に係る措置の充実

　リース業者が貸与する機械設備については，そのリース業者の責任において，当該機械設備の点検整備等の管理を行うとともに，貸与を受けた事業者においても十分なチェックを行う体制を整備すること。なお，移動式クレーン等をリースする業者であって自らの労働者がリース先の建設現場において移動式クレーン等を操作するものについては，法第33条第1項の措置とともに，事業者としてクレーン等安全規則等に定められた措置を講ずること。

エ 技術基準等の活用

　最低基準としての法令の遵守はもとより，法第28条第1項に基づく「移動式足場の安全基準に関する技術上の指針」，「可搬型ゴンドラの設置の安全基準に関する技術上の指針」その他の工事用機械設備に係る各種技術基準を有効に活用すること。

(4) 適正な方法による作業の実施

　作業主任者，職長等の直接指揮の下，適正な方法により作業を実施すること。

　災害として最も多い墜落災害の防止については，足場の設置等による作業床の確保，開口部等についての囲い，手すりの設置を基本として行うこと。作業の性格上これが困難な場合には，必ず防網の設置，安全帯の使用等を行うこと。

　また，土砂崩壊の防止については，掘削箇所及び周辺の地山について十分な調査を行い，その結果に基づく適切なこう配による掘削を行

うこと。また，地山が崩壊するおそれのある場合には，土止め支保工の設置等適切な土砂崩壊防止措置を確実に講ずること。

(5)　安全衛生教育等の推進

ア　関係法令，法第19条の2第2項に基づく能力向上教育に関する指針，法第60条の2第2項に基づく安全衛生教育に関する指針及び平成3年1月21日付け基発第39号「安全衛生教育の推進について」をもって示した安全衛生教育推進要綱に基づき，労働者の職業生活を通じた中長期的な推進計画を整備すること。また，職長等に対しては，労働安全衛生規則（以下「安衛則」という。）第40条に示された事項の教育を実施するとともに，安全衛生責任者等に対しては，平成12年3月28日付け基発第179号「建設業における安全衛生責任者に対する安全衛生教育の推進について」，平成15年3月25日付け基安発第0325001号「建設工事に従事する労働者に対する安全衛生教育について」に基づく教育を推進すること。

イ　アの安全衛生教育の実施に関しては，基本的に本店，支店，営業所等の段階で安全衛生教育を計画的に実施すること。また，元方事業者においては，関係請負人の行う安全衛生教育に対する指導・援助を徹底すること。

ウ　元方事業者は，関係請負人が新たに工事現場に就労する労働者に対して新規入場者教育を行う場合においては，適切な資料，場所の提供等を行うこと。なお，この場合，必要に応じ，元方事業者が自ら新規入場者教育を行うこと。

(6)　労働衛生対策の徹底　（略）

(7)　建設業附属寄宿舎　（略）

(8)　出稼労働者の労働条件確保　（略）

2 建設工事別における労働災害防止上の重点事項

（編注　以下概要のみ掲載）

(1) ずい道建設工事

ア　安全衛生管理の充実

(ア)　元方事業者においては，当該現場の規模に応じて統括安全衛生責任者及び元方安全衛生管理者又は店社安全衛生管理者を選任し，現場における統括管理を充実すること。

(イ)　夜間，休日に工事を実施する場合には，当該工事現場において施工を統括管理する技術者が不在となり，その際，連絡調整等が不十分となり重大な災害が発生するおそれがある。このため，夜間，休日において工事を実施する場合には，これらの技術者が不在のまま工事が進められることのないよう，複数の元方安全衛生管理者の選任又はこれに準ずる能力を有する技術者の配置を進めること。

(ウ)　ずい道等の掘削作業又はずい道等の覆工の作業を行う場合には，それぞれ，ずい道等の掘削等作業主任者又はずい道等の覆工作業主任者を選任し，その者の直接指揮により作業を実施すること。

イ　災害防止対策の重点事項

(ア)　工法別安全対策

最近5年間のずい道建設工事における死亡災害の原因を項目別に見ると，建設機械等，落盤，墜落等によるものの順となっているが，工法により災害の傾向が異なることから，特に，次の事項を重点に労働災害防止対策を講ずること。

a　山岳工法

(a)　建設機械等による災害の防止

(b)　落盤，肌落ち等による災害の防止

b　シールド工法

(a)　建設機械等による災害の防止

(b)　墜落災害の防止

(c)　爆発火災による災害の防止

　　　c　推進工法

　(イ)　労働衛生対策

　(ウ)　その他の留意事項

(2)　橋梁建設工事

ア　安全衛生管理の充実

　(ア)　元方事業者においては，当該現場の規模に応じて統括安全衛生責任者及び元方安全衛生管理者又は店社安全衛生管理者を選任し，現場における統括管理を充実すること。

　(イ)　橋桁の架設等の作業を行う場合には，橋の種類に応じて鋼橋架設等作業主任者又はコンクリート橋架設等作業主任者を選任し，その者の直接指揮により作業を実施すること。

　(ウ)　鋼橋及びコンクリート橋の上部構造の架設等の作業において橋桁の落下等が発生すると重大な災害となるおそれが高いことから，当該作業を行う場合の適正な作業計画を作成すること。

イ　災害防止対策の重点事項

　　最近5年間の橋梁建設工事における死亡災害の原因を項目別にみると，墜落によるものが4割強を占めており，以下，建設機械等，クレーン等によるものとなっているが，特に次の事項を重点に労働災害防止対策を講ずること。

　(ア)　墜落による災害の防止

　(イ)　建設機械等による災害の防止

　(ウ)　クレーン等に係る災害の防止

　(エ)　型枠支保工の倒壊による災害の防止

　(オ)　高気圧障害の防止

(3)　道路建設工事

ア　安全衛生管理の充実

　(ア)　掘削及び土止め支保工の組立て作業については，作業主任者の直接指揮による作業の実施を徹底すること。また，掘削箇所及びその周辺の地山についての地質及び地層の状態，含水及び湧水の状態等を観察する者並びに土止め支保工の設置状態，掘削用機械等の整備

状態，照明の状態等を点検する者を定めて，その職務を十分に行わせること。なお，観察・点検の結果，施工計画を変更する必要が生じた場合には，発注者の協力の下に早期にその計画を変更する等危害防止措置を講ずること。

(イ)　この種の工事においては，工事現場における教育の実施に困難な面が見られるので，元方事業者が推進主体となり，発注機関及び関係団体の協力を得て，計画的に実施するとともに，関係請負人に対して，その労働者を積極的に講習会等に参加させること。

イ　災害防止対策の重点事項

最近5年間の道路建設工事における死亡災害の原因を項目別に見ると，建設機械等，墜落，自動車等，土砂崩壊によるものの順となっており，特に，次の留意事項を重点に労働災害防止対策を講ずること。

(ア)　建設機械等による災害の防止

(イ)　墜落災害の防止

(ウ)　自動車等による災害の防止

(エ)　土砂崩壊災害の防止

(オ)　振動障害の防止

(4)　小規模の上下水道等の建設工事

ア　安全衛生管理の充実

前記2の(3)アに記載した事項を重点に実施すること。

イ　災害防止対策の重点事項

最近5年間の上下水道工事における死亡災害の原因をみると，建設機械によるものがその3割以上を占めているほか，以下，土砂崩壊，自動車等によるものの順となっており，特に，次の事項を重点に労働災害防止対策を講ずること。

(ア)　建設機械等による災害の防止

(イ)　土砂崩壊災害の防止

(ウ)　自動車等による災害の防止

(5)　土地整理土木工事

土地整理土木工事においては，建設機械等による災害が約2割5

199

分を占め，以下，土砂崩壊等による災害が多く発生していることから，これらの災害を防止するため，特に，次の事項を重点に労働災害防止対策を講ずること。

①　建設機械等を用いた作業の際の作業半径内の立入禁止，誘導者の配置

②　運搬機械等の運行経路と歩道との完全な分離，積込み時の誘導者の配置

③　事前調査結果に応じた適切なこう配による掘削の実施又は土止め支保工の設置

(6)　河川土木工事

河川土木工事においては，建設機械等による災害が3割以上を占め，以下，墜落，土砂崩壊による災害が多く発生していることから，これらの災害を防止するため，特に，次の事項を重点に労働災害防止対策を講ずること。なお，土石流危険河川については，平成10年3月23日付け基発第120号「土石流による労働災害防止のためのガイドラインの策定について」に基づく措置を講じること。

①　建設機械等を用いた作業の際の作業半径内の立入禁止，誘導者の配置

②　運搬機械等の運行経路と歩道との完全な分離，積込み時の誘導者の配置

③　安全な作業床の設置又は防網及び安全帯の使用並びに適切な通路の決定及び周知徹底

④　事前調査結果に応じた適切なこう配による掘削の実施又は土止め支保工の設置

(7)　砂防工事

砂防工事においては，墜落による災害が約4割を占め，以下，建設機械等による災害，土砂崩壊による災害となっていることから，これらの災害を防止するため，特に，次の事項を重点に労働災害防止対策を講ずること。

①　安全な作業床の設置又は防網及び安全帯の使用並びに適切な通路

　　の決定及び周知徹底

②　建設機械等を用いた作業の際の作業半径内の立入禁止，誘導者の配置

③　運搬機械等の運行経路と歩道との完全な分離，積込み時の誘導者の配置

④　事前調査結果に応じた適切なこう配による掘削の実施又は土止め支保工の設置

⑻　鉄骨・鉄筋コンクリート造家屋建築工事

ア　安全衛生管理の充実

　㋐　工事現場には多くの職種の関係請負人が入場して作業を行うことから，元方事業者においては，当該現場の規模に応じて統括安全衛生責任者，元方安全衛生管理者又は店社安全衛生管理者を選任する等により現場における統括管理を充実すること。

　㋑　掘削作業，鉄骨の組立ての作業，型枠支保工の組立ての作業等については，作業主任者の直接指揮による作業の実施を徹底すること。

　㋒　新規入場者教育については，新たに現場に就労する関係請負人の労働者に対して，現場全体の状況，現場内の危険箇所についての周知を確実に行うこと。

イ　災害防止対策の重点事項

　㋐　工事別安全対策

　　　最近5年間の鉄骨・鉄筋コンクリート造家屋建築工事における死亡災害の原因を見ると，墜落によるものが5割以上を占めており，以下，建設機械等，飛来・落下，倒壊，クレーン等によるものとなっているが，工事により災害の傾向が異なることから，特に，次の事項を重点に労働災害防止対策を講ずること。

　　a　土工事，杭工事等

　　b　躯体工事

　　　⒜　墜落による災害の防止

　　　⒝　型枠支保工の倒壊等による災害の防止

　　　　c　外部仕上工事

　　　　(a)　墜落による災害の防止

　　　　(b)　飛来落下による災害の防止

　　　　d　内部仕上工事

　　　　(a)　墜落による災害の防止

　　　　(b)　木材加工用機械による災害の防止

　　(イ)　クレーン等による災害の防止

　　　　杭工事等においては，基礎杭のつり上げ，移動等の作業を移動式クレーンが基礎工事用建設機械を補助して行うが，この際には地盤の状態を事前に把握した上で地盤強化を行う等地盤の状況に応じた必要な転倒防止措置を講ずること。

　　　　クレーンによる鉄骨等の運搬作業時においては，飛来落下災害が多発していることから，クレーンを用いての作業を行う者各々の間の連絡調整を十分に行わせることにより，つり荷の下の立入禁止措置を徹底すること。

　　　　また，移動式クレーンを用いて作業を行う場合は，搬入された荷を卸す等の短時間作業においても，鉄板の敷設，アウトリガーの最大張出し等の転倒防止措置を徹底するとともに，適切な作業方法の決定及びそれによる作業の実施を徹底すること。

　　　　なお，玉掛け作業については，平成12年2月24日付け基発第96号「玉掛け作業の安全に係るガイドラインの策定について」に基づく措置を徹底すること。

　　(ウ)　労働衛生対策（略）

　(9)　木造家屋等低層住宅建築工事

　　　　平成8年11月11日付け基発第660号の2「木造家屋等低層住宅建築工事における労働災害防止対策の推進について」に基づく措置を徹底すること。

　(10)　電気・通信工事

　ア　安全衛生管理の充実

　　(ア)　安全衛生管理体制を確立するとともに，選任された安全管理者又

は安全衛生推進者に作業現場を巡視させる等により工事現場の作業
の安全化を図ること。
　(イ)　高圧・特別高圧電気取扱作業者に対する特別教育の実施その他の
　　安全衛生教育を計画的に実施すること。
イ　災害防止対策の重点事項
　(ア)　高所作業における安全な作業床の設置又は安全帯の使用
　(イ)　高所作業車を使用する場合における作業指揮者の指名及び当該高
　　所作業車の転倒防止
　(ウ)　活線作業又は活線近接作業を行う場合における絶縁用保護具等の
　　着用等
(11)　機械器具設置工事
ア　安全衛生管理の充実
　　安全衛生管理体制を確立するとともに，選任された安全管理者又は
　安全衛生推進者に作業現場を巡視させる等により現場の作業の安全化
　を図ること。
イ　災害防止対策の重点事項
　　機械器具設置工事においては，墜落災害が多発していることから，
　安衛則第518条第1項又は第519条第1項に規定する安全な作業床
　の確保を基本とし，脚立，移動はしご等の器具の使用はできるだけ避
　けること。
　　また，エレベーターや立体駐車場等の昇降路内で作業する場合には，
　上層部と下層部で同時作業が行われないよう作業工程の調整を行うと
　ともに，各階の扉には「作業中」であることを表示しておくこと。さ
　らに，ピットスイッチ等で搬器が動かないようにしてから昇降路内部
　に入ること。
　　また，通風不十分な屋内作業においてアーク溶接を行う場合には，
　換気を行うことにより作業場所の空気中の一酸化炭素濃度を日本産業
　衛生学会で示されている許容濃度である50ppm以下に保つ等必要な
　措置を講ずること。

⑿　解体工事及び改修工事

ア　安全衛生管理の充実

(ｱ)　元方事業者においては，当該現場の規模に応じて統括安全衛生責任者，元方安全衛生管理者又は店社安全衛生管理者を選任する等により現場における統括管理を充実すること。

(ｲ)　高さ5m以上のコンクリート造の工作物の解体等の作業については，コンクリート造の工作物の解体等作業主任者を選任し，その者に，作業の方法及び労働者の配置を決定させ，作業を直接指揮させること。

(ｳ)　新規入場者教育については，新たに現場に就労する関係請負人の労働者に対して，現場全体の状況，現場内の危険箇所についての周知を確実に行うこと。

イ　災害防止対策の重点事項

(ｱ)　解体工事

①　工事開始前に建築物はもとより周囲の状況を含んだ危険性又は有害性等の調査を十分に行い，これに基づき，作業の方法，順序，控え等の設置方法等が示された作業計画を策定すること。

②　作業計画で想定していなかった事態が生じた場合には，安全が確認できるまで作業を中断すること。

(ｲ)　改修工事

改修工事においては，スレート屋根等からの墜落や爆発災害が発生している。この要因として，短期間の工事であることを理由に適切な安全対策が講じられていなかったり，元栓を閉めずにガス管を撤去しようとしたこと等が見受けられることから，作業計画には，足場や踏み板の設置はもとより，ガス会社等への事前連絡等についても定め，これに基づく作業を徹底すること。

ウ　アスベストばく露防止対策等（略）

5　派遣労働者に係る労働条件及び安全衛生の確保について（抄）

（平成 21 年 3 月 31 日付け　基発第 0331010 号）
（改正　平成 31 年 3 月 29 日付け　基発第 0329 第 4 号）

第 1　派遣労働者の労働条件及び安全衛生の確保に係る基本的な考え方

　派遣労働者にも当然に労基法，安衛法，労契法等の労働基準関係法令は適用され，原則として派遣労働者と労働契約関係にある派遣元事業主がその責任を負うものであるが，派遣労働者の危険又は健康障害を防止するための措置など労働者派遣の実態から派遣元事業主に責任を問いえない事項，派遣労働者の保護の実効を期する上から派遣先事業主に責任を負わせることが適切な事項については，労働者派遣法（編注：労働者派遣事業の適正な運営の確保及び派遣労働者の保護等に関する法律（昭和 60 年法律第 88 号））第 3 章第 4 節に定める労基法等の適用に関する特例等（以下「特例」という。）によって派遣先事業主に責任を負わせることとし，派遣元事業主と派遣先事業主との間で適切に責任を区分して派遣労働者の保護を図っているところである。

　しかしながら，この特例についていまだ十分に理解がなされていないことや派遣元事業主と派遣先事業主との連携が十分に図られていないことなどから，労働時間管理が適正になされず割増賃金が支払われない，機械等の安全措置が講じられていない，雇入れ時や作業内容変更時の安全衛生教育や健康診断が実施されていない等の問題がみられるほか，特例が適用されない事項についても，賃金の不適正な控除，就業規則の未作成，安全衛生管理体制の未整備等の問題が認められる。

　派遣労働者の労働条件及び安全衛生の確保に当たっては，派遣元事業主及び派遣先事業主が，自らの責任を十分に理解しそれぞれの義務を果たすとともに，労働者派遣契約の相手方の責任についても互いに理解し，その上で適切な連携を図ることが重要となるものである。特に，派遣労働者の安全衛生を確保するためには，派遣先事業主が派遣労働者の危険

又は健康障害を防止するための措置を現場の状況に即し適切に講ずることが重要である。

　このため，派遣労働の実態等を踏まえ，派遣労働者の労働条件及び安全衛生の確保に当たり派遣元事業主及び派遣先事業主が各自，又は両者が連携して実施すべき重点事項等について取りまとめたものであり，労働基準行政としては，派遣元事業主又は派遣先事業主に対し，これらの事項を中心にその責任に応じて適切に派遣労働者の労働条件及び安全衛生の確保を図るべきことを指導することとするものであること。

第2　派遣労働者の労働条件の確保に係る重点事項 (略)

第3　派遣労働者の安全衛生の確保に係る重点事項
1　派遣元事業者が実施すべき重点事項

　派遣元事業者は，雇入れ時の安全衛生教育，一般健康診断の実施等の安衛法上の措置を講ずる必要があること。

(1)　派遣労働者を含めた安全衛生管理体制の確立（安衛法第10条，第12条，第13条，第18条等）

　　派遣労働者を含めて常時使用する労働者数を算出し，それにより算定した事業場の規模等に応じて，①総括安全衛生管理者，衛生管理者，産業医等の選任等，②衛生委員会の設置等を行うこと。

(2)　安全衛生教育の実施等（安衛法第59条，3(1)(2)参照）

　　派遣労働者は一般の労働者に比べて業務の経験年数が短く，労働災害発生率が相対的に高いことに鑑み，危険有害業務の有無にかかわらず，当該派遣労働者の作業内容に即した実効ある安全衛生教育を確実に実施する必要があること。

　ア　雇入れ時の安全衛生教育の適切な実施

　　　派遣労働者を雇い入れたときは，当該派遣労働者に対し，遅滞なく雇入れ時の安全衛生教育を適切に行うこと。

　イ　作業内容変更時の安全衛生教育の適切な実施

　　　派遣労働者の派遣先事業場を変更する等その作業内容を変更した

ときは，当該派遣労働者に対し，遅滞なく作業内容変更時の安全衛生教育を適切に行うこと。

　また，派遣先事業場において派遣労働者の作業内容が変更された場合には派遣先事業者が作業内容変更時の安全衛生教育を行うこととされているが，当該作業内容の変更を把握した場合には，派遣先事業者が行った作業内容変更時の安全衛生教育の実施結果（作業内容を変更した対象労働者，変更した業務内容，実施した安全衛生教育の内容及び時間）を書面等により確認すること。

ウ　安全衛生教育の内容等

　雇入れ時及び作業内容変更時（以下「雇入れ時等」という。）の安全衛生教育は，当該業務に関して，作業内容や取り扱う機械等，原材料等の取扱い方法，それらの危険性又は有害性等に応じて，派遣労働者の安全又は衛生を確保するために必要な内容及び時間をもって行うこと。

　そのため，これらの情報について派遣先事業者から事前に入手するとともに，教育カリキュラムの作成支援，講師の紹介や派遣，教育用テキストの提供，教育用の施設や機材の貸与など派遣先事業者から必要な協力を求めること。

エ　派遣先事業者に安全衛生教育の実施を委託した場合の対応

　派遣先事業者に対し，雇入れ時等の安全衛生教育の実施を委託した場合は，その実施結果を書面等により確認すること。

オ　特別教育の実施の確認

　特別教育が必要な一定の危険又は有害な業務に派遣労働者が従事する場合には，派遣先事業者が行った当該業務に係る特別教育の実施結果を書面等により確認すること。

(3)　就業制限（安衛法第61条，3(2)参照）

　派遣労働者が就業制限業務に従事することが予定されているときには，当該業務に係る有資格者を派遣すること。

(4)　健康診断の実施及びその結果に基づく事後措置（略）

(5)　長時間にわたる労働に関する面接指導等（安衛法第66条の8，第

66条の9）（略）

(6)　心理的な負担の程度を把握するための検査等（安衛法第66条の10）（略）

(7)　派遣労働者が労働災害に被災した場合の対応

　　ア　労働者死傷病報告の提出等（安衛法第100条）

　　　　派遣労働者が労働災害に被災したことを把握した場合，派遣先事業者から送付された所轄労働基準監督署に提出した労働者死傷病報告の写しを踏まえて労働者死傷病報告を作成し，派遣元の事業場を所轄する労働基準監督署に提出すること。

　　イ　労働災害の再発防止対策（3(2)参照）

　　　　派遣労働者が労働災害に被災した場合，派遣先事業者から当該労働災害の原因や対策について必要な情報提供を求め，雇入れ時等の安全衛生教育に活用するとともに，当該労働災害に係る業務と同種の業務に従事する派遣労働者にこれらの情報を提供すること。

2　派遣先事業者が実施すべき重点事項

　派遣労働者の安全衛生を確保するためには，派遣先事業者が，派遣労働者は一般的に経験年数が短いことに配慮し，派遣労働者の危険又は健康障害を防止するための措置等を現場の状況に即し適切に講ずることが重要であること。

(1)　派遣労働者を含めた安全衛生管理体制の確立（安衛法第10条，第11条，第12条，第13条，第17条，第18条等）

　　派遣労働者を含めて常時使用する労働者数を算出し，それにより算定した事業場の規模等に応じて，

　　①　総括安全衛生管理者，安全管理者，衛生管理者，産業医等を選任し，派遣労働者の安全衛生に関する事項も含め，必要な職務を行わせること

　　②　安全衛生委員会等を設置し，派遣労働者の安全又は衛生に関する事項も含め，必要な調査審議を行うこと。

(2)　危険又は健康障害を防止するための措置の適切な実施（安衛法第20条，第22条等）

　　機械等の安全措置等，派遣労働者の危険又は健康障害を防止するための措置を現場の状況に即し適切に実施すること。

(3)　危険性又は有害性等の調査及びその結果に基づく措置の実施（安衛法第28条の2）

　　派遣労働者が従事する作業について，危険性又は有害性等の調査を実施し，その結果に基づき，機械の本質安全化等，リスク低減措置を講ずること。

(4)　安全衛生教育の実施等（安衛法第59条）

　ア　雇入れ時等の安全衛生教育の実施状況の確認

　　　派遣労働者を受け入れたときは，派遣元事業者による雇入れ時等の安全衛生教育について，当該派遣労働者が従事する業務に関する安全又は衛生を確保するために必要な内容の教育が実施されているか等，その実施結果を派遣元事業者に書面等により確認すること。

　イ　作業内容変更時の安全衛生教育の適切な実施

　　　派遣労働者を異なる作業に転換したときや作業設備，作業方法等について大幅な変更があったとき等，その作業内容を変更したときは，当該派遣労働者に対し，作業内容変更時の安全衛生教育を行うこと。また，当該教育は，派遣労働者が従事する業務に関する安全又は衛生を確保するために必要な内容及び時間をもって行うこと。

　ウ　特別教育の適切な実施

　　　特別教育が必要な一定の危険又は有害な業務に派遣労働者を従事させるときは，当該派遣労働者が当該業務に関する特別教育を既に受けた者か等を確認し，当該派遣労働者に対し，必要な特別教育を適切に行うこと。また，その実施結果を派遣元事業者に書面等により報告すること。

　エ　派遣先事業場における禁止事項の周知

　　　立入禁止場所等の派遣先事業場において禁止されている事項について，派遣労働者に対し，周知を行うこと。

(5)　安全な作業の確保

　　ア　就業制限業務に係る資格の確認（安衛法第 61 条，3 (2)参照）

　　　就業制限業務に派遣労働者を従事させるときは，当該派遣労働者が資格を有していることを確認すること。

　　イ　安全な作業マニュアル等の作成

　　　派遣労働者が従事する作業について安全な作業マニュアルや手順書（以下「マニュアル等」という。）を作成するよう努めること。

　　ウ　派遣労働者の作業状況の確認

　　　派遣労働者がマニュアル等により適切な作業を行えるよう，適時作業状況を確認する者を定め，その者に必要な指揮を行わせるよう努めること。

　　エ　標識，警告表示の掲示等立入禁止場所，危害を生ずるおそれのある箇所等には，わかりやすい標識や警告表示の掲示を行うこと。

　　オ　安全衛生活動への配慮

　　　派遣先事業場が実施している危険予知活動，安全衛生改善提案活動，健康づくり活動等の安全衛生活動に派遣労働者が参加できるよう配慮すること。

(6)　特殊健康診断の実施及びその結果に基づく事後措置等（略）

(7)　ストレスチェック結果に基づく集団ごとの集計・分析（安衛則第 52 条の 14）（略）

(8)　健康に関する情報に基づく派遣労働者に対する不利益な取扱いの禁止（略）

(9)　派遣労働者が労働災害に被災した場合の対応

　　ア　労働災害の発生原因の調査及び再発防止対策

　　　派遣労働者が労働災害に被災した場合は，その発生原因を調査し，再発防止対策を講ずること。

　　イ　労働者死傷病報告の提出等（安衛法第 100 条）

　　　派遣労働者が労働災害に被災した場合は，労働者死傷病報告を作成し，派遣先の事業場を所轄する労働基準監督署に提出すること。また，当該労働者死傷病報告の写しを，遅滞なく，派遣元事業者に

送付すること。

3 派遣元事業者と派遣先事業者との連携

派遣元事業者及び派遣先事業者は，それぞれの責任区分に応じた安衛法上の措置を講ずる必要があり，これを円滑に実施するためには，両者の適切な連絡調整等が重要である。

このため，①労働者派遣契約において当該派遣労働者の安全衛生を確保するために必要な事項を記載するとともに，②派遣元責任者及び派遣先責任者は派遣労働者の安全衛生が的確に確保されるよう連絡調整を行うこと。

(1) 安全衛生教育に関する協力や配慮

ア 派遣元事業者に対する情報提供等

派遣元事業者が派遣労働者に対する雇入れ時等の安全衛生教育を適切に行えるよう，①派遣元事業者は派遣先事業場から当該派遣労働者が従事する業務に係る情報について事前に提供を求めること，②派遣先事業者は当該情報を派遣元事業者に対し積極的に提供すること。

また，派遣先事業者は，派遣元事業者から教育カリキュラムの作成支援，講師の紹介や派遣，教育用テキストの提供，教育用の施設や機材の貸与等の依頼があった場合には可能な限りこれに応じるよう努めること。

イ 雇入れ時等の安全衛生教育の委託の申入れへの対応

派遣先事業者は，派遣元事業者から雇入れ時等の安全衛生教育の委託の申入れがあった場合には，可能な限りこれに応じるよう努めること。また，派遣先事業者は，当該教育の実施を受託した場合には，その実施結果を派遣元事業者に書面等により報告すること。

ウ 派遣先事業者が実施した作業内容変更時の安全衛生教育に係る報告

派遣先事業者は，派遣労働者を異なる作業に転換したときや作業設備，作業方法等について大幅な変更があったとき等，その作業内

　　容を変更し作業内容変更時の安全衛生教育を実施したときは，その
　　実施結果を派遣元事業者に書面等により報告すること。
(2)　危険有害業務に係る適正な労働者派遣
　　　派遣元事業者及び派遣先事業者は，派遣労働者が従事することが予
　定されている特別教育が必要な一定の危険又は有害な業務や就業制限
　業務に係る当該派遣労働者の資格等の有無を確認し，必要な資格等が
　ない者がこれらに従事することがないよう，十分連絡調整を図ること。
　　　なお，労働者派遣法第45条第6項等において，労働者派遣契約に
　従って派遣労働者を労働させたときに，派遣先事業者が安衛法第61
　条等に抵触することになる場合には，派遣元事業者は労働者派遣を禁
　止しており，これに違反する場合には，派遣元事業者に罰則が適用さ
　れる特例措置も定められていること。
(3)　健康診断に関する協力や配慮（略）
(4)　長時間にわたる労働に関する面接指導に関する協力や配慮
　ア　長時間にわたる労働に関する面接指導等の実施に関する協力や配
　　慮（略）
(5)　派遣元事業場における再発防止対策に関する協力
　　　派遣先事業者は，派遣労働者が労働災害に被災した場合，派遣元事
　業場における安全衛生教育への活用や当該労働災害に係る業務と同種
　の業務に従事する派遣労働者への情報提供の観点から，派遣元事業者
　に対し当該労働災害の原因や対策について必要な情報を提供すること。
(6)　派遣元事業者と派遣先事業者との連絡調整
　　　派遣元事業者及び派遣先事業者は，定期的に会合を開催するなどし，
　健康診断，安全衛生教育，労働者派遣契約で定めた安全衛生に関する
　事項の実施状況，派遣労働者が被災した労働災害の内容・対応，派遣
　先事業場が実施している安全衛生活動への派遣労働者の参加等につい
　て連絡調整を行うこと。

第4　外国人の派遣労働者に係る事項

　労働関係法令は，労働者の国籍にかかわらず当然に適用されるもので

あり，また，国籍を理由とする差別的取扱いについては，派遣元事業主だけでなく，派遣先事業主についても禁止されていること。

　また，労働条件の明示や安全衛生教育の実施，労働災害防止に関する標識，掲示等については，外国人労働者がその内容を理解できる方法により行う等，「外国人労働者の雇用管理の改善等に関して事業主が適切に対処するための指針」（平成19年厚生労働省告示第276号）に基づく必要な措置を講ずること。

第5　関係通達の改廃 （略）

6　労働災害の防止のための業務に従事する者に対する能力向上教育に関する指針

（平成元年5月22日付け　能力向上教育指針公示第1号）
（改正　平成18年3月31日付け　能力向上教育指針公示第5号）

1　趣旨

　この指針は，労働安全衛生法（昭和47年法律第57号）第19条の2第2項の規定に基づき事業者が労働災害の動向，技術革新の進展等社会経済情勢の変化に対応しつつ事業場における安全衛生の水準の向上を図るため，安全管理者，衛生管理者，安全衛生推進者，衛生推進者その他労働災害防止のための業務に従事する者（以下「安全衛生業務従事者」という。）に対して行う，当該業務に関する能力の向上を図るための教育，講習等（以下「能力向上教育」という。）について，その内容，時間，方法及び講師並びに教育の推進体制の整備等その適切かつ有効な実施のために必要な事項を定めたものである。

　事業者は，安全衛生業務従事者に対する能力向上教育の実施に当たっては，事業場の実態を踏まえつつ本指針に基づき実施するよう努めなければならない。

2　教育の対象者及び種類

　1.　対象者

　　次に掲げる者とする。

　　(1)　安全管理者

　　(2)　衛生管理者

　　(3)　安全衛生推進者

　　(4)　衛生推進者

　　(5)　作業主任者

　　(6)　元方安全衛生管理者

　　(7)　店社安全衛生管理者

(8)　その他の安全衛生業務従事者

2.　種類

　1に掲げる者が初めて当該業務に従事することになった時に実施する能力向上教育（以下「初任時教育」という。）並びに1に掲げる者が当該業務に従事することになった後，一定期間ごとに実施する能力向上教育（以下「定期教育」という。）及び当該事業場において機械設備等に大幅な変更があった時に実施する能力向上教育（以下「随時教育」という。）とする。

3　能力向上教育の内容，時間，方法及び講師

1.　内容及び時間

(1)　内容

　イ　初任時教育…当該業務に関する全般的事項

　ロ　定期教育及び随時教育…労働災害の動向，社会経済情勢，事業場における職場環境の変化等に対応した事項

(2)　時間

　原則として1日程度とする。

　なお，能力向上教育の内容及び時間は，教育の対象者及び種類ごとに示す別表の安全衛生業務従事者に対する能力向上教育カリキュラムによるものとする。

2.　方法

　講義方式，事例研究方式，討議方式等教育の内容に応じて効果の上がる方法とする。

3.　講師

　当該業務についての最新の知識並びに教育技法についての知識及び経験を有する者とする。

4　推進体制の整備等

1.　能力向上教育の実施者は事業者であるが，事業者自らが行うほか，安全衛生団体等に委託して実施できるものとする。

　　事業者又は事業者の委託を受けた安全衛生団体等はあらかじめ能力
　向上教育の実施に当たって実施責任者を定めるとともに，実施計画を
　作成するものとする。
2．事業者は，実施した能力向上教育の記録を個人別に保存するもの
　とする。
3．能力向上教育は，原則として就業時間内に実施するものとする。

別表　安全衛生業務従事者に対する能力向上教育カリキュラム
（編注：安全関係のみ抜粋）

1　安全管理者能力向上教育（定期又は随時）

科　目	範　囲	時間
1　最近における安全管理上の問題とその対策	(1) 労働災害の現況 (2) 技術の進歩に伴う問題とその対策 (3) 就業形態等の変化に伴う問題とその対策	1.5
2　最近における安全管理手法の知識	(1) 事業場における安全衛生の水準の向上を図ることを目的として事業者が一連の過程を定めて行う自主的活動（危険性又は有害性等の調査及びその結果に基づき講ずる措置を含む。） (2) 教育及び指導の手法 (3) その他最新の安全管理手法	3
3　災害事例及び関係法令	(1) 災害事例とその防止対策 (2) 労働安全衛生法令	2.5
計		7

2　安全衛生推進者能力向上教育（初任時）

科　目	範　囲	時間
1　安全衛生管理の進め方	(1) 安全衛生推進者の役割と職務 (2) 労働衛生管理 (3) 労働災害の原因の調査と再発防止対策	3
2　危険性又は有害性等の調査及びその結果に基づき講ずる措置等	(1) 危険性又は有害性等の調査及びその結果に基づき講ずる措置等	2
3　安全衛生教育	(1) 安全衛生教育の方法 (2) 作業標準の作成と周知	1
4　関係法令	(1) 労働安全衛生法令	1
計		7

3 ガス溶接作業主任者能力向上教育（定期又は随時）

科　目	範　囲	時間
1　最近のガス溶接作業の特徴	(1) ガス集合溶接装置等の構造上の特徴 (2) 各種溶接・溶断作業の特徴	1
2　ガス溶接作業の安全化とガス集合溶接装置等の保守管理	(1) ガス溶接作業の安全化 (2) ガス集合溶接装置等の安全化 (3) ガス集合溶接装置等の保守と点検	3
3　災害事例及び関係法令	(1) 災害事例とその防止対策 (2) 労働安全衛生法令のうちガス溶接作業に関する条項	2
計		6

4 林業架線作業主任者能力向上教育（定期又は随時）

科　目	範　囲	時間
1　最近の林業架線作業の特徴	(1) 機械集材装置及び運材索道の構造上の特徴 (2) 索張方式の特徴 (3) ワイヤロープ等の種類と特徴	2
2　林業架線作業の安全化と機械集材装置等の保守	(1) 林業架線作業の安全化 (2) 機械集材装置及び運材索道の保守と点検	2
3　災害事例及び関係法令	(1) 災害事例とその防止対策 (2) 労働安全衛生法令のうち林業架線作業に関する条項	2
計		6

5 ボイラー取扱作業主任者能力向上教育（定期又は随時）

科　目	範　囲	時間
1　最近のボイラーの特徴	(1) ボイラーの構造上の特徴 (2) 制御方式の特徴	2
2　ボイラーの運転管理と保守管理	(1) 水管理 (2) 燃料と燃焼管理 (3) 保守管理	4
3　災害事例及び関係法令	(1) 災害事例とその防止対策 (2) 労働安全衛生法令のうちボイラーに関する条項	1
計		7

6 木材加工用機械作業主任者能力向上教育（定期又は随時）

科　目	範　囲	時間
1　最近の木材加工用機械作業の特徴	(1) 木材加工用機械の構造上の特徴 (2) 安全装置の種類と特徴	3
2　木材加工用機械作業の安全化と木材加工用機械等の保守	(1) 木材加工用機械作業の安全化 (2) 木材加工用機械及び安全装置等の保守と点検	2
3　災害事例及び関係法令	(1) 災害事例とその防止対策 (2) 労働安全衛生法令のうち木材加工用機械に関する条項	2
計		7

7　プレス機械作業主任者能力向上教育（定期又は随時）

科　目	範　囲	時間
1　最近のプレス機械作業の特徴	(1)　プレス機械の構造上の特徴 (2)　本質安全化の動き (3)　安全装置の種類と特徴 (4)　安全装置の選定と使用方法	3
2　プレス機械作業の安全化とプレス機械等の保守	(1)　プレス機械作業の安全化 (2)　プレス機械及び安全装置等の故障診断と異常時の処置	2
3　災害事例及び関係法令	(1)　災害事例とその防止対策 (2)　労働安全衛生法令のうちプレス機械に関する条項	2
計		7

8　乾燥設備作業主任者能力向上教育（定期又は随時）

科　目	範　囲	時間
1　最近の乾燥作業の特徴	(1)　乾燥設備の構造上の特徴 (2)　乾燥の方法の特徴 (3)　安全装置の種類と特徴	2
2　乾燥作業の安全化並びに乾燥設備及びその附属設備の保守・点検	(1)　乾燥作業の安全化 (2)　危険物の乾燥作業についての留意点 (3)　乾燥設備及びその附属設備の保守・点検	3
3　災害事例及び関係法令	(1)　災害事例とその防止対策 (2)　労働安全衛生法令のうち乾燥設備に関する条項	2
計		7

9　採石のための掘削作業主任者能力向上教育（定期又は随時）

科　目	範　囲	時間
1　最近の岩石の掘削方法の特徴	(1)　掘削方法の特徴 (2)　運搬方法の特徴	1.5
2　掘削作業の安全化と機械設備等の保守・点検	(1)　掘削作業の安全化 (2)　作業箇所の点検及び機械設備の点検・整備	3.5
3　災害事例及び関係法令	(1)　災害事例とその防止対策 (2)　労働安全衛生法令のうち採石作業に関する条項	2
計		7

10 船内荷役作業主任者能力向上教育 （定期又は随時）

科 目	範 囲	時間
1 最近の船内荷役作業の特徴	(1) 船舶，船内荷役機械等の構造上の特徴 (2) 各種荷役方法の特徴 (3) 各種玉掛け用具の特徴	2
2 船内荷役作業の安全化と船内荷役機械等の保守	(1) 船内荷役作業の安全化 (2) 危険・有害物の取扱い方法 (3) 船内荷役機械等の保守と点検	3
3 災害事例及び関係法令	(1) 災害事例とその防止対策 (2) 労働安全衛生法令のうち船内荷役に関する条項	2
計		7

11 足場の組立て等作業主任者能力向上教育 （定期又は随時）

科 目	範 囲	時間
1 最近の足場，部材等及びそれらの選択と管理	(1) 足場，部材等の特徴 (2) 部材等の選択と管理	1
2 足場の組立て等の安全施工と保守管理	(1) 足場の強度計算の方法 (2) 組立て等の基本的事項と留意事項 (3) 組立て後の保守管理	4
3 災害事例及び関係法令	(1) 災害事例とその防止対策 (2) 労働安全衛生法令のうち足場の組立て等に関する条項	2
計		7

12 木造建築物の組立て等作業主任者能力向上教育 （定期又は随時）

科 目	範 囲	時間
1 最近の木造建築物の組立て等の作業の特徴	(1) 作業方法の特徴 (2) 足場その他の仮設備の特徴	2
2 木造建築物の組立て等の作業の安全化と工事用機械設備の保守管理	(1) 木造建築物の組立て等の作業の安全 (2) 足場その他の仮設設備の保守管理 (3) 木材加工用機械その他の機械設備の点検・整備	2
3 災害事例及び関係法令	(1) 災害事例とその防止対策 (2) 労働安全衛生法令のうち木造建築物の組立て等に関する条項	3
計		7

13　普通第一種圧力容器取扱作業主任者能力向上教育（定期又は随時）

科　目	範　囲	時間
1　最近の第一種圧力容器の特徴	(1) 第一種圧力容器の構造上の特徴 (2) 材料の種類と特徴 (3) 計装及び制御方式の特徴	2
2　第一種圧力容器の取扱いと保守	(1) 取扱上の留意点 (2) 保守と点検	2
3　災害事例及び関係法令	(1) 災害事例とその防止対策 (2) 労働安全衛生法令のうち第一種圧力容器に関する条項	2
計		6

14　化学設備関係第一種圧力容器取扱作業主任者能力向上教育（定期又は随時）

科　目	範　囲	時間
1　最近の第一種圧力容器の特徴	(1) 第一種圧力容器の構造上の特徴 (2) 材料の種類と特徴 (3) 計装及び制御方式の特徴	2
2　第一種圧力容器の取扱いと保守	(1) 取扱上の留意点 (2) 危険物と化学反応 (3) 保守と点検	3
3　災害事例及び関係法令	(1) 災害事例とその防止対策 (2) 労働安全衛生法令のうち第一種圧力容器に関する条項	2
計		7

15 ～ 19（省略）

20　店社安全衛生管理者能力向上教育（初任時）

科　目	範　囲	時間
1　安全衛生管理の進め方	(1) 店社安全衛生管理者の役割と職務 (2) 統括安全衛生管理の手法 (3) 労働衛生管理 (4) 労働災害の原因の調査及び再発防止対策	3.5
2　危険性又は有害性等の調査及びその結果に基づき講ずる措置等	(1) 危険性又は有害性等の調査及びその結果に基づき講ずる措置 (2) 事業場における安全衛生の水準の向上を図ることを目的として事業者が一連の過程を定めて行う自主的活動	2.5
3　関係法令	(1) 労働安全衛生法令	1
計		7

7 製造業における職長等に対する能力向上教育に準じた教育について
(令和2年3月31日付け　基発0331第7号)

　作業中の労働者を直接指導又は監督する者（作業主任者を除く。以下「職長等」という。）に対する労働安全衛生法（昭和47年法律第57号）第19条の2第1項に規定する教育等（以下「能力向上教育」という。）に準じた教育については、「安全衛生教育の推進について」（平成3年1月21日付け基発第39号労働省労働基準局長通知）別紙「安全衛生教育等推進要綱」（以下「推進要綱」という。）の3の(4)及び別表の2(3)において、事業者が実施すべきものとして示しているところである。

　製造業における労働災害防止を推進する上で、職長等の果たすべき役割は非常に重要であることから、今般、推進要綱を踏まえ、製造業における職長等に対する能力向上教育に準じた教育（以下「職長等能力向上教育」という。）の詳細について下記のとおりとするので、了知するとともに、当該職長等能力向上教育を実施する事業者及び安全衛生関係団体等に対して必要な指導及び援助を行うよう努められたい。

　なお、製造業関係団体、安全衛生関係団体等あて別紙のとおり通知したので、併せて了知されたい。

記

1　製造業に係る事業者は、職長等に対し、新たにその職務に就くこととなった後おおむね5年ごと及び機械設備等を大幅に変更した時に、職長等能力向上教育を行うものとすること。

2　職長等能力向上教育の実施に際しては、教育目標を定めた上で、別表に示す要件を満たすカリキュラム（以下「実行カリキュラム」という。）を以下の(1)及び(2)に留意して策定すること。実行カリキュラムの合計時間は360分以上とすること。

(1)　別表に掲げる科目のうち「職長等として行うべき労働災害防止及

び労働者に対する指導又は監督の方法に関すること」の範囲及び時間について

実行カリキュラムにおいては，当該科目における範囲「1　基本項目」の時間を120分以上とすること。また，必要に応じて，当該科目における範囲「2　専門項目」から教育目標に沿った項目を選択し，実施すること。

(2)　別表に掲げる科目のうち「グループ演習」の範囲及び時間について

実行カリキュラムにおいては，当該科目について，(1)の科目に係る範囲のうち「2　専門項目」から選択している場合に限り，この「2　専門項目」に関連する項目を選択し，120分以上行うこと。

3　安全衛生団体等が職長等能力向上教育を実施する場合は，以下の(1)〜(3)に掲げる者の中から講師を充てること。ただし，2(1)の科目に係る範囲のうち「2　専門項目」を選択する場合においては，当該「2　専門項目」に係る職長等能力向上教育については，(4)に掲げる者を講師として充てること。

なお，事業者が職長等能力向上教育を実施する場合についても，同様の取扱いとすることが望ましいこと。

(1)　「職長等教育講師養成講座及び職長・安全衛生責任者教育講師養成講座について」（平成13年3月26日付け基発第177号厚生労働省労働基準局長通知。以下「第177号通達」という。）による職長等教育講師養成講座又は職長・安全衛生責任者教育講師養成講座を修了した者

(2)　「建設業における安全衛生責任者に対する教育及び職長等教育講師養成講座等のカリキュラムの改正について」（平成18年5月12日付け基発第0512004号厚生労働省労働基準局長通知）による改正前の第177号通達（以下「旧第177号通達」という。）による職長等教育講師養成講座を修了した者（旧第177号通達の記の3により所定の科目を受講した者を含む。）であって，第177号通達の別紙1の表の左欄に掲げる科目4のうち「(1)危険性又は有害性等

の調査の方法」及び「(2)危険性又は有害性等の調査の結果に基づき講ずる措置」に相当する項目を受講した者又は旧第177号通達による職長・安全衛生責任者教育講師養成講座を修了した者（旧第177号通達の記の3により所定の科目を受講した者を含む。）であって，第177号通達の別紙2の表の左欄に掲げる科目4のうち「(1)危険性又は有害性等の調査の方法」及び「(2)危険性又は有害性等の調査の結果に基づき講ずる措置」に相当する項目を受講した者

(3) 上記(1)又は(2)に掲げる者と同等以上の知識及び経験を有すると認められる者

(4) 労働安全コンサルタント，労働衛生コンサルタント，労働災害防止団体法（昭和39年法律第118号）第12条第1項に規定する安全管理士及び衛生管理士等，2(1)の科目に係る範囲のうち「2 専門項目」に係る項目について十分な専門的知識及び経験を有すると認められる者

4 安全衛生団体等が職長等能力向上教育を実施する場合にあっては，当該職長等能力向上教育の一回当たりの受講者は50人以下とすること。また，科目「グループ演習」は，受講者をそれぞれ10人以下のグループに分けて実施すること。

5 安全衛生団体等が職長等能力向上教育を実施した場合には，当該職長等能力向上教育の修了者に対してその修了を証する書面を交付するとともに，教育修了者名簿を作成して，これを実行カリキュラムと合わせて3年間以上保管すること。

なお，事業者が職長等能力向上教育を実施した場合についても，同様に記録を作成し，保管することが望ましいこと。

（別表）

実行カリキュラムの要件

科目	範　　囲	時間
職長等として行うべき労働災害防止及び労働者に対する指導又は監督の方法に関すること	1　基本項目（必須） 　(1)　職長等の役割と職務 　(2)　製造業における労働災害の動向 　(3)　「リスク」の基本的考え方を踏まえた職長等として行うべき労働災害防止活動 　(4)　危険性又は有害性等の調査及びその結果に基づき講ずる措置 　(5)　異常時等における措置 　(6)　部下に対する指導力の向上（リーダーシップなど） 　(7)　関係法令に係る改正の動向	120分以上
	2　専門項目（選択） 　(1)　事業場における安全衛生活動 　(2)　労働安全衛生マネジメントシステムの仕組み 　(3)　部下に対する指導力の向上（コーチング，確認会話など）	必要な時間
グループ演習	以下の項目のうち1以上について実施すること。 ・職長等の職務を行うに当たっての課題 ・事業場における安全衛生活動（危険予知訓練など） ・危険性又は有害性等の調査及びその結果に基づき講ずる措置 ・部下に対する指導力の向上（リーダーシップ，確認会話など）	120分以上
合　　計		360分以上

8　その他の主要指針・通達

危険又は有害な業務に現に就いている者に対する安全衛生教育に関する指針

（平成元年 5 月 22 日付け　安全衛生教育指針公示第 1 号）
（改正　令和 3 年 3 月 17 日付け　安全衛生教育指針公示第 6 号）

事業者が労働災害の動向，技術革新等社会情勢の変化に対応しつつ事業場の安全衛生水準の向上を図るため，危険または有害な業務に現に就いている者に対して行う安全衛生教育について，その内容，時間，方法および講師，推進体制の整備等を定めたもの。

安全衛生教育等推進要綱

（平成 3 年 1 月 21 日付け　基発第 39 号別添）
（改正　平成 31 年 3 月 28 日付け　基発 0328 第 28 号）

安全衛生教育等の対象者・種類・実施時期・内容等を定めたもの。平成 31 年の改正は，在留資格「特定技能」が創設され在留外国人の増加が見込まれる中，一般的に，外国人労働者は，日本語やわが国の労働慣行に習熟していないこと等から，外国人労働者に対する必要な安全衛生教育および研修の推進を図るよう関係部局へ要請したもの。

化学設備の非定常作業における安全衛生対策のためのガイドライン

（平成 8 年 6 月 10 日付け　基発第 364 号）
（改正　平成 20 年 2 月 28 日付け　基発第 0228002 号）

化学設備の非定常作業における安全衛生対策として必要な措置を示し

たガイドライン。平成8年に公表されたガイドラインを，元方事業者による作業間の連絡調整の義務化やリスクアセスメントの努力義務化を踏まえ，改正したもの。

足場先行工法に関するガイドライン

（平成8年11月11日付け　基発第660号の2）
（改正　平成18年2月10日付け　基発第0210001号）

　木造家屋等低層住宅建築工事における労働災害を防止するため，建方作業開始前に足場を設置し，その後工事を行う足場先行工法について示したもの。平成18年に，足場の一部を開放したまま作業が行われている等の現状の課題に対応した改正がなされた。

鉄鋼生産設備の非定常作業における安全衛生対策のためのガイドライン

（平成9年3月24日付け　基発第190号）
（改正　平成27年2月24日付け　基発0224第1号）

　鉄鋼生産設備の非定常作業における労働災害を防止するため，安全衛生管理の手順および安全衛生管理体制の確立，災害要因および対応措置の事前評価の方法，作業の実施に当たっての留意事項等について示したもの。鉄鋼業における就業構造の変化，リスクアセスメントの普及等を踏まえて平成27年に改正された。

自動化生産システムの非定常作業における安全対策のためのガイドライン

（平成9年12月22日付け　基発第765号）

　自動化生産システムの設備の保全等作業，異常処理作業等の非定常作

業における労働災害を防止するため，安全衛生管理体制の確立，作業計画書または作業手順書の作成，安全衛生教育の実施等の安全対策を示したもの。

工作機械等の制御機構のフェールセーフ化に関するガイドライン

（平成 10 年 7 月 28 日付け　基発第 464 号）

工作機械等の本質安全化を促進するため，工作機械等の制御機構を対象に，フェールセーフ化の原則，一般的方法，具体的方法等について取りまとめたもの。

プレス災害防止総合対策

（平成 10 年 9 月 1 日付け　基発第 519 号の 3）
（改正　平成 24 年 3 月 30 日付け　基発 0330 第 17 号）

プレス機械による労働災害を防止するため，安全管理体制の確立，機械の安全化の促進，安全教育の実施，自主的安全活動の展開などによるプレス災害防止総合対策を策定し，一層の取組みの強化を求めたもの。

労働安全衛生マネジメントシステムに関する指針

（平成 11 年 4 月 30 日　労働省告示第 53 号）
（改正　令和元年 7 月 1 日付け　厚生労働省告示第 54 号）

日本産業規格「労働安全衛生マネジメントシステム−要求事項及び利用の手引」(JIS Q 45001) が平成 30 年 9 月に制定されたことを受けて，実施単位を同一法人の複数の事業場を一の単位として実施できるようにより柔軟にすることや，安全衛生計画に健康確保の取組を追加すること等，システムに従って行う措置の実施促進を目的として，指針の改正を行ったもの（p. 60 参照）。

玉掛け作業の安全に係るガイドライン

(平成 12 年 2 月 24 日付け　基発第 96 号)

　玉掛け作業に起因する労働災害を防止するため，玉掛け作業に従事する者はもちろんのこと，クレーンの運転者，合図者等の玉掛け作業に関わる労働者の基本的な作業分担，作業の実施に際しての留意事項等を取りまとめたもの。

土止め先行工法に関するガイドライン

(平成 15 年 12 月 17 日付け　基発第 1217001 号)

　小規模な溝掘削を伴う上水道，下水道，電気通信施設，ガス供給施設等の建設工事における土砂崩壊災害を防止するため，労働者が溝内に立ち入る前に先行して土止め支保工を設置する土止め先行工法について示したもの。

分社化に伴い分割された事業場における
安全管理者等の兼務について

(平成 18 年 3 月 31 日付け　基発第 0331005 号)

　分社化に伴い分割された複数の事業場の安全管理者等について，兼務しても差し支えない場合の要件を定めたもの。

造船業における元方事業者による
総合的な安全衛生管理のための指針

(平成 18 年 8 月 1 日付け　基発第 0801010 号の別添 2)

　造船業における元方事業者および関係請負人の労働災害を防止するため，元方事業者による関係請負人も含めた事業場全体にわたる安全衛生

管理を確立するために実施すべき事項を示したもの。

交通労働災害防止のためのガイドライン

（平成 20 年 4 月 3 日付け　基発第 0403001 号）
（改正　平成 30 年 6 月 1 日付け　基発 0601 第 2 号）

　交通労働災害防止のための管理体制の確立等，適正な労働時間等の管理および走行管理，教育の実施等，健康管理，交通労働災害防止に対する意識の高揚，荷主および元請による配慮等，積極的に推進すべき交通労働災害防止対策を示したもの。

手すり先行工法等に関するガイドライン

（平成 21 年 4 月 24 日付け　基発第 0424001 号）
（改正　令和 5 年 12 月 26 日付け　基発 1226 第 2 号）

　足場の設置等を必要とする建設工事において，足場からの墜落等に係る労働災害防止対策の一層の推進を図るため，手すり先行工法による足場の組立て，解体または変更の作業を行うとともに，動きやすい安心感のある足場を使用すること等を定めたもの。令和 5 年に最新の足場機材や安全基準，省令改正を盛り込んだものに改正された。

陸上貨物運送業における荷役作業の安全対策ガイドライン

（平成 25 年 3 月 25 日付け　基発 0325 第 1 号）
（改正　令和 5 年 3 月 28 日付け　基発 0328 第 5 号）

　陸運業の労働災害の状況を踏まえ，その荷役作業における労働災害を減少させるため，平成 25 年にガイドラインが策定された。しかし，荷役災害が増加し，そのうち荷主の事業場において発生していることを受け，新たに陸運事業者及び荷主等の連携した災害対策を示したもの。

労働安全衛生法施行令第 2 条第 3 号に掲げる業種における安全推進者の配置等に係るガイドライン

（平成 26 年 3 月 28 日付け　基発 0328 第 6 号）

　労働安全衛生法施行令（昭和 47 年政令第 318 号）第 2 条第 3 号に掲げる業種（小売業，社会福祉施設及び飲食店をはじめとする第三次産業など）の事業場における安全の担当者（安全推進者）の配置を促進するためガイドラインを策定したもの。

安全衛生優良企業公表制度の開始のお知らせ

（平成 27 年 3 月 20 日付け　基発 0320 第 3 号）

　労働安全衛生に関して積極的な取組みを行っている企業を認定し公表することで，社会的な認知を高め，安全衛生の積極的な取組みを促進するために設けられた「安全衛生優良企業公表制度」について，関係団体向けに周知したもの。

チェーンソーによる伐木等作業の安全に関するガイドライン

（平成 27 年 12 月 7 日付け　基発 1207 第 3 号）
（改正　令和 2 年 1 月 31 日付け　基発 0131 第 1 号）

　伐木，かかり木の処理および造材の作業における労働災害ならびに車両系木材伐出機械を用いた作業による労働災害等を防止するため，事業者が講ずべき措置等について平成 31 年 2 月の安衛則の改正を受けて，事業主の責務や作業計画の作成などを盛り込んだもの。

機能安全による機械等に係る安全確保に関する技術上の指針

(平成 28 年 9 月 26 日付け　厚生労働省告示第 353 号)

　近年の電気・電子技術やコンピュータ技術の進歩に伴って，これらの技術を活用することにより，従来の機械式の安全装置等に加え，新たに制御の機能を付加することによって機械等の安全を確保するための必要な基準等について規定したもの。

墜落制止用器具の安全な使用に関するガイドライン

(平成 30 年 6 月 22 日付け　基発 0622 第 2 号)

　平成 31 年 2 月から安全帯についてフルハーネス型の使用が原則とされるとともに墜落制止用器具に名称変更されたことを受けて，その選定や使用方法，点検・保守・保管等について詳細に示したもの。

　ここに掲載した通達の本文は，安全衛生情報センターのホームページ (https://www.jaish.gr.jp/) の「法令・通達」コーナーの「通達一覧」から検索・閲覧できます。

第 **7** 編　資　料

GENERAL GUIDEBOOK
ON INDUSTRIAL SAFETY

1　災害統計

（1）　産業別死傷者数の推移（死亡および休業 4 日以上）（単位：人）

年別 産業別	平成 26 年	27 年	28 年	29 年	30 年	令和元年	2 年	3 年	4 年	5 年
全 産 業	119,535 (1,057)	116,311 (972)	117,910 (928)	120,460 (978)	127,329 (909)	125,611 (845)	125,115 (784)	130,586 (778)	132,355 (774)	135,371 (755)
製 造 業	27,452 (180)	26,391 (160)	26,454 (177)	26,674 (160)	27,842 (183)	26,873 (141)	25,330 (136)	26,424 (131)	26,694 (140)	27,194 (138)
鉱 業	244 (13)	209 (10)	184 (7)	209 (13)	214 (2)	203 (10)	199 (8)	216 (11)	198 (4)	198 (5)
建 設 業	17,184 (377)	15,584 (327)	15,058 (294)	15,129 (323)	15,374 (309)	15,183 (269)	14,790 (258)	14,926 (278)	14,539 (281)	14,414 (223)
交 通 運輸事業	3,348 (17)	3,256 (13)	3,340 (16)	3,314 (16)	3,407 (14)	3,147 (14)	2,636 (12)	2,696 (8)	2,928 (9)	3,026 (9)
陸上貨物 運送事業	14,210 (132)	13,885 (125)	13,977 (99)	14,706 (137)	15,818 (102)	15,382 (101)	15,669 (87)	16,732 (95)	16,580 (90)	16,215 (110)
港 湾 運 送 業	349 (5)	284 (8)	286 (10)	331 (8)	330 (4)	376 (7)	326 (4)	360 (4)	329 (1)	313 (5)
林 業	1,611 (42)	1,619 (38)	1,561 (41)	1,314 (40)	1,342 (31)	1,248 (33)	1,272 (36)	1,234 (30)	1,176 (28)	1,140 (29)
そ の 他	55,137 (291)	55,083 (282)	57,050 (284)	58,783 (279)	63,002 (262)	63,199 (270)	64,893 (261)	68,375 (227)	69,911 (221)	72,871 (236)

注.　（ ）は死亡者数を内数で示す。
　　（資料出所：労働者死傷病報告。死亡者数は死亡災害報告）
　　※令和 2 年の死亡者数の産業別には新型コロナウイルス感染症り患によるものも含む。

（2）　労働災害率および死傷者 1 人平均労働損失日数の推移※
（調査産業計（事業所規模 100 人以上））

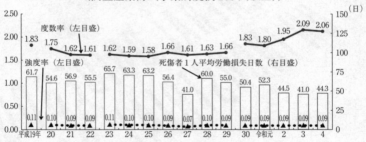

注：1）平成 20 年から調査対象産業に「医療，福祉」を追加したため，平成 19 年以前との時系列比較は注意を要する。
　　2）平成 23 年から調査産業に「農業，林業」のうち農業を追加したため，平成 22 年以前との時系列比較は注意を要する。
　　3）平成 30 年から調査対象産業に「漁業」を追加したため，平成 29 年以前との時系列比較は注意を要する。

※産業別災害率については，令和 5 年の調査が印刷期日までに発表されなかったため，令和 3 年，令和 4 年の統計値を掲載しています。労働災害動向調査の詳細については，こちらをご覧ください。

（3）産業別災害率

区　分 業　種　別	令和 3 年			令和 4 年		
	度　数　率		強度率	度　数　率		強度率
	死傷合計	死亡		死傷合計	死亡	
調査産業計（総合工事業を除く）	2.09	0.00	0.09	2.06	0.00	0.09
農　業，　林　業	6.23	0.00	0.14	7.13	0.00	0.15
農　　　　　　業	6.09	0.00	0.14	6.97	0.00	0.14
林　　　　　　業	x	x	x	17.43	0.00	0.48
育　　　林　　業	x	x	x	17.43	0.00	0.48
漁　　　　　　　業	24.96	0.00	1.06	24.22	0.00	0.65
漁業（水産養殖業を除く）	28.99	0.00	1.28	20.87	0.00	0.65
水　産　養　殖　業	x	x	x	x	x	x
鉱業，採石業，砂利採取業	—	—	—	x	x	x
金　　属　　鉱　　業	—	—	—	—	—	—
石　炭・亜　炭　鉱　業	—	—	—	x	x	x
原油・天然ガス鉱業	—	—	—	x	x	x
非　金　属　鉱　業[1]	x	x	x	—	—	—
建　設　業（総合工事業）	1.39	0.05	0.41	1.47	0.02	0.22
土　木　工　事　業	1.74	0.00	0.26	1.73	0.05	0.45
建　築　事　業	1.32	0.05	0.44	1.41	0.01	0.18
建設業（総合工事業を除く。）	0.85	0.02	0.21	0.79	0.01	0.09
職別工事業（設備工事業を除く）	2.02	0.00	0.05	1.75	0.00	0.06
設　備　工　事　業	0.68	0.02	0.24	0.64	0.01	0.10
電気工事業，電気通信・信号装置工事業	0.80	0.01	0.17	0.48	0.00	0.01
管工事業（さく井工事業を除く）	0.75	0.00	0.03	1.15	0.00	0.02
製　　　　　造　　　　業	1.31	0.00	0.06	1.25	0.00	0.08
食料品，飲料・たばこ・飼料製造業	4.01	0.00	0.15	3.25	0.01	0.16
水　産　食　料　品　製　造　業	3.88	0.00	0.09	4.20	0.00	0.10
調　味　料　製　造　業	2.15	0.00	0.05	3.95	0.00	0.09
糖　類　製　造　業	2.06	0.00	0.01	4.39	0.00	0.06
パ　ン・菓　子　製　造　業	3.05	0.00	0.09	2.51	0.04	0.36
動　植　物　油　脂　製　造　業	0.52	0.00	0.02	x	x	x
清　涼　飲　料，酒　類　製　造　業	3.70	0.00	0.07	1.13	0.00	0.00
繊　維　工　業	1.52	0.00	0.04	1.28	0.00	0.03

注1）「非金属鉱業」は，日本標準産業分類の小分類「054 採石業，砂・砂利・玉石採取業」，「055 窯業原料用鉱物鉱業（耐火物・陶磁器・ガラス・セメント原料用に限る）」及び「059 その他の鉱業」の合計である。

区 分 業 種 別	令和3年			令和4年		
	度 数 率		強度率	度 数 率		強度率
	死傷合計	死亡		死傷合計	死亡	
製糸業，紡績業，化学繊維・ねん糸等製造業	0.52	0.00	0.03	0.61	0.00	0.02
織 物 業	1.59	0.00	0.04	1.51	0.00	0.04
ニ ッ ト 生 地 製 造 業	—	—	—	—	—	—
染 色 整 理 業	2.80	0.00	0.03	2.78	0.00	0.02
外衣・シャツ製造業（和式を除く）	1.93	0.00	0.06	0.88	0.00	0.03
木材・木製品製造業（家具を除く）	3.58	0.08	0.71	3.69	0.00	0.35
製 材 業，木 製 品 製 造 業	4.69	0.22	1.91	4.88	0.00	1.56
造作材・合板・建築用組立材料製造	3.62	0.05	0.48	3.55	0.00	0.06
家 具 ・ 装 備 品 製 造 業	1.73	0.00	0.03	1.89	0.03	0.29
パルプ・紙・紙加工品製造業	1.85	0.00	0.06	1.59	0.02	0.19
パ ル プ 製 造 業	0.59	0.00	0.03	1.59	0.00	0.04
紙 製 造 業	1.50	0.00	0.06	1.04	0.00	0.04
印 刷 ・ 同 関 連 業	1.38	0.00	0.02	1.57	0.02	0.15
印 刷 業	1.38	0.00	0.02	1.62	0.02	0.16
化 学 工 業	1.07	0.00	0.02	1.16	0.00	0.06
化 学 肥 料 製 造 業	x	x	x	—	—	—
無機化学工業製品製造業	1.44	0.00	0.03	1.77	0.00	0.53
有機化学工業製品製造業	0.51	0.00	0.01	0.75	0.00	0.02
医 薬 品 製 造 業	1.03	0.00	0.01	1.29	0.00	0.02
化粧品・歯磨・その他の化粧用調整品製造業	2.93	0.00	0.05	1.83	0.00	0.04
そ の 他 の 化 学 工 業	0.71	0.00	0.01	1.16	0.00	0.03
石油製品・石炭製品製造業	1.13	0.04	0.34	0.30	0.00	0.01
石 油 精 製 業	0.72	0.00	0.02	0.31	0.00	0.01
プラスチック製品製造業	1.35	0.01	0.09	1.21	0.00	0.02
ゴ ム 製 品 製 造 業	0.54	0.01	0.08	0.69	0.00	0.03
タイヤ・チューブ製造業	0.34	0.00	0.01	0.51	0.00	0.05
ゴム製・プラスチック製履物・同附属品製造業	x	x	x	x	x	x
ゴムベルト・ゴムホース・工業用ゴム製品製造業	0.60	0.01	0.13	0.77	0.00	0.02
なめし革・同製品・毛皮製造業	1.13	0.00	0.02	3.02	0.00	0.04
革 製 履 物 製 造 業	1.60	0.00	0.01	2.43	0.00	0.03

区　　　分 業　種　別	令和3年			令和4年		
	度　数　率		強度率	度　数　率		強度率
	死傷合計	死亡		死傷合計	死亡	
窯 業 ・ 土 石 製 品 製 造 業	1.13	0.00	0.04	0.95	0.00	0.03
ガ ラ ス ・ 同 製 品 製 造 業	0.89	0.00	0.02	0.65	0.00	0.01
セ メ ン ト ・ 同 製 品 製 造 業	2.45	0.00	0.08	1.58	0.00	0.11
陶 磁 器 ・ 同 関 連 製 品 製 造 業	0.78	0.00	0.06	0.70	0.00	0.01
耐 火 物 製 造 業	0.80	0.00	0.02	0.71	0.00	0.05
炭 素 ・ 黒 鉛 製 品 製 造 業	1.33	0.00	0.05	1.37	0.00	0.06
骨 材 ・ 石 工 品 等 製 造 業	x	x	x	0.52	0.00	0.09
鉄　　　　　　鋼　　　　　　業	0.90	0.02	0.21	0.98	0.03	0.26
製 鋼 ・ 製 鋼 圧 延 業	0.63	0.07	0.55	1.05	0.04	0.49
製鋼を行わない鋼材製造業（表面処理鋼材を除く）	1.38	0.00	0.05	1.03	0.00	0.02
鉄 素 形 材 製 造 業	1.43	0.02	0.33	1.79	0.04	0.37
非 鉄 金 属 製 造 業	0.87	0.00	0.09	0.90	0.01	0.07
非鉄金属第1次製錬・精製業	0.61	0.00	0.02	0.66	0.00	0.02
非鉄金属・同合金圧延業（抽伸，押出しを含む）	0.94	0.00	0.29	0.97	0.00	0.04
電 線 ・ ケ ー ブ ル 製 造 業	0.57	0.00	0.01	1.14	0.00	0.03
非 鉄 金 属 素 形 材 製 造 業	1.15	0.00	0.02	1.08	0.03	0.25
金 属 製 品 製 造 業	1.20	0.00	0.08	1.32	0.00	0.08
ブリキ缶・その他のめっき板等製品製造業	2.62	0.00	0.03	0.00	0.00	0.00
洋食器・刃物・手道具・金物類製造業	1.89	0.00	0.11	1.7	0.00	0.03
建設用・建築用金属製品製造業（製缶板金業を含む）	1.42	0.00	0.17	1.72	0.00	0.04
金属素形材製品製造業，金属被覆・彫刻業，熱処理業（ほうろう鉄器を除く）	1.34	0.00	0.03	1.34	0.00	0.10
金属線製品製造業（ねじ類を除く）	x	x	x	x	x	x
は ん 用 機 械 器 具 製 造 業	0.68	0.01	0.07	0.87	0.00	0.02
ボ イ ラ ・ 原 動 機 製 造 業	0.34	0.02	0.15	0.69	0.00	0.01
ポ ン プ ・ 圧 縮 機 器 製 造 業	0.78	0.00	0.02	0.75	0.00	0.01
一般産業用機械・装置製造業	0.49	0.00	0.01	0.79	0.00	0.02
その他のはん用機械・同部分品製造業	0.97	0.01	0.11	1.10	0.00	0.02
生 産 用 機 械 器 具 製 造 業	0.90	0.00	0.02	1.04	0.00	0.12

区　　　分	令和 3 年			令和 4 年		
	度　数　率		強度率	度　数　率		強度率
業　種　別	死傷合計	死亡		死傷合計	死亡	
農業用機械製造業（農業用器具を除く）	1.08	0.00	0.03	1.07	0.02	0.20
建設機械・鉱山機械製造業	1.54	0.00	0.03	1.79	0.00	0.53
繊 維 機 械 製 造 業	1.57	0.00	0.01	1.45	0.00	0.03
生活関連産業用機械製造業	0.97	0.00	0.01	1.70	0.00	0.03
基礎素材産業用機械製造業	0.71	0.00	0.03	0.77	0.02	0.18
金 属 加 工 機 械 製 造 業	0.90	0.00	0.02	0.76	0.00	0.02
その他の生産用機械・同部分品製造業	0.54	0.00	0.01	1.04	0.00	0.03
業 務 用 機 械 器 具 製 造 業	0.65	0.00	0.04	0.67	0.00	0.01
事 務 用 機 械 器 具 製 造 業	0.55	0.00	0.01	0.55	0.00	0.01
サービス用・娯楽用機械器具製造業	0.62	0.00	0.01	1.83	0.00	0.02
電子部品・デバイス・電子回路製造業	0.58	0.00	0.01	0.62	0.00	0.02
記 録 メ デ ィ ア 製 造 業	0.72	0.00	0.01	0.17	0.00	0.00
電 気 機 械 器 具 製 造 業	0.54	0.00	0.01	0.53	0.00	0.02
発電用・送電用・配電用，産業用電気機械器具製造業	0.55	0.00	0.01	0.53	0.00	0.01
民生用電気機械器具製造業	0.55	0.00	0.02	0.60	0.00	0.04
電 池 製 造 業	0.38	0.00	0.01	0.36	0.00	0.01
電子応用装置，映像・音響機械器具，電子計算機・同附属装置製造業	0.44	0.00	0.01	0.47	0.00	0.01
電 気 計 測 器 製 造 業	0.99	0.00	0.02	0.36	0.00	0.00
その他の電気機械器具製造業	0.15	0.00	0.00	0.21	0.00	0.01
情 報 通 信 機 械 器 具 製 造 業	0.28	0.00	0.00	0.33	0.00	0.01
通信機械器具・同関連機械器具製造業	0.12	0.00	0.00	0.26	0.00	0.00
輸 送 用 機 械 器 具 製 造 業	0.45	0.00	0.03	0.56	0.00	0.04
自 動 車 ・ 同 附 属 品 製 造 業	0.42	0.00	0.02	0.52	0.00	0.02
鉄 道 車 両 ・ 同 部 分 品 製 造 業	0.52	0.00	0.01	1.48	0.00	0.01
船舶製造・修理業，舶用機関製造業	0.93	0.00	0.04	0.82	0.04	0.32
そ の 他 の 製 造 業	1.07	0.00	0.06	1.04	0.00	0.02
時 計 ・ 同 部 分 品 製 造 業	0.37	0.00	0.00	0.93	0.00	0.01

区　　分	令和3年			令和4年		
	度　数　率		強度率	度　数　率		強度率
業　種　別	死傷合計	死亡		死傷合計	死亡	
が ん 具 ・ 運 動 用 具 製 造 業	0.81	0.00	0.02	0.62	0.00	0.01
ペ ン ・ 鉛 筆 ・ 絵 画 用 品 ・ そ の他 の 事 務 用 品 製 造 業	2.47	0.00	0.49	1.85	0.00	0.04
電 気 ・ ガ ス ・ 熱 供 給 ・ 水 道 業	**0.67**	**0.00**	**0.01**	**0.62**	**0.00**	**0.01**
電　　　気　　　業	0.40	0.00	0.01	0.36	0.00	0.00
ガ　　　ス　　　業	2.62	0.00	0.02	2.12	0.00	0.05
上　水　道　業	0.87	0.00	0.01	0.71	0.00	0.03
情報通信（通信業，新聞業及び出版業に限る。）	**0.30**	**0.00**	**0.00**	**0.27**	**0.00**	**0.00**
通　　　信　　　業	0.16	0.00	0.00	0.04	0.00	0.00
固 定 電 気 通 信 業	0.34	0.00	0.01	0.06	0.00	0.00
移 動 電 気 通 信 業	0.04	0.00	0.00	x	x	x
新 聞 業 ， 出 版 業[2)]	0.49	0.00	0.01	0.50	0.00	0.01
新　　　聞　　　業	0.49	0.00	0.01	0.43	0.00	0.00
出　　　版　　　業	0.49	0.00	0.01	0.60	0.00	0.01
運　輸　業，　郵　便　業	**3.31**	**0.01**	**0.22**	**4.06**	**0.01**	**0.21**
鉄　　　道　　　業	1.48	0.00	0.03	1.24	0.00	0.03
道 路 旅 客 運 送 業	4.26	0.02	0.31	7.04	0.00	0.33
一般乗合旅客自動車運送業	4.24	0.00	0.17	8.87	0.00	0.57
一般乗用旅客自動車運送業	4.30	0.03	0.41	5.97	0.00	0.19
一般貸切旅客自動車運送業	2.85	0.00	0.04	7.46	0.00	0.25
道 路 貨 物 運 送 業	3.78	0.02	0.30	4.12	0.02	0.24
一般貨物自動車運送業	3.94	0.03	0.28	4.46	0.02	0.24
特定貨物自動車運送業	2.83	0.00	0.12	—	—	—
集 配 利 用 運 送 業	2.52	0.00	0.46	0.66	0.03	0.21
水　　　運　　　業	0.68	0.00	0.03	0.96	0.00	0.01
航　空　運　輸　業	1.34	0.00	0.05	2.53	0.00	0.17
倉　　　庫　　　業	3.25	0.00	0.12	3.52	0.00	0.08
倉庫業（冷蔵倉庫業を除く）	2.96	0.00	0.11	3.02	0.00	0.06
運輸に附帯するサービス業	1.91	0.01	0.15	1.66	0.00	0.18
港 湾 運 送 業	2.69	0.00	0.13	2.73	0.03	0.62

注2)　「新聞業，出版業」は，日本標準産業分類の「G41映像・音声・文字情報制作業」のうち「413新聞業」「414出版業」についてのみ表章したものである。

区　　分 業　種　別	令和 3 年			令和 4 年		
	度　数　率		強度率	度　数　率		強度率
	死傷 合計	死亡		死傷 合計	死亡	
貨物運送取扱業（集配利用運送業を除く）	1.84	0.03	0.49	1.47	0.00	0.04
郵　　　　　便　　　　　業	4.08	0.00	0.12	4.31	0.00	0.15
郵便業（信書便事業を含む）	4.08	0.00	0.12	4.31	0.00	0.15
卸　売　業，　小　売　業	2.31	0.00	0.05	1.98	0.00	0.05
卸　　　　　売　　　　　業	0.97	0.00	0.02	0.85	0.00	0.02
各　種　商　品　卸　売　業	0.10	0.00	0.00	0.30	0.00	0.00
家具・建具・じゅう器等卸売業	1.39	0.00	0.02	1.41	0.00	0.03
小　　　　　売　　　　　業	3.92	0.00	0.09	3.31	0.00	0.10
各　種　商　品　小　売　業	4.39	0.00	0.09	4.12	0.00	0.08
機　械　器　具　小　売　業	0.93	0.00	0.02	1.58	0.00	0.03
家具・建具・畳小売業，じゅう器小売業[3]	5.55	0.00	0.08	6.28	0.00	0.11
燃　料　小　売　業	1.05	0.00	0.01	2.07	0.00	0.05
宿泊業，飲食サービス業（旅館，ホテルに限る。）	3.31	0.02	0.20	3.16	0.00	0.06
旅　館，ホ　テ　ル	3.31	0.02	0.20	3.16		0.06
生活関連サービス業，娯楽業（洗濯業，旅行業及びゴルフ場に限る。）	4.65	0.01	0.21	5.19	0.00	0.14
洗　　　　　濯　　　　　業	4.61	0.03	0.29	5.18	0.00	0.10
旅　　　　　行　　　　　業	0.30	0.00	0.00	0.27	0.00	0.00
ゴ　　ル　　フ　　場	9.13	0.00	0.29	8.87	0.00	0.36
医療，福祉（一部の業種に限る。）[4]	2.43	0.00	0.06	2.17	0.00	0.05
病　　　　　　　　　　院	2.10	0.00	0.05	1.74	0.00	0.04
一　　般　　診　　療　　所	1.81	0.00	0.05	1.91	0.00	0.04
保　　　健　　　所	0.50	0.00	0.00	0.81	0.00	0.02
健　康　相　談　施　設	1.19	0.00	0.02	1.82	0.00	0.03
児童福祉事業，障害者福祉事業	5.35	0.00	0.10	3.51	0.00	0.08
老人福祉・介護事業	4.32	0.00	0.10	4.81	0.00	0.11

注3)　「家具・建具・畳小売業，じゅう器小売業」は，日本標準産業分類の中分類「I60 その他の小売業」のうち「601 家具・建具・畳小売業」及び「602 じゅう器小売業」についてのみ表章したものである。

4)　「医療，福祉」は，病院，一般診療所，保健所，健康相談施設，児童福祉事業，老人福祉・介護事業，障害者福祉事業に限る。

区　　分	令和3年			令和4年		
	度　数　率		強度率	度　数　率		強度率
業　種　別	死傷合計	死亡		死傷合計	死亡	
サービス業（他に分類されないもの）（一部の業種に限る。）[5]	4.02	0.01	0.17	3.85	0.02	0.31
一般・産業廃棄物処理業	7.36	0.00	0.17	6.52	0.04	0.51
自動車整備業	1.32	0.00	0.04	1.73	0.00	0.06
機械修理業	0.60	0.00	0.02	0.73	0.00	0.03
建物サービス業	4.15	0.01	0.19	3.97	0.03	0.32

■ 本表は，厚生労働省による令和3年および令和4年の「労働災害動向調査」より，常用労働者100人以上の事業所および総合工事業の工事現場における，年間（暦年）の休業1日以上の業務上の死傷災害発生率を取りまとめたものである。
■ 「建設業（総合工事業）」は，建設業のうち総合工事業に属し，工事の種類が「河川土木工事業」「水力発電施設等新設事業」「鉄道又は軌道新設事業」「地下鉄建設事業」「橋りょう建設事業」「ずい道新設事業」「道路新設事業」「その他の土木工事業」「舗装工事業」「建築工事業」「その他の建築事業」であるもののうち，労働者災害補償保険の概算保険料が160万円以上または工事の請負金額が税抜き1億8,000万円以上の工事現場を対象として調査したものである。
■ ここでいう「労働災害」とは，労働者が業務遂行中に業務に起因して受けた業務上の災害のことで，業務上の負傷，業務上の疾病および死亡をいう。ただし業務上の疾病であっても，遅発性のもの（疾病の発生が，事故，災害などの突発的なものによるものでなく，緩慢に進行して発生した疾病をいう。例えば，じん肺，鉛中毒症，振動障害などがある。），食中毒および感染症は除く。なお，通勤災害による負傷，疾病および死亡は除く。
■ 本表の業種は，原則として日本標準産業分類（平成25年10月改定）によっている。ただし，建設業については独自の分類となっている。
■ 度数率および強度率の算出方法等は下記のとおり。

●度数率…労働災害の発生頻度を表す数値
　「度数率」とは，100万延べ実労働時間当たりの労働災害による死傷者数で，災害発生の頻度を表す。ただし，本表における度数率は，休業1日以上または身体の一部もしくはその機能を失う労働災害による死傷者数により算出したものに限定している。また，同一人が2回以上被災した場合には，死傷者数はその被災回数として算出している。

算出方法　$\dfrac{労働災害による死傷者数}{延べ実労働時間数} \times 1,000,000$

注5)　「サービス業（他に分類されないもの）（一部の業種に限る。）」は，一般廃棄物処理業，産業廃棄物処理業，自動車整備業，機械修理業，建物サービス業に限る。

● 強度率…労働災害の重さの程度を表す数値

「強度率」とは，1,000 延べ実労働時間当たりの延べ労働損失日数で，災害の重さの程度を表す。

算出方法　$\dfrac{\text{延べ労働損失日数}}{\text{延べ実労働時間数}} \times 1,000$

● 延べ労働損失日数

「延べ労働損失日数」とは，労働災害による死傷者の延べ労働損失日数をいい，次の基準により算出する。

　　1)　死亡　……………………………………………　7,500 日
　　2)　永久全労働不能および永久一部労働不能　……　以下の表のとおり

身体障害等級（級）	1〜3	4	5	6	7	8	9	10	11	12	13	14
労働損失日数（日）	7,500	5,500	4,000	3,000	2,200	1,500	1,000	600	400	200	100	50

　　3)　一時労働不能　………………　暦日の休業日数に 365 分の 300 を乗じた日数

■　統計表の符号の用法は次のとおり。

「0.00」　小数点以下第3位において四捨五入しても小数点以下第2位に満たないもの。

「0.0」　小数点以下第2位において四捨五入しても小数点以下第1位に満たない又は，労働災害による死傷者がないもの。

「—」　該当事業所がないもの。

「x」　調査対象数が少ないため掲載しないもの。

■　平成 20 年調査から国営の事業所は調査対象外とした。

■　平成 20 年調査から「医療・福祉」（病院，一般診療所，保健所，健康相談施設，児童福祉事業，老人福祉・介護事業及び障害者福祉事業に限る。）を調査対象とした。

■　平成 20 年調査から「鉱業，採石業，砂利採取業」のうち鉱山保安法の適用を受ける鉱山は調査対象外とした。

■　平成 20 年調査から複合サービス事業（郵便局に限る）は調査対象外とした。

■　平成 23 年調査から「農業，林業」のうち農業も調査対象とした。

■　平成 30 年調査から「漁業」を新たに調査対象とした。

2　産業災害以外の災害

1　交通事故

（1）　道路交通事故

　令和5年中に発生した交通事故は，発生件数30万7,930件，死者数2,678人，負傷者数36万5,595人である。前年と比較すると，発生件数は7,091件（2.4%）増，死者数は68人（2.6%）増，負傷者数は，8,994人（2.5%）増である。発生件数，死亡者，負傷者共に増加に転じた。

交通事故発生状況の推移（平成25年～令和5年）

年	死者(人)	負傷者(人)	対前年増減率(%)	
			死　者	負傷者
平成25	4,388	781,492	△1.2	△5.4
26	4,113	711,374	△6.3	△9.0
27	4,117	666,023	0.1	△6.4
28	3,904	618,853	△5.2	△7.1
29	3,694	580,850	△5.4	△6.2
30	3,532	525,846	△4.4	△9.7
令和元	3,215	461,775	△9.0	△12.2
2	2,839	369,476	△19.6	△20.0
3	2,636	362,131	△7.2	△2.0
4	2,610	356,601	△1.0	△1.5
5	2,678	365,595	2.6	2.5

（資料：警察庁）

・対前年増減率の△は減少，無印は増加を示す。
・死者数は交通事故によって発生から24時間以内に死亡した人数。

（2）　都道府県別交通事故発生状況

　都道府県別の交通事故死者数を前年と比較してみると，増加は26都道府県，減少は18県となっている。

　死者数の増加率の高いところは，青森45.2%，島根37.5%，福岡37.3%である。

（3）　死亡事故の発生状況

① 状態別死者数

令和5年中の状態別死者数をみると，歩行中の死者数が973人と最も多く，全死者数2,678人の36.3%を占めている。このほか自動車乗車中837人（31.3%），自転車乗用中508人（12.9%）等となっている。特に歩行中の事故の死者数においては，65歳以上の高齢者の占める割合が高く，70.6%に上っている。

② 年齢層別死者数

令和5年中の交通死者数を年齢層別にみると，65歳以上の高齢者が1,466人（54.7%）と多く，死者における高齢者の割合は，平成24年以降は5割以上となっている。

2　火災

令和4年中の出火件数は36,314件で，前年と比べると1,092件増加している。また火災による死者は1,452人で，前年と比べると35人増加している。

令和4年の全火災の出火原因の第1位は，「たばこ」で3,209件，次いで「たき火」の3,105件，「こんろ」2,771件と続いている。

火災の概況（令和元年～4年）

区　分	令和元年	令和2年	令和3年	令和4年
出火件数	37,683	34,691	35,222	36,314
死　者	1,486	1,326	1,417	1,452
負　傷　者	5,865	5,583	5,433	5,750
損害額（億円）	908	1,037	1,042	1,017
焼損面積				
建物表面積（1,000 m²）	111	109	120	96
林野（ha）	836	449	789	605

（資料：消防庁「令和4年における火災の状況」
「令和5年版　消防白書」）

3 海難

　令和5年の船舶事故隻数（アクシデント※1）は，1,798隻で，死者・行方不明者は58人となった。用途別では，プレジャーボートによる海難が最も多く，全体の49.6%を占めた。

　また人身事故※2者数は722人で，そのうち死者・行方不明者は154人となった。

※1　船舶事故（アクシデント）…船舶の運航に関連した損害や具体的な危険が
　　　　　　　　　　　　　　　　生じたもの

※2　人身事故…海上または海中における活動中に死傷者が発生したもの。

※3　いずれも速報値。

4 不慮の事故

（1）不慮の事故

　不慮の事故（天災を含む）は令和4年の死因の第7位で，死亡者総数の2.8%を占めている。なお，不慮の事故は幼年から老年までを通じた死因となっている。

主要死因別死亡者数・構成割合（令和4年）

死　因		令和3年			令和4年	
		死亡数（人）	死亡総数に占める割合（%）		死亡数（人）	死亡総数に占める割合（%）
全死因		1,439,856	100.0		1,569,050	100.0
悪性新生物	1	381,505	26.5%	1	385,797	24.6%
心疾患	2	214,710	14.9%	2	232,964	14.8%
老衰	3	152,027	10.6%	3	179,529	11.4%
脳血管疾患	4	104,595	7.3%	4	107,481	6.9%
肺炎	5	84,641	5.9%	5	74,013	4.7%
その他呼吸器疾患	6	73,194	5.1%	6	56,069	3.6%
不慮の事故	7	38,355	2.7%	7	43,420	2.8%
腎不全	8	28,688	2.0%	8	30,739	2.0%
アルツハイマー病	9	22,960	1.6%	9	24,860	1.6%
血管性等の認知症	10	22,343	1.6%	10	24,360	1.6%

注：（ ）内の数字は，死因順位を示す。（資料：厚生労働省「人口動態統計」）

（2） 不慮の事故の種類

　不慮の事故の種類別の死亡者数は，令和4年は「転倒・転落・墜落」が最も多く，次いで「その他の不慮の窒息」「不慮の溺死及び溺水」となっている。

（3） 家庭における不慮の事故

　不慮の事故は家庭の中でも数多く発生しており，令和4年の不慮の事故による死者 43,420 人のうち，交通事故を除いた事故による死亡者数 39,879 人の 39.3%（15,673 人）が家庭の中の事故で死亡している。これを年齢階級別にみると 65 歳以上の高齢者が特に多く 88.7% を占める。

不慮の事故の種類別死亡者数・死亡率（令和2年〜令和4年）

区 分	死亡数（人）			死亡率（人口10万人対）		
	令和2年	令和3年	令和4年	令和2年	令和3年	令和4年
不慮の事故　総数	38,133	38,355	43,420	30.9	31.2	35.6
交通事故	3,718	3,536	3,541	3.0	2.9	2.9
転倒・転落・墜落	9,585	10,202	11,569	7.8	8.3	9.5
不慮の溺死及び溺水	7,333	7,184	8,677	5.9	5.9	7.1
その他の不慮の窒息	7,841	7,989	8,710	6.4	6.5	7.1
煙，火及び火炎へのばく露	903	930	967	0.7	0.8	0.8
有害物質による不慮の中毒及び　有害物質へのばく露	493	522	569	0.4	0.4	0.5
その他の不慮の事故	8,260	7,992	9,387	6.7	6.5	7.7

（資料：厚生労働省「人口動態統計」）

家庭における不慮の事故による死亡者数（令和4年）

区分	計	転倒・転落	溺死および溺水	不慮の窒息	煙，火および火炎へのばく露	高温物質との接触	不慮の中毒
総数	15,673	2,740	6,578	3,528	749	40	326
0 歳	52	1	1	49	-	-	-
1〜4 歳	27	6	4	14	-	-	-
5〜9 歳	9	-	5	3	-	-	-
10〜14 歳	11	2	6	1	2	-	-
15〜29 歳	117	27	31	23	6	-	26
30〜44 歳	226	42	20	52	22	-	68
45〜64 歳	1,322	234	283	313	132	-	130
65〜79 歳	4,891	728	2,269	895	288	7	55
80 歳〜	9,005	1,700	3,959	2,177	292	33	47

（資料：厚生労働省「人口動態統計」）

5　その他の災害

（1）　感電事故

　近年の感電死傷事故の推移をみると，増減を繰り返しながら横ばいとなっており，令和4年は58件発生している。

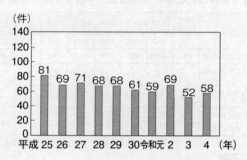

（資料：経済産業省「電気保安統計」）

感電死傷事故件数の推移（平成25年～令和4年）

（2）　ガス消費機器の使用に伴う事故

　ガス消費機器の使用に伴う中毒等の事故は，令和4年は127件で死亡事故は2件だった。

ガス消費機器の使用に伴う都市ガス事故（平成29年～令和4年）

区分 \ 年別	平成29年	30年	令和元年	2年	3年	4年
件数(件)	181	169	161	113	110	127
死亡(人)	0	0	0	1	0	2

※負傷には中毒を含む　　　　　　　　　　　　　　　　　（資料：経済産業省）

（3）　高圧ガスによる事故

　高圧ガスによる噴出漏えい等の事故の発生件数は，令和5年の速報値では減少に転じ，620件となった。近年の事故件数の9割近くを噴出，漏えい等が占める。なお，全体の事故件数は，近年は700件台を推移しており，令和5年は722件となっていた（資料：高圧ガス保安協会「最新の高圧ガス事故集計（令和5年12月

まで）」）。

（4）　農作業および農薬による事故

　令和4年の農作業事故による死亡者数は，238件であった。このうち65歳以上層の死亡事故は205件で全体の86.1%を占めた。

農作業中の死亡事故発生状況（平成25年〜令和4年）

	平成25年	26年	27年	28年	29年	30年	令和元年	2年	3年	4年
死亡者数	350	350	338	312	304	274	281	270	242	238
農業機械作業に係る事故	228	232	205	217	211	164	184	186	171	152
農業用施設作業に係る事故	12	24	14	14	13	13	17	8	7	5
機械・施設作業以外の作業に係る事故	110	94	119	81	80	97	80	76	64	81
うち65歳以上層に係る事故（下段は事故件数に対する割合）	272 77.7	295 84.3	284 84.0	254 81.4	256 84.2	237 86.5	248 88.3	229 84.8	205 84.7	205 86.1

（資料：農林水産省「令和4年に発生した農作業死亡事故の概要」）

（5）　山の遭難

　令和4年の山岳遭難事故発生状況は，発生件数3,015件（前年比380件増），遭難者数3,506人（431人増）うち死者および行方不明者327人（44人増），負傷者1,306人（149人増），無事救出者1,873人（238人増）で，統計に残る昭和36年以降最多となった（資料：警察庁「令和4年における山岳遭難の概況」）。

（6）　水　難

　令和4年における水難事故の発生状況は，発生件数1,346件（前年比49件減），水難者数1,640人（15人増）うち死者および行方不明者727人（17人減）であった。なお死者・行方不明者について，発生した場所別にみると海が最多で49.9%（363人）にのぼる（資料：警察庁「令和4年における水難の概況」）。

3　事業場規模別・業種別安全衛生管理組織

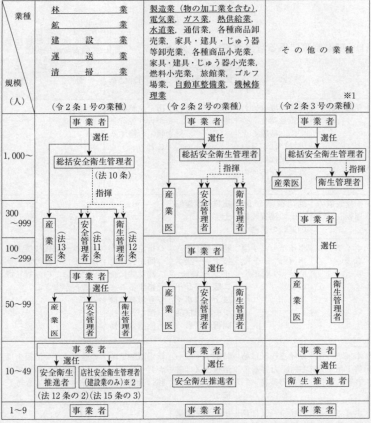

(注1)　下線の業種およびその他の業種のうち農林畜水産業，医療業については，第2種衛生管理者免許を有するものを衛生管理者として選任することはできません。（労働安全衛生規則第7条第3号）

(注2)　「令」：労働安全衛生法施行令，「法」：労働安全衛生法

※1　規模10人以上の事業場においては通達により安全推進者の配置が求められています。
　　　（平成26年3月28日基発0328第6号）

※2　仕事の種類により，規模20人以上30人未満または20人以上50人未満の現場を有する店社。

4　労働安全衛生法にみる資格一覧
（主に安全関係）

（1）　就業制限に係る危険業務一覧　　法-61

業　務　の　内　容		業務に就くことができる者（資格者）	資格取得の方法	備　　　　　考
発破作業	発破の場合におけるせん孔，装てん，結線，点火並びに不発の装薬又は残薬の点検及び処理の業務	**発破技士**その他	指定試験機関が行う免許試験に合格すること	
揚貨装置の運転	制限荷重が5t以上の揚貨装置の運転の業務	**揚貨装置運転士**	〃	
ボイラーの取扱い	ボイラー（小型ボイラーを除く。）の取扱いの業務	**特級ボイラー技士，一級ボイラー技士，二級ボイラー技士又はボイラー取扱技能講習修了者**	○指定試験機関が行う免許試験に合格すること ○登録教習機関が行う技能講習を修了すること	ボイラー取扱技能講習修了者は一定のボイラーについてのみ取り扱うことができる。
ボイラー，第1種圧力容器の溶接	ボイラー又は第1種圧力容器の溶接の業務	**特別ボイラー溶接士又は普通ボイラー溶接士**	指定試験機関が行う免許試験に合格すること	普通ボイラー溶接士は一定の溶接についてのみ行うことができる。
ボイラー，第1種圧力容器の整備	ボイラー又は第1種圧力容器の整備の業務	**ボイラー整備士**	〃	

業務の内容		業務に就くことができる者（資格者）	資格取得の方法	備　　考
クレーンの運転	つり上げ荷重が5t以上のクレーン（跨線テルハを除く。）の運転の業務	**クレーン・デリック運転士（クレーン限定免許所持者を含む。）又は床上操作式クレーン運転技能講習修了者又はクレーン運転士**	○指定試験機関が行う免許試験に合格すること ○登録教習機関が行う技能講習を修了すること	クレーン・デリック運転士免許及びクレーン運転士免許には，取り扱うことのできるクレーンの種類が床上で運転し，かつ，運転士がクレーンの走行とともに移動する方式に限定されたものがある。床上操作式クレーン運転技能講習修了者は床上で運転し，かつ，当該運転する者が荷の移動とともに移動する方式のクレーンのみ運転できる。
移動式クレーンの運転	つり上げ荷重が1t以上の移動式クレーンの運転の業務	**移動式クレーン運転士又は小型移動式クレーン運転技能講習修了者**	〃	小型移動式クレーン運転技能講習修了者は，つり上げ荷重1t以上5t未満の移動式クレーンのみ運転できる。なお，道路の走行運転は，道路交通法による免許が必要。
デリックの運転	つり上げ荷重が5t以上のデリックの運転の業務	**クレーン・デリック運転士又はデリック運転士**	指定試験機関が行う免許試験に合格すること	
ガス溶接等の作業	可燃性ガス及び酸素を用いて行う金属の溶接,溶断又は加熱の業務	**ガス溶接作業主任者,ガス溶接技能講習修了者**その他	○指定試験機関が行う免許試験に合格すること ○登録教習機関が行う技能講習を修了すること	
フォークリフトの運転	最大荷重が1t以上のフォークリフトの運転の業務	**フォークリフト運転技能講習修了者**その他	登録教習機関が行う技能講習を修了すること	道路の走行運転は，道路交通法による免許が必要。

業　務　の　内　容		業務に就くことができる者（資格者）	資格取得の方法	備　　　　考
ショベルローダー，フォークローダーの運転	最大荷重が1t以上のショベルローダー又はフォークローダーの運転の業務	ショベルローダー等運転技能講習修了者その他	登録教習機関が行う技能講習を修了すること	道路の走行運転は，道路交通法による免許が必要。
車両系建設機械の運転	機体重量が3t以上の令別表第7第1号又は第2号の整地・運搬・積込み用及び掘削用の車両系建設機械の運転の業務	車両系建設機械（整地・運搬・積込み用及び掘削用）運転技能講習修了者その他	〃	〃
	機体重量が3t以上の令別表第7第3号の基礎工事用の車両系建設機械の運転の業務	車両系建設機械（基礎工事用）運転技能講習修了者その他	〃	
	機体重量が3t以上の令別表第7第6号の解体用の車両系建設機械の運転の業務	車両系建設機械（解体用）運転技能講習修了者その他	〃	〃
不整地運搬車の運転	最大積載量が1t以上の不整地運搬車の運転	不整地運搬車運転技能講習修了者その他	〃	〃
高所作業車の運転	作業床の高さが10m以上の高所作業車の運転	高所作業車運転技能講習修了者その他	〃	〃
玉掛け作業	制限荷重が1t以上の揚貨装置又はつり上げ荷重が1t以上のクレーン，移動式クレーン若しくはデリックの玉掛けの業務	玉掛け技能講習修了者その他	〃	

(2)　安全管理者等一覧

区分	適用範囲	資格を有する者等	関係法令
総括安全衛生管理者	常時 100 人（林業，鉱業，建設業，運送業，清掃業），300 人（製造業，電気業，ガス業，熱供給業，水道業，通信業，各種商品卸売業，家具・建具・じゅう器等卸売業，各種商品小売業，家具・建具・じゅう器小売業，燃料小売業，旅館業，ゴルフ場業，自動車整備業，機械修理業），1,000 人（その他の業種）以上の労働者を使用する事業場		法-10，令-2
安全管理者	常時 50 人以上の労働者を使用する事業場（林業，鉱業，建設業，運送業，清掃業，製造業，電気業，ガス業，熱供給業，水道業，通信業，各種商品卸売業，家具・建具・じゅう器等卸売業，各種商品小売業，家具・建具・じゅう器小売業，燃料小売業，旅館業，ゴルフ場業，自動車整備業，機械修理業）	則-5で定める資格者	法-11，令-3
安全衛生推進者	常時 10 人以上 50 人未満の労働者を使用する事業場（林業，鉱業，建設業，運送業，清掃業，製造業，電気業，ガス業，熱供給業，水道業，通信業，各種商品卸売業，家具・建具・じゅう器等卸売業，各種商品小売業，家具・建具・じゅう器小売業，燃料小売業，旅館業，ゴルフ場業，自動車整備業，機械修理業）	則-12 の 3 で定める資格者	法-12 の 2 則-12 の 2 12 の 3 12 の 4
統括安全衛生責任者	同一の場所で下請を含めて常時 50 人以上（ずい道等の建設の仕事，圧気工法による仕事，一定の橋梁の建設の仕事にあっては，常時 30 人以上）の労働者が従事する事業場（建設業，造船業）	元請から選任する	法-15，令-7
元方安全衛生管理者	〃	則-18 の 4 で定める資格者，元請から選任する	法-15 の 2 則-18 の 3 18 の 4
安全衛生責任者	〃	各下請から選任する	法-16 則-19
店社安全衛生管理者	ずい道等の建設の仕事，圧気工法による仕事，一定の橋梁の建設の仕事にあっては，同一の場所で下請を含めて常時 20 人以上 30 人未満（鉄骨造，鉄骨鉄筋コンクリート造の建築物の建設の仕事にあっては 20 人以上 50 人未満）の労働者が従事する現場を有する店社（建設業）	則-18 の 7 で定める資格者，元請から選任する	法-15 の 3 則 18 の 6 18 の 7 18 の 8

(3) 作業主任者一覧　法-14（主に安全関係）

名　　称	作　業　の　内　容	資格を有する者
高圧室内作業主任者	高圧室内作業（潜函工法その他の圧気工法により，大気圧を超える気圧下の作業室又はシャフトの内部において行う作業に限る。）	高圧室内作業主任者免許を受けた者
ガス溶接作業主任者	アセチレン溶接装置又はガス集合溶接装置を用いて行う金属の溶接，溶断又は加熱の作業	ガス溶接作業主任者免許を受けた者
林業架線作業主任者	次のいずれかに該当する機械集材装置若しくは運材索道の組立て，解体，変更若しくは修理の作業又はこれらの設備による集材若しくは運材の作業 イ　原動機の定格出力が 7.5 kW を超えるもの ロ　支間の斜距離の合計が 350 m 以上のもの ハ　最大使用荷重が 200 kg 以上のもの	林業架線作業主任者免許を受けた者
ボイラー取扱作業主任者	ボイラー（小型ボイラーを除く。）の取扱いの作業	取り扱うボイラーの伝熱面積の合計が 500 m^2 以上の場合（貫流ボイラーのみを取り扱う場合を除く。）における当該ボイラーの取扱いの作業	特級ボイラー技士免許を受けた者
		取り扱うボイラーの伝熱面積の合計が 25 m^2 以上 500 m^2 未満の場合（貫流ボイラーのみを取り扱う場合において，その伝熱面積の合計が 500 m^2 以上のときを含む。）における当該ボイラーの取扱いの作業	特級ボイラー技士免許又は1級ボイラー技士免許を受けた者

名　　称	作　業　の　内　容	資格を有する者
ボイラー取扱作業主任者 （続き）	ボイラー（小型ボイラーを除く。）の取扱いの作業（続き）	取り扱うボイラーの伝熱面積の合計が25 m² 未満の場合における当該ボイラーの取扱いの作業	特級ボイラー技士免許，1級ボイラー技士免許又は2級ボイラー技士免許を受けた者
		労働安全衛生法施行令第20条第5号イからニまでに掲げるボイラーのみを取り扱う作業	特級ボイラー技士免許，1級ボイラー技士免許若しくは2級ボイラー技士免許を受けた者又はボイラー取扱技能講習を修了した者
木材加工用機械作業主任者	木材加工用機械（丸のこ盤，帯のこ盤，かんな盤，面取り盤及びルーターに限るものとし，携帯用のものを除く。）を5台以上（当該機械のうちに自動送材車式帯のこ盤が含まれている場合には，3台以上）有する事業場において行う当該機械による作業	木材加工用機械作業主任者技能講習を修了した者
プレス機械作業主任者	動力により駆動されるプレス機械を5台以上有する事業場において行う当該機械による作業	プレス機械作業主任者技能講習を修了した者
乾燥設備作業主任者	次に掲げる設備による物の加熱乾燥の作業 イ　乾燥設備のうち，危険物等に係る設備で，内容積が1 m³ 以上のもの ロ　乾燥設備のうち，イの危険物等以外の物に係る設備で，熱源として燃料を使用するもの（その最大消費量が，固体燃料にあっては毎時10 kg 以上，液体燃料にあっては毎時10L 以上，気体燃料にあっては毎時1 m³ 以上であるものに限る。）又は熱源として電力を使用するもの（定格消費電力が10 kW 以上のものに限る。）	乾燥設備作業主任者技能講習を修了した者
コンクリート破砕器作業主任者	コンクリート破砕器を用いて行う破砕の作業	コンクリート破砕器作業主任者技能講習を修了した者

名　　　称	作　業　の　内　容	資格を有する者	
地山の掘削作業主任者	掘削面の高さが2m以上となる地山の掘削（ずい道及びたて坑以外の坑の掘削を除く。）の作業（岩石の採取のための掘削の作業を除く。）	地山の掘削作業主任者技能講習を修了した者	地山の掘削及び土止め支保工作業主任者技能講習を修了した者
土止め支保工作業主任者	土止め支保工の切りばり又は腹おこしの取付け又は取りはずしの作業	土止め支保工作業主任者技能講習を修了した者	
ずい道等の掘削等作業主任者	ずい道（ずい道及びたて坑以外の坑（岩石の採取のためのものを除く。）をいう。）の掘削の作業（掘削用機械を用いて行う掘削の作業のうち労働者が切羽に近接することなく行うものを除く。）又はこれに伴うずり積み，ずい道支保工（ずい道等における落盤，肌落ち等を防止するための支保工をいう。）の組立て，ロックボルトの取付け若しくはコンクリート等の吹付けの作業	ずい道等の掘削等作業主任者技能講習を修了した者	
ずい道等の覆工作業主任者	ずい道等の覆工(ずい道型わく支保工(ずい道等におけるアーチコンクリート及び側壁コンクリートの打設に用いる型わく並びにこれを支持するための支柱，はり，つなぎ，筋かい等の部材により構成される仮設の設備をいう。）の組立て，移動若しくは解体又は当該組立て若しくは移動に伴うコンクリートの打設をいう。）の作業	ずい道等の覆工作業主任者技能講習を修了した者	
採石のための掘削作業主任者	掘削面の高さが2m以上となる岩石の採石のための掘削の作業	採石のための掘削作業主任者技能講習を修了した者	
はい作業主任者	高さが2m以上のはいのはい付け又ははいくずしの作業（荷役機械の運転者のみによって行われるものを除く。）	はい作業主任者技能講習を修了した者	

名　　称	作　業　の　内　容	資格を有する者
船内荷役作業主任者	船舶に荷を積み，船舶から荷を卸し，又は船舶において荷を移動させる作業（総ｔ数500ｔ未満の船舶（船員室の新設，増設又は拡大により総トン数が500ｔ未満から500ｔ以上となったもの（510ｔ未満のものに限る。）のうち厚生労働省令で定めるものを含む。）において揚貨装置を用いないで行うものを除く。）	船内荷役作業主任者技能講習を修了した者
型枠支保工の組立て等作業主任者	型枠支保工の組立て又は解体の作業	型枠支保工の組立て等作業主任者技能講習を修了した者
足場の組立て等作業主任者	つり足場（ゴンドラのつり足場を除く。），張出し足場又は高さが5ｍ以上の構造の足場の組立て，解体又は変更の作業	足場の組立て等作業主任者技能講習を修了した者
建築物等の鉄骨の組立て等作業主任者	建築物の骨組み又は塔であって，金属製の部材により構成されるもの（その高さが5ｍ以上のものに限る。）の組立て，解体又は変更の作業	建築物等の鉄骨の組立て等作業主任者技能講習を修了した者
鋼橋架設等作業主任者	橋梁の上部構造であって，金属製の部材により構成されるもの（その高さが5ｍ以上であるもの又は支間30ｍ以上である部分に限る。）の架設，解体又は変更の作業	鋼橋架設等作業主任者技能講習を修了した者
木造建築物の組立て等作業主任者	軒の高さが5ｍ以上の木造建築物の構造部材の組立て又はこれに伴う屋根下地若しくは外壁下地の取付けの作業	木造建築物の組立て等作業主任者技能講習を修了した者
コンクリート造の工作物の解体等作業主任者	コンクリート造の工作物（その高さが5ｍ以上であるものに限る。）の解体又は破壊の作業	コンクリート造の工作物の解体等作業主任者技能講習を修了した者
コンクリート橋架設等作業主任者	橋梁の上部構造であって，コンクリート造のもの（その高さが5ｍ以上であるもの又は支間が30ｍ以上である部分に限る。）の架設又は変更の作業	コンクリート橋架設等作業主任者技能講習を修了した者
第1種圧力容器取扱作業主任者	第1種圧力容器（小型圧力容器及び次に掲げる容器を除く。）の取扱いの作業	化学設備に係る第1種圧力容器の取扱いの作業	化学設備関係第1種圧力容器取扱作業主任者技能講習を修了した者

名　　　　称	作　業　の　内　容		資格を有する者
第1種圧力容器取扱作業主任者 （続き）	イ　労働安全衛生法施行令第1条第5号イに掲げる容器で，内容積が5m³以下のもの ロ　労働安全衛生法施行令第1条第5号ロからニまでに掲げる容器で，内容積が1m³以下のもの	上記の作業以外の作業	特級ボイラー技士免許，1級ボイラー技士免許若しくは2級ボイラー技士免許を受けた者又は化学設備関係第1種圧力容器取扱作業主任者技能講習若しくは普通第1種圧力容器取扱作業主任者技能講習を修了した者

(4) 職長教育を必要とする業種一覧

対　象　業　種	根拠規定
6業種	令－19
①建設業	
②製造業。ただし，次に掲げるものを除く。	
イ　たばこ製造業	
ロ　繊維工業（紡績業及び染色整理業を除く。）	
ハ　衣類その他の繊維製品製造業	
ニ　紙加工品製造業（セロファン製造業を除く。）	
③電気業	
④ガス業	
⑤自動車整備業	
⑥機械修理業	

(5) 特別教育を必要とする業務一覧（主に安全関係）

業　務　の　種　類	根拠規定
①　**研削といし**の取替え又は取替え時の試運転の業務	法-59，則-36　（第1号）
②　動力により駆動される**プレス機械**の金型，シヤーの刃部又はプレス機械若しくはシヤーの安全装置若しくは安全囲いの取付け，取外し又は調整の業務	〃，　〃　（第2号）

業 務 の 種 類	根拠規定
③ **アーク溶接機**を用いて行う金属の溶接，溶断等の業務	法-59，則-36 （第3号）
④ **高圧**（直流にあっては750Vを，交流にあっては600Vを超え，7000V以下である電圧をいう。）若しくは**特別高圧**（7000Vを超える電圧をいう。）の充電電路若しくは当該充電電路の支持物の敷設，点検，修理若しくは操作の業務，**低圧**（直流にあっては750V以下，交流にあっては600V以下である電圧をいう。以下同じ。）の充電電路（対地電圧が50V以下であるもの及び電信用のもの，電話用のもの等で感電による危害を生ずるおそれのないものを除く。）の敷設若しくは修理の業務（次号に掲げる業務を除く。）又は配電盤室，変電室等区画された場所に設置する低圧の電路（対地電圧が50V以下であるもの及び電信用のもの，電話用のもの等で感電による危害を生ずるおそれのないものを除く。）のうち充電部分が露出している開閉器の操作の業務	〃，〃 （第4号）
⑤ 対地電圧が50Vを超える低圧の蓄電池を内蔵する自動車の整備の業務	〃，〃 （第4号の2）
⑥ 最大荷重1t未満のフォークリフトの運転（道路交通法第2条第1項第1号の道路（以下「道路」という。）上を走行させる運転を除く。）の業務	〃，〃 （第5号）
⑦ 最大荷重1t未満のショベルローダー又はフォークローダーの運転（道路上を走行させる運転を除く。）の業務	〃，〃 （第5号の2）
⑧ 最大積載量が1t未満の不整地運搬車の運転（道路上を走行させる運転を除く。）の業務	〃，〃 （第5号の3）
⑨ **テールゲートリフター**（第151条の2第7号の貨物自動車の荷台の後部に設置された動力により駆動されるリフトをいう。）の操作の業務（当該貨物自動車に荷を積む作業又は当該貨物自動車から荷を卸す作業を伴うものに限る。）	〃，〃 （第5号の4）
⑩ 制限荷重5t未満の揚貨装置の運転の業務	〃，〃 （第6号）
⑪ **伐木等機械**（伐木，造材又は原木若しくは薪炭材の集積を行うための機械であって，動力を用い，かつ，不特定の場所に自走できるものをいう。）の運転（道路上を走行させる運転を除く。）の業務	〃，〃 （第6号の2）
⑫ **走行集材機械**（車両の走行により集材を行うための機械であって，動力を用い，かつ，不特定の場所に自走できるものをいう。）の運転（道路を走行させる運転を除く。）の業務	〃，〃 （第6号の3）

業　務　の　種　類	根拠規定
⑬　**機械集材装置**（集材機，架線，搬器，支柱及びこれらに付属する物により構成され，動力を用いて，原木又は薪炭材を巻き上げ，かつ，空中において運搬する設備をいう。）の運転の業務	法-59，則-36　（第7号）
⑭　**簡易架線集材装置**（集材機，架線，搬器，支柱及びこれらに附属する物により構成され，動力を用いて，原木等を巻き上げ，かつ，原木等の一部が地面に接した状態で運搬する設備をいう。）の運転又は架線集材機械（動力を用いて原木等を巻き上げることにより当該原木等を運搬するための機械であって，動力を用い，かつ，不特定の場所に自走できるものをいう。）の運転（道路を走行させる運転を除く。）の業務	〃　，　〃　（第7号の2）
⑮　**チェーンソー**を用いて行う立木の伐木，かかり木の処理又は造材の業務	〃　，　〃　（第8号）
⑯　機体重量が**3t未満**の労働安全衛生法施行令別表第7第1号，第2号，第3号または第6号に掲げる機械（**建設機械**）で，動力を用い，かつ，不特定の場所に自走できるものの運転（道路上を走行させる運転を除く。）の業務	〃　，　〃　（第9号）
⑰　労働安全衛生法施行令別表第7第3号に掲げる機械（**基礎工事用機械**）で，動力を用い，かつ，不特定の場所に自走できるもの以外のものの運転の業務	〃　，　〃　（第9号の2）
⑱　労働安全衛生法施行令別表第7第3号に掲げる機械（**基礎工事用機械**）で，動力を用い，かつ，不特定の場所に自走できるものの作業装置の操作（車体上の運転者席における操作を除く。）の業務	〃　，　〃　（第9号の3）
⑲　労働安全衛生法施行令別表第7第4号に掲げる機械（**締固め用機械**）で，動力を用い，かつ，不特定の場所に自走できるものの運転（道路上を走行させる運転を除く。）の業務	〃　，　〃　（第10号）
⑳　労働安全衛生法施行令別表第7第5号に掲げる機械（**コンクリート打設用機械**）の作業装置の操作の業務	〃　，　〃　（第10号の2）
㉑　**ボーリングマシン**の運転の業務	〃　，　〃　（第10号の3）
㉒　建設工事の作業を行う場合における，**ジャッキ式つり上げ機械**（複数の保持機構（ワイヤロープ等を締め付けること等によって保持する機構をいう。）を有し，当該保持機構を交互に開閉し，保持機構間を動力を用いて伸縮させることにより荷のつり上げ，つり下げ等の作業をワイヤロープ等を介して行う機械をいう。）の調整又は運転の業務	〃　，　〃　（第10号の4）

業 務 の 種 類	根拠規定
㉓ 作業床の高さ（労働安全衛生法施行令第 10 条第 4 号の作業床の高さをいう。）が 10 m 未満の**高所作業車**（労働安全衛生法施行令第 10 条第 4 号の高所作業車をいう。）の運転（道路上を走行させる運転を除く。）の業務	法-59，則-36 （第10号の5）
㉔ 動力により駆動される**巻上げ機**（電気ホイスト，エヤーホイスト及びこれら以外の巻上げ機でゴンドラに係るものを除く。）の運転の業務	〃 ， 〃 （第11号）
㉕ 労働安全衛生法施行令第 15 条第 1 項第 8 号に掲げる機械等（巻上げ装置を除く。）の運転の業務	〃 ， 〃 （第13号）
㉖ **小型ボイラー**（労働安全衛生法施行令第 1 条第 4 号の小型ボイラーをいう。）の取扱いの業務	〃 ， 〃 （第14号）
㉗ 次に掲げる**クレーン**（移動式クレーン（労働安全衛生法施行令第 1 条第 8 号の移動式クレーンをいう。）を除く。）の運転の業務 イ つり上げ荷重が 5 t 未満のもの ロ つり上げ荷重が 5 t 以上の跨線テルハ	〃 ， 〃 （第15号）
㉘ つり上げ荷重が **1 t 未満の移動式クレーン**の運転（道路上を走行させる運転を除く。）の業務	〃 ， 〃 （第16号）
㉙ つり上げ荷重が **5 t 未満のデリックの運転**の業務	〃 ， 〃 （第17号）
㉚ **建設用リフトの運転**の業務	〃 ， 〃 （第18号）
㉛ つり上げ荷重が **1 t 未満のクレーン，移動式クレーン又はデリックの玉掛け**の業務	〃 ， 〃 （第19号）
㉜ **ゴンドラの操作**の業務	〃 ， 〃 （第20号）
㉝ 作業室及び気こう室へ送気するための**空気圧縮機**を運転する業務	〃 ， 〃 （第20号の2）
㉞ **高圧室内作業**に係る作業室への送気の調節を行うためのバルブ又はコックを操作する業務	〃 ， 〃 （第21号）
㉟ **気こう室**への送気又は気こう室からの排気の調整を行うためのバルブ又はコックを操作する業務	〃 ， 〃 （第22号）
㊱ **高圧室内作業**に係る業務	〃 ， 〃 （第24号の2）
㊲ **特殊化学設備**の取扱い，整備及び修理の業務（労働安全衛生法施行令第 20 条第 5 号に規定する第 1 種圧力容器の整備の業務を除く。）	〃 ， 〃 （第27号）
㊳ **ずい道等**の掘削の作業又はこれに伴うずり，資材等の運搬，覆工のコンクリートの打設等の作業（当該ずい道等の内部において行われるものに限る。）に係る業務	〃 ， 〃 （第30号）

業 務 の 種 類	根拠規定
㊴ マニプレータおよび記憶装置（可変シーケンス制御装置及び固定シーケンス制御装置を含む。以下同じ。）を有し，記憶装置の情報に基づきマニプレータの伸縮，屈伸，上下移動，左右移動若しくは旋回の動作又はこれらの複合動作を自動的に行うことができる機械（研究開発中のものその他厚生労働大臣が定めるものを除く。以下「産業用ロボット」という。）の可動範囲（記憶装置の情報に基づきマニプレータその他の産業用ロボットの各部の動くことができる最大の範囲をいう。以下同じ。）内において当該産業用ロボットについて行うマニプレータの動作の順序，位置若しくは速度の設定，変更若しくは確認（以下「教示等」という。）（産業用ロボットの駆動源を遮断して行うものを除く。以下同じ。）又は産業用ロボットの可動範囲内において当該産業用ロボットについて教示等を行う労働者と共同して当該産業用ロボットの可動範囲外において行う当該教示等に係る機器の操作の業務	法-59，則-36 （第31号）
㊵ 産業用ロボットの可動範囲内において行う当該産業用ロボットの検査，修理若しくは調整（教示等に該当するものを除く。）若しくはこれらの結果の確認（以下この号において「検査等」という。）（産業用ロボットの運転中に行うものに限る。以下同じ。）又は産業用ロボットの可動範囲内において当該産業用ロボットの検査等を行う労働者と共同して当該産業用ロボットの可動範囲外において行う当該検査等に係る機器の操作の業務	〃 ， 〃 （第32号）
㊶ 自動車（二輪自動車を除く。）用タイヤの組立てに係る業務のうち，空気圧縮機を用いて当該タイヤに空気を充てんする業務	〃 ， 〃 （第33号）
㊷ 足場の組立て，解体又は変更の作業に係る業務（地上又は堅固な床上における補助作業の業務を除く。）	〃 ， 〃 （第39号）
㊸ ロープ高所作業（高さが2m以上の箇所であって作業床を設けることが困難なところにおいて，昇降器具を用いて，労働者が当該昇降器具により身体を保持しつつ行う作業（40度未満の斜面における作業を除く））に係る業務	〃 ， 〃 （第40号）
㊹ 高さが2m以上の箇所であって作業床を設けることが困難なところにおいて，墜落制止用器具のうちフルハーネス型を用いて行う作業に係る業務（ロープ高所作業に係る業務を除く。）	〃 ， 〃 （第41号）

5　作業指揮者を定めて行うべき作業一覧
（主に安全関係）

作　業　の　種　別	作　業　指　揮　者　の　職　務	根拠法令
車両系荷役運搬機械等を用いて行う作業（不整地運搬車または貨物自動車を用いて行う道路上の走行の作業を除く）	・作業計画に基づき作業の指揮を行うこと	則-151の4
車両系荷役運搬機械等の修理またはアタッチメントの装着もしくは取外しの作業	・作業手順を決定し，作業を直接指揮すること ・安全支柱，安全ブロック等の使用状況を監視すること	則-151の15
重量が100kg以上の荷を不整地運搬車，貨物自動車に積む作業（ロープ掛けの作業およびシート掛けの作業を含む）または不整地運搬車，貨物自動車から卸す作業（ロープ解きの作業およびシート外しの作業を含む）	・作業手順および作業手順ごとの作業の方法を決定し，作業を直接指揮すること ・器具および工具を点検し，不良品を取り除くこと ・作業を行う箇所には，関係労働者以外の労働者を立ち入らせないこと ・ロープ解きの作業およびシート外しの作業を行うときは，荷台上の荷の落下の危険がないことを確認した後に当該作業の着手を指示すること ・労働者が床面と荷台上の荷の上面との間を安全に昇降するための設備および保護帽の使用状況を監視すること	則-151の48 151の70
重量が100kg以上のものを構内運搬車，貨車に積む作業（ロープ掛けの作業およびシート掛けの作業を含む）または構内運搬車，貨車から卸す作業（ロープ解きの作業およびシート外しの作業を含む）	・作業手順および作業手順ごとの作業の方法（貨車の場合は，作業の方法および順序）を決定し，作業を直接指揮すること ・器具および工具を点検し，不良品を取り除くこと ・作業を行う箇所には，関係労働者以外の労働者を立ち入らせないこと ・ロープ解きの作業およびシート外しの作業を行うときは，	則-151の62 420

作 業 の 種 別	作 業 指 揮 者 の 職 務	根拠法令
（続き）	荷台上の荷の落下の危険がないことを確認した後に当該作業の着手を指示すること	
コンクリートポンプ車を用いて行う作業のうち，輸送管等の組立てまたは解体の作業	・作業を直接指揮すること	則-171の3
くい打機，くい抜機またはボーリングマシンの組立て，解体，変更または移動の作業	・作業を直接指揮すること	則-190
高所作業車を用いて行う作業	・作業計画に基づき作業の指揮を行うこと	則-194の10
危険物を製造し，または取り扱う作業（アセチレン溶接装置等を用いた溶接・溶断・加熱の作業（労働安全衛生法施行令第6条第2号の作業）および乾燥設備による加熱乾燥の作業（同第8号の作業）を除く）	・危険物を製造し，または取り扱う設備および当該設備の附属設備について，随時点検し，異常を認めたときは直ちに必要な措置をとること ・上記設備がある場所における温度，湿度，遮光および換気の状態等について随時点検し，異常を認めたときは直ちに必要な措置をとること ・危険物の取扱いの状況について，随時点検し，異常を認めたときは直ちに必要な措置をとること ・上記によりとった措置について，記録しておくこと	則-257
化学設備またはその附属設備の改造，修理，清掃等を行う場合において，これらの設備を分解する作業またはこれらの設備の内部で行う作業	・作業を指揮すること	則-275
導火線発破の作業	・点火前に，点火作業に従事する労働者以外の労働者に対して，退避を指示すること ・点火作業に従事する労働者に対して，退避の場所および経路を指示すること ・1人の点火数が同時に5以上のときは，発破時計，捨て導火線等の退避時期を知らせる	則-319

作 業 の 種 別	作 業 指 揮 者 の 職 務	根拠法令
（続き）	物を使用すること ・点火の順序および区分について指示すること ・点火の合図をすること ・点火作業に従事した労働者に対して，退避の合図をすること ・不発の装薬または残薬の有無について点検すること	
電気発破の作業	・点火の合図をすること ・不発の装薬または残薬の有無について点検すること ・作業に従事する労働者に対し，退避の場所および経路を指示すること ・点火前に危険区域内から労働者が退避したことを確認すること ・点火者を定めること ・点火場所について指示すること	則-320
停電作業，高圧活線作業，高圧活線近接作業，特別高圧活線作業，特別高圧活線近接作業	・労働者にあらかじめ作業の方法および順序を周知させ，かつ，作業を直接指揮すること ・活線作業用装置を使用して特別高圧活線近接作業を行うときは，標識等の設置または監視人の配置の状態を確認した後に作業の着手を指示すること ・電路を開路して作業を行うときは，当該電路の停電の状態および開路に用いた開閉器の施錠，通電禁止に関する所要事項の表示または監視人の配置の状態並びに電路を開路した後における短絡接地器具の取付けの状態を確認した後に作業の着手を指示すること	則-350
建築物，橋梁，足場等の組立て，解体または変更の作業（作業主任者を選任しなければならない	・直接作業を指揮すること	則-529

作 業 の 種 別	作 業 指 揮 者 の 職 務	根拠法令
作業を除く）で，墜落により労働者に危険を及ぼすおそれのあるとき		
ボイラー（労働安全衛生法施行令第20条第5号イ〜ニに掲げるボイラーおよび小型ボイラーを除く）の据付けの作業	・作業の方法および労働者の配置を決定し，作業を指揮すること ・据付工事に使用する材料の欠陥の有無並びに機器および工具の機能を点検し，不良品を取り除くこと ・要求性能墜落制止用器具その他の命綱および保護具の使用状況を監視すること	ボイラー則-16
クレーン，デリックに定格荷重を超える荷重をかけて使用する作業	・直接作業を指揮すること	クレーン則-23，109
クレーンおよび次のものの組立てまたは解体の作業 ・移動式クレーンのジブ ・デリック ・屋外に設置するエレベーターの昇降路塔またはガイドレール支持塔 ・建設用リフトの組立てまたは解体の作業	・作業の方法および労働者の配置を決定し，作業を指揮すること ・材料の欠点の有無並びに器具および工具の機能を点検し，不良品を取り除くこと ・作業中，要求性能墜落制止用器具等および保護帽の使用状況を監視すること	クレーン則-33，75の2，118，153，191
除染等業務	・作業計画に基づく除染等作業を指揮すること ・除染等作業の手順および除染等業務従事者の配置を決定すること ・除染等作業に使用する機械等の機能を点検し，不良品を取り除くこと ・放射線測定器および保護具の使用状況を監視すること ・除染等作業を行う箇所には，関係者以外の者を立ち入らせないこと	除染電離則-9

(注)　「則」：労働安全衛生規則
　　　「クレーン則」：クレーン等安全規則
　　　「ボイラー則」：ボイラー及び圧力容器安全規則
　　　「除染電離則」：東日本大震災により生じた放射性物質により汚染された土壌等を除染するための業務等に係る電離放射線障害防止規則

6　作業手順例・作業計画例

1.　作業手順書作成のポイント

作業手順書作成の基本的な流れ

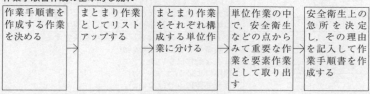

作業手順書を作成する作業を決める	まとまり作業としてリストアップする	まとまり作業をそれぞれ構成する単位作業に分ける	単位作業の中で，安全衛生などの点からみて重要な作業を要素作業として取り出す	安全衛生上の急所を決定し，その理由を記入して作業手順書を作成する

下の図のように，作業を「まとまり作業」としてリストアップし，その「まとまり作業」を構成する「単位作業」に分け，さらに，「単位作業」の中で，品質，環境，能率，原価，安全衛生の点からみて重要な作業のひとまとめを「要素作業」として取りだす。要素作業をもとに作業手順書を作成する。

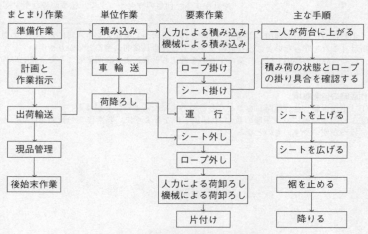

（例）製品倉庫出荷輸送作業の場合

手順書作成の進め方

項　目	進め方とその留意事項
1 対象作業の決定	要素作業の中から以下のものを優先して決定する。 ・危険な状態や災害発生のおそれのある要素作業 ・品質や能率にも重要な影響を及ぼす要素作業
2 主な手順（ステップ）に分解	作業分解用紙を用いて作業を主な手順（ステップ）に分解する。 ・実際に作業をやりながら ・「作業は進んだか」「何をしたか」を自問して ・検査，点検，測定などの動作も「主な手順」とする ・現場の言葉で，具体的に，簡潔に表現する
3 最もよい順序に並べる	作業分解後，次の検討を行って順序を決定する。 ・危険なことをしていないか ・ムダな動作はないか ・順序はよいか ・作業姿勢にムリはないか
4 急所の決定	急所の決定となぜそれが急所なのかその理由を明確にする。急所とは一つひとつの「主な手順」を「どのようにやるか」を示したもので，次の3つのポイントがある。 ・安全衛生＝それを守らないとケガ，疾病になる ・成否＝そのことを守らないとやったことがムダになる ・やりやすさ＝仕事のカンやコツで，仕事がやりやすく能率も上がる

　手順書の「急所の理由」の欄に「なぜそれが急所か」を記入する。特に安全衛生の急所は「これを守らないとこんな危険がある」ことを具体的に書くと分かりやすい。
　この「急所の理由」は，作業のやり方を教えるときによく説明することで，正しい作業の実行が期待できる。

作成時の留意事項
①「主な手順」と「急所」をつなぐと一つの文になるように心がける。
②1つの手順書には，手順の数が10個以下になるように，要素作業の範囲を区切ったほうが使いやすいものとなる。

2. 作業手順書例

①大型トラック

整理番号	作業名		作 業 者	
	大型トラックのシート掛け作業		作 成 日 時	

No.	手順	急所	急所の理由
1	一人が荷台に上がる	保護帽を着用して 昇降設備を用いて	転落防止
2	荷台とロープの掛け具合を確認する	墜落制止用器具のフックを取付設備に掛けてゆるみはないか ロープが積み荷に確実に掛かっているか	転落防止 荷崩れする 荷崩れする
3	シートを上げる	一人が下から支えて	やりやすい
4	長手の方向に伸ばす	荷のセンターに合わせて	やりやすい
5	片側に広げる	中心から押して	転落防止
6	裾をゴム輪で止める	中程から先に	風であおられる
7	もう一方を広げる	中心から押して	転落防止
8	荷台から降りる	昇降設備を用いて	転落防止
9	全体の状況を確認する	しわ，たわみ，角の収まり	成否

事故発生状況 風にあおられてシートが巻きあがり，荷台から転落	対策 風速が 10 m /s を超えるときは作業停止 垂らしたシートの裾をすぐに止める	備考		
		課長	係長	職長

②フォークリフト

まとまり 作 業 名	カウンターバランスフォーク リフトを使用した金属パイプ の運搬作業		総括安全衛 生管理者 印	安全管理者等 印	作業指揮者 印	フォークリ フト運転者 印
仕 様	作業の概要	金属パイプの束を資材置場Aから工場内加工場Bまで運搬する				
	取扱い荷	長さ1.5mの金属パイプの束（束直径30cm。1束重量：300kg。パレットに1束ずつ積載）。				
	使用機械	カウンターバランスフォークリフト（最大積載荷重2t）				
	使用用具等	パレット				
	使用保護具	保護帽，安全靴，保護手袋				
	資格・免許	フォークリフト運転技能講習修了				
	作業人員	1名				

単位 作業		手順	急所	急所の理由
準 備 作 業	1	フォークリフトの作業開始前点検を行う	点検表に基づいて	点検漏れによる異常や故障の見逃し防止
	2	荷を点検する	2－1　安定しているか 2－2　荷の損傷はないか 2－3　荷の重量はフォークリフトの許容荷重を超えていないか	荷崩れ防止
	3	フォークの幅を確認する	パレットの幅に合わせて調整する（フォークの間隔は，パレット幅の2分の1から4分の3程度）。	荷崩れ防止
本 作 業	1	荷に接近する	減速して	衝突防止
	2	荷の直前で一旦停止する	フォークが荷にまっすぐ向くように	衝突防止
	3	荷の状態を確認する	3－1　荷崩れしていないか 3－2　パレットに損傷はないか	荷崩れ防止 転倒防止
	4	前進する	フォークを荷に向けて水平に	衝突防止
	5	フォークを根元まで差し込む	静かにゆっくりと差し込む	荷崩れ防止
	6	フォークをリフトする	パレットの下面が床から5〜10cmの高さになるように	荷の衝突防止
	7	荷の状態を再確認する	偏荷重になっていないか	転倒防止
	8	マストを後傾する	いっぱいに	転倒防止
	9	発進(後進)する	ゆっくりと	転倒防止 荷崩れ防止
	10	取卸し場所まで走行する	10－1　決められた走行路を 10－2　決められた速度で	衝突防止 荷崩れ防止

	11	取卸し場所へ接近する	減速して	衝突防止 荷崩れ防止
	12	取卸し場所の手前で一旦停止する	ゆっくりと	衝突防止 荷崩れ防止
	13	取卸し場所の安全を確認する	取卸し場所に荷崩れや破損等の危険がないか	転倒防止
	14	フォークを下げる	水平に	転倒防止
	15	所定の位置まで前進する	ゆっくりと	衝突防止
	16	荷を床面に卸す	静かに	転倒防止
	17	フォークが完全に抜けるまで後進する	パレットをこすらないように静かに	転倒防止
	18	走行姿勢にする	18-1 フォークの下面が床から5〜10cmの高さになるようにあげて 18-2 マストをいっぱいに後傾し,	転倒防止
	19	本作業（1〜18）を繰り返す		
後作業	1	荷の状況を確認する	安定しているか	荷崩れ防止
	2	フォークリフトを所定の位置に駐車する	2-1 安定した場所に駐車する 2-2 駐車ブレーキをかける 2-3 前後進レバーを中立にする 2-4 フォークの先端をやや下げて地面に降ろす 2-4 エンジンを止める 2-5 キーを抜く 2-6 サイドブレーキを引く 2-7 タイヤに輪止めをする	誤発進防止
	3	キーを保管する	決められた場所に	決められた運転者以外による運転の防止

③プレス

金型の取付け，取外し例

作業手順書			
職種：プレス加工	作業手順書 No.880808	使用するもの	
	作成部署：生産技術部	プレス（型番），金型，取付け具，工具（具体的な名称）	
作業：金型の取付け	作成者：プレス機械作業主任者○○		
	作成日：□□□□年○○月△△日		
作業概要	1. 作業指示書（標準時間を明記）に従い，金型を所定のフリクションクラッチ付きプレス機械に（○分間で）取り付ける。 2. ダイセットタイプの金型でシャンクなし，上型はスライドと直接，ボルトで取付け。 3. ノックアウトバー，クッションピンは使わない。 ★右から（理由⇒急所⇒手順）読むと一つの文章になるようにする。			

手順			急所		急所の理由
1	作業指示書と確認する	1-1)	図番，製品名，工程，QCDなどの内容を	1-1)	指示内容の理解のため
		1-2)	型の高さなどについて金型の仕様を	1-2)	作業中の不具合を防ぐため
		1-3)	ダイハイトなどについてプレス機械の仕様を	1-3)	作業中の不具合を防ぐため
2	プレス機械の始業点検を行う	2-1)	チェックリストを使って	2-1)	安全作業のため
		2-2)	ボルスター面とスライド面の清掃をして	2-2)	傷や汚れを取るために
		2-3)	凸部があれば油と石で除去してから	2-3)	正しい取付けができるように
*	補修の仕方（凸部除去）の手順書があればよい	傷の取り方＝特に油と石の使い方など			
3	金型の点検・準備をする	3-1)	角部のバリや傷などの有無を調べながら （どうやって＝目視，指で触って）	3-1)	安全作業のため
		3-2)	部品の緩みや欠けがないか	3-2)	安全作業のため
		3-3)	部品の摩耗，破損，欠落はないか	3-3)	品質精度維持のため
		3-4)	型の清掃と注油をし	3-4)	傷や介在物があると取付け精度に影響するので

4	プレスのスライドを調整する	4-1)	ダイハイトを型高さ以上に調整する	4-1)	下死点で胴突きしないため
		4-2)	上死点の位置に	4-2)	金型がのせやすいので
5	金型をボルスターに乗せる	5-1)	型の取付け中は電源は切ってから	5-1)	誤作動を防ぐため
		5-2)	運搬車で運び	5-2)	腰痛防止のため
		5-3)	落下防止のクランプを外してから	5-3)	うっかり忘れると無理に動かそうとして事故になるので
		5-4)	運搬車を固定して	5-4)	作業中に動くと事故につながるので
		5-5)	2人で	5-5)	落下や接触による事故を防ぐために
6	スライドを下げる	6-1)	手回しまたは寸動で	6-1)	上型の途中で止める微調整をするため
		6-2)	上型の上1mm近くまで	6-2)	後で金型を位置決めで合わせるため
7	金型の位置を決める	7-1)	ボルスターと金型の平行出しをしながら	7-1)	加圧力中心をスライドに合わせるため
		7-2)	上型を取付けボルトで指で締まるところまで	7-2)	ボルトがせっていないかチェックのため
		7-3)	下型のボルトも同様に	7-3)	同上
8	上型をスライドに締め付ける	8-1)	スライドを上型上面に当たるまで下げ	8-1)	締付けをやりやすくするため
		8-2)	指定の工具で	8-2)	部品の破損や事故を防ぐために
		8-3)	左右順番に締付け	8-3)	上型が傾かないように
9	スライドを下死点にする	9-1)	寸動で	9-1)	下死点で止める微調整が可能なので
		9-2)	数回，金型を上下させながら	9-2)	異音，異常がないか確認するため
		9-3)	金型を見ながら	9-3)	上下型のねじれをとり，下型をなじませるために
		9-4)	クランク角度表示計を見ながら	9-4)	確かな作業を行うために
10	下型を本締めする	10-1)	下死点の位置で	10-1)	型が仕事をする位置なので
		10-2)	指定の工具で	10-2)	部品の破損や事故を防ぐために
		10-3)	締付けボルトを左右対角線上を順番に締め付けながら	10-3)	傾いたりせったりしないために

11	安全装置，付属装置を取り付ける	11-1)	決められたところに	11-1)	過去の不具合などを改善した結果なので
		11-2)	動作確認しながら	11-2)	正常に機能しないと不具合が発生するので
12	下死点を調整する	12-1)	下ろしすぎないように	12-1)	金型が破損したり，スライドが動かなくなることがあるので
		12-2)	試し加工の結果をみながら	12-2)	ねらいの製品を作るために
		12-3)	製品を作ってみて（何個ほど）	12-3)	安定状態を確認するために
13	生産を開始する	13-1)	試作品の外観，寸法を検査してから	13-1)	確実な生産を行うために
		13-2)	品質保証課にて検査・承認をもらってから	13-2)	品質の責任部署なので
		13-3)	担当職場長より生産開始の許可をもらってから	13-3)	会社の規則なので

＜補足＞
自社の設備（プレス機械・金型・取付け方法）に応じて，作業手順書を作成する。
QCDとは，Quality：品質，Cost：コスト，Delivery：納期，を略したもの。

下死点調整と試し加工について
　プレス機械に金型を取り付けた後，試し加工で製品を作る。そのための下死点調整には次の方法がある
① 　下死点調整を行わない金型の型高さを統一し，金型交換してもプレスのダイハイトを変えない。
② 　金型にストロークストッパーを付け，このストッパーの当たりをみて下死点調整をする。
③ 　プレス機械のダイハイト計（デジタルでダイハイトを表示するもの）の読みで下死点を決める。
　（ダイハイト計が付いている場合）
④ 　金型で胴突きするところがあれば，その胴突き具合を見て下死点を決める。
⑤ 　ダイヤルゲージの読みでみる
　　スライド調整は試し加工をしながら，ダイヤルスタンドにつけたダイヤルゲージをスライド下面にあて調整寸法を確認しながら下死点を決める。
⑥ 　下死点調整する時は，コネクチングロットのねじのギャップに注意すること。
⑦ 　下死点を下ろしすぎて，金型が破損したり，スライドが動かなくなることがあるので注意する。
⑧ 　製品検査合格とプレスに対する負荷（当たりすぎていないか等）を判断して，生産開始を決める。

3. 作業計画例

フォークリフト

作成年月日 _____
改訂年月日 _____

作業名	魚介類のトラック積み込み作業	総括安全衛生管理者 印	安全管理者等 印	作業指揮者 印	フォークリフト運転者 印
過去の災害	トラックまでの運搬中，通路の側溝にかぶせてある鋼製のふたを乗り越えた衝撃で，フォークリフトが傾き，積荷のボックスパレットが転倒した。このため近くにいた作業者が直撃を受け，死亡した。				

仕様	作業の方法				
	① 冷凍保管庫からコンテナの取り卸し ② バック走行 ③ 旋回エリア内で方向転換 ④ 倉庫出口で一旦停止（ミラー確認） ⑤ 前進走行（制限速度遵守） ⑥ 作業指揮者指示確認 ⑦ 右折 ⑧ 誘導者指示確認 ⑨ トラック積み込み ⑩ バック走行 ⑪ 待機場所へ移動 ⑫ 別リフト通過後倉庫へ前進走行 ⑬ 倉庫入り口一旦停止（ミラー確認）				

作業人員	1人	資格，免許	フォークリフトの最大荷重 1トン未満：特別教育修了 1トン以上：技能講習修了

運搬物	個数	荷姿	1箱の重量	形状
魚介類	10段（1段（高さ1.7 m） =50箱（1層5箱×10層）	箱 （コンテナ）	15kg	四角柱 （2.1m×1m の木製）

実施期間	○○○年○月○日から○月○日 午前○時から午前○時まで	作成者	印

フォークリフトの能力・点検状況	車両番号	最大荷重	作業開始前点検	月次検査	年次検査
	＊＊＊＊＊	2.1トン	良・否	年 月 日	年 月 日

作業指揮者	氏名	作業経験年数	フォークリフトの知識	他の事業者との作業調整の要否
		年	有・無	有・無

フォークリフト運転者	氏名	作業経験年数	技能講習修了証番号	修了年月日
		年		年 月 日

作業場所の状況	作業場所の広さ	ア 十分広い イ 広い ウ やや狭い エ 狭い オ 非常に狭い
	路面状況	ア 舗装 イ 砂利敷 ウ 土間

	坂道等の傾斜	有　・　無		場所区分	ア　屋内のみ イ　屋外のみ ウ　屋内外
	走行路幅員狭小箇所	有　・　無		作業床面段差等	有　・　無
	路肩危険箇所	有　・　無		高さ制限箇所	有　・　無
	障害物	有　・　無		一旦停止の必要箇所	有　・　無
	制限速度の設定・掲示状況	10km/h	有　・　無	明るさ	ア　明るい イ　少し暗い ウ　暗い
誘導者配置	配置	氏名	合図の定め	退避場所	
	有　・　無		有・無	有　・　無	
作業場所の状況等に応じた適正な制限速度	km/h	制限速度の掲示	有・無		

作業図

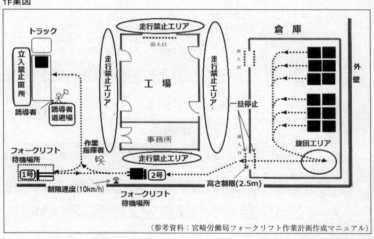

(参考資料：宮崎労働局フォークリフト作業計画作成マニュアル)

7　計画の届出一覧（主に安全関係）

届出の対象	必要な書類等		届出先, 期限	関係法令等
（危険，有害な機械等の設置等） 　次の①〜④に掲げる機械等の設置若しくは移転又は主要構造部分の変更	構造図，配置図など則-別表7の中欄，下欄に掲げる書面等		労働基準監督署長 工事の開始の日の30日前	**法-88-1** 則-85，86，別表7 届出を要しない機械等については，則-85
①　則-別表7に掲げられている機械等 「動力プレス，溶解炉，化学設備，乾燥設備，アセチレン溶接装置，ガス集合溶接装置，機械集材装置，運材索道，軌道装置，型枠支保工，架設通路，足場」				型枠支保工及び足場の計画を作成するときは則-別表9に掲げる者を参画させなければならない。 （法-88-4，則-92の2, 92の3, 別表9）
②　ボイラー，第一種圧力容器	イ　設置届	…設置場所の周囲の状況，配管の状況等を記載した書面等		ボイラー則-10, 56
	ロ　変更届	…変更の内容を示す書面等		ボイラー則-41, 76
③　クレーン，移動式クレーン（変更届のみ），デリック，エレベーター，建設用リフト	イ　設置届	…組立図，構造部分の強度計算，据付け箇所の周囲の状況，基礎の概要等を記載した書面等		クレーン則-5，96, 140，174
	ロ　変更届	…変更部分の図面等		クレーン則-44, 85, 129, 163, 197

届出の対象	必要な書類等	届出先, 期限	関係法令等
④　ゴンドラ ※法第88条第1項ただし書の規定による認定を受けた事業者は, 届出を免除	イ　設置届…組立図, 据付け箇所の周囲の状況, 固定方法等を記載した書面等 ロ　変更届…変更部分の図面等		ゴンドラ則-10 ゴンドラ則-28
(大規模な建設工事) ⑤　次のイ～への仕事 イ　高さが300m以上の塔の建設の仕事 ロ　堤高が150m以上のダムの建設の仕事 ハ　最大支間500m (つり橋にあっては1,000m) 以上の橋梁の建設の仕事 ニ　長さが3,000m以上のずい道等の建設の仕事 ホ　長さが1,000m以上3,000m未満のずい道等の建設の仕事で, 深さが50m以上のたて坑の掘削を伴うもの ヘ　ゲージ圧力が0.3メガパスカル以上の圧気工法による作業を行う仕事	イ　仕事を行う場所の周囲の状況及び四隣との関係を示す図面 ロ　建設等をしようとする建設物等の概要を示す図面 ハ　工事用の機械, 設備, 建設物等の配置を示す図面 ニ　工法の概要を示す書面又は図面 ホ　労働災害を防止するための方法及び設備の概要を示す書面又は図面 ヘ　工程表 ト　圧気工法による作業を行う仕事にあっては, 圧気工法作業摘要書	厚生労働大臣 仕事の開始の日の30日前	法-88-2 則-89, 91-1 仕事の計画を作成するときは, 則一別表9に掲げる者を参画させなければならない。 (法-88-4, 則-92の2, 92の3, 別表9)
(一定規模以上の建設工事等 (上の大臣届出に該当するものを除く。)) ⑥　次のイ～チの仕事 イ　高さ31mを超える建築物又は工作物の建設等の仕事 ロ　最大支間50m以上の橋梁の建設等の仕事	上記⑤に同じ	労働基準監督署長 仕事の開始の日の14日前	法-88-3 則-90, 91-2

届出の対象	必要な書類等	届出先, 期限	関係法令等
（一定規模以上の建設工事等（上の大臣届出に該当するものを除く。））（続き） ハ　最大支間 30m 以上 50m 未満の橋梁の上部構造の建設等の仕事（人口が集中している地域内における道路上若しくは道路に隣接した場所又は鉄道の軌道上若しくは鉄道の軌道に隣接した場所において行われるものに限る。） ニ　ずい道等の建設等の仕事（ずい道等の内部に労働者が立ち入らないものを除く。） ホ　掘削の高さ又は深さが 10m 以上である地山の掘削の作業を行う仕事 ヘ　圧気工法による作業を行う仕事 ト　耐火建築物又は準耐火建築物で石綿等が吹き付けられているものにおける石綿等の除去の作業を行う仕事 チ　ダイオキシン類対策特別措置法施行令別表第 1 第 5 号に掲げる廃棄物焼却炉（火格子面積が 2m^2 以上又は焼却能力が 1 時間当たり 200kg 以上のものに限る。）を有する廃棄物の焼却施設に設置された廃棄物焼却炉, 集じん機等の設備の解体等の仕事 （イ～ニの建設等の仕事とは, 建設, 改造, 解体又は破壊の仕事をいう。）			これらの仕事（イ～ニについては, 建設の仕事に限る。）の計画を作成するときは, 則-別表 9 に掲げる者を参画させなければならない（ト, チの仕事を除く。）。 （法-88-4, 則-92 の 2, 92 の 3, 別表 9）

届出の対象	必要な書類等	届出先，期限	関係法令等
（土石採取） ⑦　土石採取業における次の仕事 イ　掘削の高さ又は深さが 10m 以上の土石の採取のための掘削の作業を行う仕事 ロ　坑内掘りによる土石の採取のための掘削の作業を行う仕事	イ　仕事を行う場所の周囲の状況及び四隣との関係を示す図面 ロ　機械，設備，建設物等の配置を示す図面 ハ　採取の方法を示す書面又は図面 ニ　労働災害を防止するための方法及び設備の概要を示す書面又は図面	労働基準監督署長 仕事の開始の日の 14日前	**法-88-3** 則-90，92

(注)　「法」：労働安全衛生法，
　　　「令」：労働安全衛生法施行令，
　　　「則」：労働安全衛生規則，「クレーン則」：クレーン等安全規則，
　　　「ボイラー則」：ボイラー及び圧力容器安全規則，「ゴンドラ則」：ゴンドラ安全規則

中災防の図書

職長の
安全衛生テキスト

中央労働災害防止協会 編

職長教育用テキストとして編纂。リスクアセスメントをはじめ職長教育の教育事項を網羅し、図、表、イラストを多用してわかりやすく解説。

第5版では、職長教育対象業種の拡大に伴う修正、化学物質の自律的な管理についての記述の追加、統計数値の更新をした。

● B 5判／208頁／2色刷り
● NO. 25260
● 定価 880円（本体800円＋税10%）
● ISBN 978-4-8059-2123-4　C3060

TEL 03-3452-6401　　FAX 03-3452-2480
中央労働災害防止協会（出版事業部）
安全衛生図書・用品サイトのご案内 ▶ https://shop.jisha.or.jp/

8　機械等の規制一覧（安全関係）

起因物分類：機械名			構造関係			
大	中	小分類	構造等に係る規制の基準	構造規格	構造・使用に係る主な指針等	
		全機械共通	則-25, 27, 101, 103, 105, 106, 107, 108, 108の2		**機械の包括的な安全基準に関する指針** **機械譲渡者等が行う機械に関する危険性等の通知の促進に関する指針**	
動力機械	原動機	原動機	則-101			
	動力伝導機構	動力伝導機構（回転軸，歯車，プーリー，ベルト等）	則-25, 101, 102			
	木材加工用機械	丸のこ盤	則-122, 123	木工加工用丸のこ盤並びにその反ぱつ予防装置及び歯の接触予防装置の構造規格	丸のこ盤の構造，使用等に関する安全上のガイドライン	
		帯のこ盤	則-124, 125		帯のこ盤及び自動送材車の構造，使用等に関する安全上のガイドライン	
		かんな盤	則-126	手押しかんな盤及び歯の接触予防装置の構造規格	手押しかんな盤等の構造，使用等に関する安全上のガイドライン	
		面取り盤，ルーター	則-127		面取り盤の構造，使用等に関する安全上のガイドライン ルーターの構造，使用等に関する安全上のガイドライン	
		チェーンソー		チェーンソーの規格	チェーンソー取扱の作業指針	

この一覧は，労働災害の起因物の分類に従って，機械等の規制・基準を見やすさを優先して整理したものです。それぞれの機械等について作業に当たって就業制限，労働者教育の実施が適用となるものがあるほか，他の条文等で適用となるものもあるので，関連する法令の条文および通達を参照してください。

使用関係	検査等関係	
使用に係る主な規制の措置（左の「構造等に係る規制の基準」以外のもの）	定期自主検査・点検等に係る規則（◎：特定・定期自主検査　☆：性能検査　○：点検）	自主検査等にかかる指針
則-24 の 13, 28, 29, 85, 86, 104, 110	○則-28，29	
	○則-150 高速回転体の非破壊検査	
則-129，130		
則-128，129，130		
則-129，130		
則-111，127，129，130		
則-36		

起因物分類：機械名			構造関係			
大	中	小分類	構造等に係る規制の基準	構造規格	構造・使用に係る主な指針等	
動力機械	建設機械等	基礎工事用機械	則-152, 172, 178〜183	車両系建設機械構造規格		
		整地・運搬・積込み用機械	則-152, 153			
		掘削用機械				
		締固め用機械				
		解体用機械				
		コンクリートポンプ車				
		高所作業車	則-194 の 8	高所作業車構造規格		
		ジャッキ式つり上げ機械	則-194 の 4			
	金属加工用機械	金属加工用機械全般	則-114, 115		工作機械の構造の安全基準に関する技術上の指針 工作機械等の制御機構のフェールセーフ化に関するガイドライン	
		旋盤	則-113			
		研削盤, バフ盤	則-106, 117, 121	研削盤等構造規格		
		プレス機械	則-131 （附則 25 の 2「当分の間規定」）	動力プレス機械構造規格 プレス・シャーの安全装置構造規格	プレス機械の金型の安全基準に関する技術上の指針 足踏み操作式ポジティブクラッチプレスを両手押しボタン操作式のものに切り換えるためのガイドライン	

使用関係		検査等関係	
使用に係る主な規制の措置（左の「構造等に係る規制の基準」以外のもの）		定期自主検査・点検等に係る規則（◎：特定・定期自主検査 ☆：性能検査 ○：点検）	自主検査等にかかる指針
則-36, 41, 154～166, 166の2～166の4	則-173～177, 184～191, 193～194の3	◎則-167～169の2 ○則-170, 192	車両系建設機械の定期自主検査指針
	則-363～365		
	則-355, 358～367		
	則-171の4, 171の5, 171の6, 517の14～517の19 コンクリート破砕器（則-321の2～321の4）	◎則-167～169の2 ○則-170	
	則-171の2, 171の3		
則-36, 41, 194の9～194の22		◎則-194の23～194の26 ○則-194の27	高所作業車の定期自主検査指針
則-36, 194の5～194の7			
則-111, 116			
則-116			
則-36, 111, 116, 118～120			
則-36, 88, 131の2～134の2		◎則-134の3, 135の2, 135の3 ○則-136	動力プレスの定期自主検査指針

起因物分類：機械名			構造関係			
大	中	小分類	構造等に係る規制の基準	構造規格	構造・使用に係る主な指針等	
動力機械	金属加工用機械	シャー（布または紙の断裁機を含む）	則-131	プレス・シャーの安全装置構造規格		
	一般動力機械	遠心機械	則-138, 149, 150			
		混合機，粉砕機	則-142			
		ロール機	則-144	ゴム・ゴム化合物・合成樹脂を練るロール機及び急停止装置の構造規格		
		織機等	則-145			
		伸線機，より線機	則-146			
		射出成形機	則-147			
		扇風機	則-148			
		食品加工用機械	則-101, 107, 108 則-130の2, 130の5, 130の8, 130の9		食品加工用機械の労働災害防止対策ガイドライン 食品包装機械の労働災害防止対策ガイドライン	
		印刷用機械	則-144			
		産業用ロボット	則-150 の 3〜150 の 5		産業用ロボットの使用等の安全基準に関する技術上の指針	
	車両系木材伐出機械	伐木等機械	則-151 の 85 〜 87, 151 の 93			
		走行集材機械	則-151 の 85 〜 87, 151 の 93			
		架線集材機械	則-151 の 85 〜 87, 151 の 93			
		簡易架線集材装置	則-151 の 154 〜 163			

使用関係	検査等関係		
使用に係る主な規制の措置（左の「構造等に係る規制の基準」以外のもの）	定期自主検査・点検等に係る規則（◎：特定・定期自主検査 ☆：性能検査 ○：点検）	自主検査等にかかる指針	
則-132	◎則-135, 135 の 2 ○則-136		
則-139, 140	◎動力遠心機械（則-141）		
則-143			
則-130の3, 130の4, 130の6～130の7			
則-36	○則-151		
	◎則-151 の 108, 151 の 109 ○則-151 の 110		
則-151 の 114, 151 の 115, 151 の 120, 151 の 121	◎則-151 の 108, 151 の 109 ○則-151 の 110		
則-151 の 114, 151 の 115, 151 の 120, 151 の 121	◎則-151 の 108, 151 の 109 ○則-151 の 110		
則-151 の 152 ～ 154, 151 の 163 ～170, 151 の 172～174	○則-151 の 171		

起因物分類：機械名			構造関係			
大	中	小分類	構造等に係る規制の基準	構造規格	構造・使用に係る主な指針等	
動力機械	機械集材装置等	運材装置	則 -151 の 129 〜 139			
物上げ装置・運搬機械	動力クレーン等	クレーン	クレーン則-13 〜15	クレーン構造規格 クレーン又は移動式クレーンの過負荷防止装置構造規格		
		移動式クレーン		移動式クレーン構造規格 クレーン又は移動式クレーンの過負荷防止装置構造規格		
		デリック		デリック構造規格		
		エレベーター，リフト		エレベーター構造規格 建設用リフト構造規格 簡易リフト構造規格		
		揚貨装置				
		ゴンドラ	ゴンドラ則-11	ゴンドラ構造規格	可搬式ゴンドラの設置の安全基準に関する技術上の指針	

使用関係	検査等関係	
使用に係る主な規制の措置（左の「構造等に係る規制の基準」以外のもの）	定期自主検査・点検等に係る規則（◎：特定・定期自主検査　☆：性能検査　○：点検）	自主検査等にかかる指針
則 -151 の 124 ～ 125，151 の 134 ～135，151 の 140～145，151 の 149～150	○則 -151 の 146	
則-41, 452, 456, 459～463 クレーン則-5，11，12，16～33	◎クレーン則-34，35，38 ☆クレーン則-40～42 ○クレーン則-36，37	天井クレーンの定期自主検査指針（クレーン則-34 に係るもの） 天井クレーンの定期自主検査指針（クレーン則-35 に係るもの）
則-41, 452, 456, 459～463 クレーン則-61～75 の 2	◎クレーン則-76，77，79 ☆クレーン則-81～83 ○クレーン則-78	移動式クレーンの定期自主検査指針
則-41, 452, 456, 459～463 クレーン則-96，101～118	◎クレーン則-119，120，123 ☆クレーン則-125～127 ○クレーン則-121，122	
エレベーター（クレーン則-140, 145～153），建設用リフト（クレーン則-174，180～191），簡易リフト（クレーン則-202～207）	エレベーター（◎クレーン則-154，155，157 ☆クレーン則-159～161 ○クレーン則-156），建設用リフト（◎クレーン則-192，195 ☆クレーン則-175，176 ○クレーン則-193，194），簡易リフト（◎クレーン則-208，209，211 ○クレーン則-210）	エレベーターの定期自主検査指針
則-36, 41, 452, 453, 456, 459～463, 466～476	○則-465	
ゴンドラ則-10，12～20	◎ゴンドラ則-21 ☆ゴンドラ則-24～26 ○ゴンドラ則-22	ゴンドラの定期自主検査指針

起因物分類：機械名			構造関係			
大	中	小分類	構造等に係る規制の基準	構造規格	構造・使用に係る主な指針等	
物上げ装置・運搬機械	動力運搬機	トラック	則-151 の 65			
		フォークリフト	則-151 の 16〜18	フォークリフト構造規格		
		軌道装置	則-196〜215, 218			
		コンベヤー	則-151 の 77〜80		コンベヤの安全基準に関する技術上の指針	
		ショベルローダー, フォークローダー	則-151 の 27〜28	ショベルローダー等構造規格		
		ストラドルキャリヤー	則-151 の 36	ストラドルキャリヤー構造規格		
		不整地運搬車	則-151 の 43, 45	不整地運搬車構造規格		
		構内運搬車	則-151 の 59, 60			
その他装置		ボイラー・圧力容器等	ボイラー則-18〜22, 61	ボイラー構造規格圧力容器構造規格小型ボイラー及び小型圧力容器構造規格簡易ボイラー等構造規格	ボイラーの低水位による事故の防止に関する技術上の指針油炊きボイラー及びガス炊きボイラーの燃焼設備の構造及び管理に関する技術上の指針	
		化学設備	則-268〜273 の5, 278		化学設備の非定常作業における安全衛生対策のためのガイドライン	

使用関係	検査等関係	
使用に係る主な規制の措置（左の「構造等に係る規制の基準」以外のもの）	定期自主検査・点検等に係る規則（◎：特定・定期自主検査　☆：性能検査　○：点検）	自主検査等にかかる指針
則-151 の 3～151 の 12，151 の 14，151 の 15，151 の 66～151 の 74	○則-151 の 75	
則-36，41，151 の 3～151 の 15，151 の 19，151 の 20	◎則-151 の 21～24 ○則-151 の 25	フォークリフトの定期自主検査指針（則-151 の 21 に係るもの） フォークリフトの定期自主検査指針（則-151 の 22 に係るもの）
則-88，216，217，219～227	◎則-228～231　○則-232	
則-151 の 81	○則-151 の 82	
則-36，41，151 の 3～151 の 15，151 の 29，151 の 30	◎則-151 の 31～33 ○則-151 の 34	ショベルローダー等の定期自主検査指針
則-151 の 3～151 の 15，151 の 37	◎則-151 の 38～40 ○則-151 の 41	
則-36，41，151 の 3～151 の 12，151 の 14，151 の 15，151 の 44，151 の 46～ 151 の 52	◎則-151 の 53～56 ○則-151 の 57	不整地運搬車の定期自主検査指針
則-151 の 3～151 の 15，151 の 61～151 の 62	○則-151 の 63	
ボイラー（ボイラー則-10，16，23～31，34，35，41，92），第一種圧力容器（ボイラー則-56，62～66，69，70），第二種圧力容器（ボイラー則-86，87），小型ボイラー・小型圧力容器（ボイラー則-92，93）	◎ボイラー，圧力容器，小型ボイラー及び小型圧力容器（ボイラー則-32，67，88，94） ☆ボイラー（ボイラー則-38，40），第一種圧力容器（ボイラー則-59，73，75）	ボイラーの定期自主検査指針 ボイラーの低水位による事故の防止に関する技術上の指針
則-36，88，256～260，274～275 の 2，279	◎則-276 ○則-277	化学設備等定期自主検査指針

起因物分類：機械名			構造関係			
大	中	小分類	構造等に係る規制の基準	構造規格	構造・使用に係る主な指針等	
その他装置		ガス溶接装置	則-301〜311	アセチレン溶接装置のアセチレン発生器構造規格，アセチレン溶接装置の安全器及びガス集合溶接装置の安全器の規格		
		アーク溶接装置	則-331〜334	交流アーク溶接機用自動電撃防止装置構造規格	交流アーク溶接機用自動電撃防止装置の接続及び使用の安全基準に関する技術上の指針	
		電気設備	則-280〜282，329，330，334，336，337	絶縁用保護具等の規格 電気機械器具防爆構造規格	感電防止用漏電しゃ断装置の接続及び使用の安全基準に関する技術上の指針	
		乾燥設備	則-293〜295			

(注)　「則」：労働安全衛生規則，「クレーン則」：クレーン等安全規則，「ゴンドラ則」：
　　　化学物質障害予防規則

使用関係	検査等関係	
使用に係る主な規制の措置（左の「構造等に係る規制の基準」以外のもの）	定期自主検査・点検等に係る規則（◎：特定・定期自主検査 ☆：性能検査 ○：点検）	自主検査等にかかる指針
則-41，88，263，301，312〜316，389 の 3〜389 の 5	◎則-317	
則-36，325，328 の 3，389 の 4，389 の 5 特化則 38 の 21		
則-36，335，338〜350	○電気機械器具等（則-284，352，353）	
則-88，296〜298	◎則-299	

ゴンドラ安全規則，「ボイラー則」：ボイラー及び圧力容器安全規則，「特化則」：特定

9 主な危険物の性状一覧

1 爆発性の物

安衛法施行令別表第1	政令名称	ニトログリコール，ニトログリセリン，ニトロセルローズその他の爆発性の硝酸エステル類	トリニトロベンゼン，トリニトロトルエン，ピクリン酸その他の爆発性のニトロ化合物	
政令名称の中から抜粋		ニトログリコール	ピクリン酸	
抜粋した政令名称の一般名称		二硝酸エチレングリコール	ピクリン酸	
CAS 番号		628-96-6	88-89-1	
UN 番号[注1]		0081	0154/1344/3364	
政府によるGHS分類結果[注2]	クラス	爆発物	爆発物	
	カテゴリー	不安定爆発物	等級 1.1	
	実施年度	2012	2014	
物性値[注3]	外観	無色～帯黄色の油状液体	黄色の結晶	
	沸点	114℃（爆発する）	－	
	引火点	－	150℃	
	発火点	－	300℃	
	融点	－ 22℃	122℃	
消防法[注4]	類別	第5類	第5類	
	性質	自己反応性物質	自己反応性物質	
	品名	硝酸エステル類	ニトロ化合物	

注1）国連経済社会理事会に設置された危険物輸送専門家委員会の国際連合危険物輸送勧告の中で，輸送上の危険性や有害性がある化学物質に付与された番号
注2）NITE-CHRIP（National Institute of Technology and Evaluation - Chemical Risk Information Platform）より
注3）国際化学物質安全性カード（International Chemical Safety Cards）より
注4）消防法別表第1及び危険物の規制に関する政令第1条

過酢酸，メチルエチルケトン過酸化物，過酸化ベンゾイルその他の有機過酸化物			アジ化ナトリウムその他の金属のアジ化物
過酢酸			アジ化ナトリウム
過酢酸			アジ化ナトリウム
79-21-0			26628-22-8
3105/3107/3109/3149			1687
引火性液体	有機過酸化物	金属腐食性化学品	自己反応性化学品
区分3	タイプD	区分1	タイプG
2021	2021	2021	2009
特徴的な臭気のある，無色の液体			無色の 六角形の結晶
＞50℃ で分解			275℃ で分解
40.5℃			－
200℃			－
0℃			－
第5類			第5類
自己反応性物質			自己反応性物質
有機過酸化物			金属のアジ化物

2　発火性の物

安衛法施行令別表第 1	政令名称	金属「リチウム」	金属「カリウム」	金属「ナトリウム」	黄りん	硫化りん	赤りん	セルロイド類
政令名称の中から抜粋		金属「リチウム」			黄りん			
抜粋した政令名称の一般名称		リチウム			四リン			
CAS 番号		7439-93-2			12185-10-3			
UN 番号[注1]		1415			1381			
政府による GHS 分類結果[注2]	クラス	水反応可燃性化学品			自然発火性固体			
	カテゴリー	区分 1			区分 1			
	実施年度	2006			2006			
物性値[注3]	外観	柔らかい銀白色の金属			白色から黄色の透明な結晶性固体			
	沸点	1336℃			–			
	引火点	–			< 20℃			
	発火点	179℃			30℃			
	融点	180.5℃			44℃			
消防法[注4]	類別	第 3 類			第 3 類			
	性質	自然発火性物質及び禁水性物質			自然発火性物質及び禁水性物質			
	品名	アルカリ金属			黄りん			

注 1)　国連経済社会理事会に設置された危険物輸送専門家委員会の国際連合危険物輸送勧告の中で，輸送上の危険性や有害性がある化学物質に付与された番号
注 2)　NITE-CHRIP（National Institute of Technology and Evaluation - Chemical Risk Information Platform）より
注 3)　国際化学物質安全性カード（International Chemical Safety Cards）より
注 4)　消防法別表第 1 及び危険物の規制に関する政令第 1 条

炭化カルシウム	りん化石灰	マグネシウム粉	アルミニウム粉	マグネシウム粉及びアルミニウム粉以外の金属粉	亜二チオン酸ナトリウム
炭化カルシウム			アルミニウム粉		
カルシウムカーバイド			アルミニウム		
75-20-7			7429-90-5		
1402			1309/1396		
水反応可燃性化学品			水反応可燃性化学品		
分類できない [ただし，区分1または区分2]			区分2，区分3		
2006			2015		
特徴的な臭気のある，灰色の結晶，または黒色の塊状物			銀白色～灰色の粉末		
−			2327℃		
−			−		
−			400℃		
～2300℃			660℃		
第3類			第2類		
自然発火性物質及び禁水性物質			可燃性固体		
カルシウム又はアルミニウムの炭化物			金属粉		

3 酸化性の物

安衛法施行令別表第 1	政令名称	塩素酸カリウム，塩素酸ナトリウム，塩素酸アンモニウムその他の塩素酸塩類	過塩素酸カリウム，過塩素酸ナトリウム，過塩素酸アンモニウムその他の過塩素酸塩類	
政令名称の中から抜粋		塩素酸カリウム	過塩素酸アンモニウム	
抜粋した政令名称の一般名称		塩素酸カリウム	過塩素酸アンモニウム	
CAS 番号		3811-04-9	7790-98-9	
UN 番号[注1]		1485/2427/3407	0402/1442	
政府によるGHS分類結果[注2]	クラス	酸化性固体	爆発物	酸化性固体
	カテゴリー	区分 2	等級 1.1	区分 2
	実施年度	2006	2006	
物性値[注3]	外観	無色の結晶，または白色の粉末	白色の 吸湿性の結晶	
	沸点	400℃ で分解	> 200℃ で分解	
	引火点	−	−	
	発火点	−	−	
	融点	368℃	−	
消防法[注4]	類別	第 1 類	第 1 類	
	性質	酸化性固体	酸化性固体	
	品名	塩素酸塩類	過塩素酸塩類	

注 1) 国連経済社会理事会に設置された危険物輸送専門家委員会の国際連合危険物輸送勧告の中で，輸送上の危険性や有害性がある化学物質に付与された番号
注 2) NITE-CHRIP（National Institute of Technology and Evaluation - Chemical Risk Information Platform）より
注 3) 国際化学物質安全性カード（International Chemical Safety Cards）より
注 4) 消防法別表第 1 及び危険物の規制に関する政令第 1 条

過酸化カリウム，過酸化ナトリウム，過酸化バリウムその他の無機過酸化物	硝酸カリウム，硝酸ナトリウム，硝酸アンモニウムその他の硝酸塩類	亜塩素酸ナトリウムその他の亜塩素酸塩類	次亜塩素酸カルシウムその他の次亜塩素酸塩
過酸化バリウム	硝酸ナトリウム		
過酸化バリウム	硝酸ナトリウム		
1304-29-6	7631-99-4		
1449	1498/1499		
酸化性固体	酸化性固体		
区分 2	区分 3		
2016	2010		
白色のまたは灰色～白色の粉末	無色の 吸湿性の結晶		
800℃ で分解	380℃ で分解		
－	－		
－	－		
450℃	308℃		
第 1 類	第 1 類		
酸化性固体	酸化性固体		
無機過酸化物	硝酸塩類		

4　引火性の物

安衛法施行令別表第1	政令名称	エチルエーテル，ガソリン，アセトアルデヒド，酸化プロピレン，二硫化炭素その他の引火点が－30℃ 未満の物			ノルマルヘキサン，エチレンオキシド，アセトン，ベンゼン，メチルエチルケトンその他の引火点が－30℃ 以上 0℃ 未満の物		
政令名称の中から抜粋		エチルエーテル	酸化プロピレン		ノルマルヘキサン	メチルエチルケトン	
抜粋した政令名称の一般名称		ジエチルエーテル	2-メチルオキシラン		ヘキサン	2-ブタノン	
CAS 番号		60-29-7	75-56-9		110-54-3	78-93-3	
UN 番号[注1]		1155	1280/2983		1208	1193	
政府によるGHS分類結果[注2]	クラス	引火性液体	引火性液体	自己反応性化学品	引火性液体	引火性液体	
	カテゴリー	区分1	区分1	タイプ G	区分2	区分2	
	実施年度	2017	2010	2018	2009	2014	
物性値[注3]	外観	特徴的な臭気のある，揮発性の非常に高い無色の液体	特徴的な臭気のある，揮発性の非常に高い無色の液体		特徴的な臭気のある，揮発性，無色の液体	特徴的な臭気のある，無色の液体	
	沸点	35℃	34℃		69℃	80℃	
	引火点	－45℃	－37℃		－22℃	－9℃	
	発火点	160 － 180℃	430℃		225℃	505℃	
	融点	－116℃	－112℃		－95℃	－86℃	
	爆発下限	1.7vol%	1.9vol%		1.1vol%	1.8vol%	
	爆発上限	48vol%	36.3vol%		7.5vol%	11.5vol%	
消防法/高圧ガス保安法[注4]	類別	第 4 類	第 4 類		第 4 類	第 4 類	
	性質	引火性液体	引火性液体		引火性液体	引火性液体	
	品名	特殊引火物	特殊引火物		第一石油類	第一石油類	

注1) 国連経済社会理事会に設置された危険物輸送専門家委員会の国際連合危険物輸送勧告の中で，輸送上の危険性や有害性がある化学物質に付与された番号
注2) NITE-CHRIP（National Institute of Technology and Evaluation - Chemical Risk Information Platform）より
注3) 国際化学物質安全性カード（International Chemical Safety Cards）より
注4) 消防法別表第1及び危険物の規制に関する政令第1条
　　　高圧ガス保安法第2条

メタノール, エタノール, キシレン, 酢酸ノルマル - ペンチル（別名酢酸ノルマル - アミル）その他の引火点が0℃ 以上30℃ 未満の物				灯油, 軽油, テレビン油, イソペンチルアルコール（別名イソアミルアルコール）, 酢酸その他の引火点が30℃ 以上65℃ 未満の物	
メタノール	キシレン			灯油	イソペンチルアルコール
メタノール	o- キシレン	m- キシレン	p- キシレン	灯油	イソペンチルアルコール
67-56-1	95-47-6	108-38-3	106-42-3	8008-20-6	123-51-3
1230	1307	1307	1307	1223	1105/1201
引火性液体	引火性液体	引火性液体	引火性液体	引火性液体	引火性液体
区分2	区分3	区分3	区分3	区分3	区分3
2009	2014	2014	2015	2018	2016
特徴的な臭気のある, 無色の液体	特徴的な臭気のある, 無色の液体	特徴的な臭気のある, 無色の液体	特徴的な臭気のある, 無色の液体	特徴的な臭気のある, 粘稠性の低い液体	特徴的な臭気のある, 無色の液体
65℃	144℃	139℃	138℃	175-325℃	132℃
9℃	32℃	27℃	27℃	38-52℃	42℃
440℃	463℃	527℃	528℃	210℃	340℃
− 98℃	− 25℃	− 48℃	13℃	− 48 〜 − 26℃	− 117℃
6vol%	0.9vol%	1.1vol%	1.1vol%	0.7vol%	1.2vol%
50vol%	6.7vol%	7.0vol%	7.0vol%	5vol%	10.5vol%
第4類	第4類			第4類	第4類
引火性液体	引火性液体			引火性液体	引火性液体
アルコール類	第二石油類			第二石油類	第二石油類

5 可燃性のガス

安衛法施行令別表第1	政令名称	可燃性のガス（水素，アセチレン，エチレン，メタン，エタン，プロパン，ブタンその他の温度15℃，1気圧において気体である可燃性の物をいう。）	
政令名称の中から抜粋		水素	
抜粋した政令名称の一般名称		二水素	
CAS番号		1333 - 74 - 0	
UN番号[注1]		1049/1966/1071/2034/3468	
政府によるGHS分類結果[注2]	クラス	可燃性ガス	高圧ガス
	カテゴリー	区分1	圧縮ガスまたは深冷液化ガス
	実施年度	2018	2006
物性値[注3]	外観	無臭の 無色の 圧縮気体	
	沸点	- 253℃	
	引火点	引火性気体	
	発火点	560℃	
	融点	- 259℃	
	爆発下限	4vol%	
	爆発上限	75vol%	
消防法/高圧ガス保安法[注4]	類別	高圧ガス	
	性質		
	品名	圧縮ガス/液化ガス	

注1）国連経済社会理事会に設置された危険物輸送専門家委員会の国際連合危険物輸送勧告の中で，輸送上の危険性や有害性がある化学物質に付与された番号
注2）NITE-CHRIP（National Institute of Technology and Evaluation - Chemical Risk Information Platform）より
注3）国際化学物質安全性カード（International Chemical Safety Cards）より
注4）消防法別表第1及び危険物の規制に関する政令第1条
　　高圧ガス保安法第2条

可燃性のガス（水素，アセチレン，エチレン，メタン，エタン，プロパン，ブタンその他の温度15℃，1気圧において気体である可燃性の物をいう。）

アセチレン		プロパン	
アセチレン		プロパン	
74 − 86 − 2		74 − 98 − 6	
1001/3374/3138		1978/1075	
可燃性ガス	高圧ガス	可燃性ガス	高圧ガス
区分1	溶解ガス	区分1	液化ガス
2006		2006	
加圧下でアセトン中に溶解している，無色の気体		無臭の 無色の 圧縮 液化気体	
− 84℃ (昇華点)		− 42℃	
引火性気体		− 104℃	
305℃		450℃	
−		− 189.7℃	
2.5vol%		2.1vol%	
100vol%		9.5vol%	
高圧ガス		高圧ガス	
圧縮アセチレンガス		液化ガス	

10　法令で定められた保護具が必要な作業一覧（安全関係）

(1)　保護帽

保護具を使用すべき作業	関連規定	備　考
・不整地運搬車の荷の積卸し作業	則-151 の 52	墜落用
・貨物自動車の荷の積卸し作業	則-151 の 74	墜落用
・車両系木材伐出機械を用いて行う作業	則-151 の 107	
・林業架線作業	則-151 の 150 (151 の 174)	飛来落下用
・建設工事でジャッキ式つり上げ機械を用いて行う荷のつり上げ，つり下げ等の作業	則-194 の 7	飛来落下用
・型枠支保工の組立て作業	則-247	
・腐食性液体を圧送する作業で，腐食性液体の飛散，漏洩または溢流による身体の危険があるとき	則-327	
・地山の掘削作業	則-360	
・明り掘削の作業	則-366	飛来落下用
・土止め支保工作業	則-375	
・ずい道等の掘削作業	則-383 の 3	
・ずい道等の覆工作業	則-383 の 5	
・ずい道等の建設の作業	則-388	飛来落下用
・採石作業	則-412 (404)	飛来落下用
・はいの上における作業	則-435 (429)	墜落用
・港湾荷役作業	則-464	飛来落下用
・造林等の作業	則-484	飛来落下用
・鉄骨の組立て等作業	則-517 の 5	
・鋼橋架設等作業	則-517 の 10	飛来落下用
・木造建築物の組立て等作業	則-517 の 13	
・コンクリート造の工作物の解体または破壊の作業	則-517 の 19	飛来落下用
・コンクリート橋架設等の作業	則-517 の 24	飛来落下用
・作業のため物体が飛来して危険な場合	則-538	飛来落下用
・船台の付近，高層建築物等で，その上方から物体が飛来または落下するおそれのある場合	則-539	飛来落下用
・ロープ高所作業	則-539 の 8	
・足場の組立て等作業	則-566	

保護具を使用すべき作業	関連規定	備　考
・クレーンの組立てまたは解体の作業	クレーン則-33	
・移動式クレーンのジブの組立てまたは解体作業	クレーン則-75の2	
・デリックの組立てまたは解体作業	クレーン則-118	
・屋外に設置するエレベーターの昇降路塔またはガイドレール支持塔の組立てまたは解体の作業	クレーン則-153	
・建設用リフトの組立てまたは解体作業	クレーン則-191	

構造規格：昭和 50. 9. 8 労働省告示第 66 号「保護帽の規格」
JIS：T 8131「産業用ヘルメット」

(2)　帽子

保護具を使用すべき作業	関連規定	備　考
・動力により駆動される機械に，作業中の労働者の頭髪または被服が巻き込まれるおそれのあるとき	則-110	作業帽

(3)　眼と顔面の保護具

保護具を使用すべき作業	関連規定	備　考
・加工物等の飛来による危険防止のための覆いまたは囲いがない場合	則-105	保護具
・切削屑の飛来等による危険の防止のための覆いまたは囲いがない場合	則-106	保護具
・溶鉱炉，溶銑炉またはガラス溶解炉その他多量の高熱物を取り扱う作業を行う場所での作業	則-255	保護具
・アセチレン溶接装置による金属溶接等作業	則-312 (315)	保護眼鏡 (遮光用)
・ガス集合溶接装置による金属溶接作業	則-313 (316)	保護眼鏡 (遮光用)
・アーク溶接のアークその他強烈な光線を発散して危険のおそれのある場所での作業	則-325	保護具 (遮光眼鏡)
・腐食性液体を圧送する作業	則-327	保護眼鏡

JIS：T 8141「遮光保護具」，T 8147「保護めがね」，T 8143「レーザ保護フィルタ及びレーザ保護めがね」

(4)　保護手袋等

保護具を使用すべき作業	関連規定	備　考
・アセチレン溶接装置による金属溶接等作業	則-312 （315）	溶接用保護 手袋
・ガス集合溶接装置による金属溶接作業	則-313 （316）	溶接用保護 手袋
・腐食性液体を圧送する作業	則-327	耐食性の保 護手袋
・港湾荷役作業で有害物，危険物等による危険がある場合の作業	則-455	ゴム手袋等

JIS：T 8113「溶接用かわ製保護手袋」

(5)　安全靴等

保護具を使用すべき作業	関連規定	備　考
・腐食性液体を圧送する作業	則-327	長靴
・作業場所の通路等の構造や作業の状態に応じて	則-558	安全靴 作業靴

JIS：T 8101「安全靴」
JIS：T 8108「作業靴」

(6)　保護衣等

保護具を使用すべき作業	関連規定	備　考
・溶鉱炉，溶銑炉またはガラス溶解炉その他多量の高熱物を取り扱う作業を行う場所での作業	則-255	耐熱服
・腐食性液体を圧送する作業	則-327	耐食性前掛け
・港湾荷役作業で有害物，危険物等による危険がある場合の作業	則-455	ゴム前掛け
・チェーンソーを用いて行う伐木作業等	則-485	切創防止用保護衣

JIS：T 8006「熱及び火炎に対する防護服－防護服の選び方，使い方，手入れの仕方及びメンテナンスの仕方の一般的事項」

(7) 墜落制止用器具

保護具を使用すべき作業	関連規定	備 考
・食品加工用粉砕器または食品加工用混合機の開口部からの転落の危機があり，蓋，囲い，柵等を設けることが困難な場合	則-130 の 5	
・粉砕機または混合機の開口部からの転落の危険があり，蓋，囲い，柵等を設けることが困難な場合	則-142	
・林業架線作業	則-151 の 101, 151 の 144	
・高所作業車を用いた作業	則-194 の 22	
・型枠支保工の組立て等作業等	則-247	
・地山の掘削作業	則-360	
・土止め支保工作業	則-375	
・ずい道等の掘削等作業	則-383 の 3	
・ずい道等の覆工作業	則-383 の 5	
・採石のための掘削作業	則-404	
・鉄骨の組立て等作業	則-517 の 5	
・鋼橋架設等作業	則-517 の 9	
・木造建築物の組立て等作業	則-517 の 13	
・コンクリート造の工作物の解体または破壊の作業	則-517 の 18	
・コンクリート橋架設等作業	則-517 の 23	
・高所作業	則-518, 519 (520, 521)	要求性能墜落制止用器具等
・ホッパー等の内部における作業	則-532 の 2	
・煮沸槽等への転落防止	則-533	
・架設通路	則-552	
・ロープ高所作業	則-539の7	
・高さ 2m 以上の足場における作業	則-563	
・足場の組立て等作業	則-564 (566)	
・手すり等を設けることが困難な高さ 2m 以上の作業構台の端における作業	則-575 の 6	
・ボイラー据付工事作業	ボイラー則-16	
・やむを得ない場合等に，クレーンのつり具に専用の搭乗設備を設け，労働者を乗せて行う作業	クレーン則-27	
・クレーンの組立てまたは解体の作業	クレーン則-33	
・やむを得ない場合等に，移動式クレーンのつり具に専用の搭乗設備を設け，労働者を乗せて行う作業	クレーン則-73	
・移動式クレーンのジブの組立てまたは解体の作業	クレーン則-75 の 2	
・デリックの組立てまたは解体の作業	クレーン則-118	
・屋外に設置するエレベーターの組立てまたは解体の作業	クレーン則-153	
・建設用リフトの組立てまたは解体の作業	クレーン則-191	
・ゴンドラの作業床における作業	ゴンドラ則-17	

構造規格：平成 31. 1. 25 厚生労働省告示第 11 号「墜落制止用器具の規格」
JIS：T 8165「墜落制止用器具」

(8)　絶縁用保護具

保護具を使用すべき作業	関連規定	備　考
・高圧活線作業	則-341（348，351，352）	電気用ゴム手袋，電気用帽子，電気用ゴム袖，電気用ゴム長靴，等
・高圧活線近接作業	則-342	
・絶縁用防具の装着作業	則-343	
・低圧活線作業	則-346	
・低圧活線近接作業	則-347	

構造規格：昭和 47. 12. 4 労働省告示第 144 号「絶縁用保護具等の規格」
JIS：T 8112「電気絶縁用手袋」，T 8131「産業用ヘルメット」，
T 8010「絶縁用保護具・防具類の耐電圧試験方法」

(9)　その他

保護具を使用すべき作業	関連規定	備　考
・船舶により労働者を輸送する場合	則-531	救命具等
・水上の丸太材，網羽，いかだ，櫓または櫂を用いて運転する舟等の上で行う作業	則-532	救命具等
・引火性の物の蒸気等が爆発の危険のある濃度に達するおそれのある場所で行う作業	則-286 の 2	帯電防止服静電靴
・金属アーク溶接等作業	特化則-38の21	呼吸用保護具

JIS：T 8118「静電気帯電防止作業服」，T 8103「静電気帯電防止靴」

（資料）日本保安用品協会編著『保護具ハンドブック』中央労働災害防止協会，2011 年
　　　　（一部改変）

（注）　「則」：労働安全衛生規則
　　　　「クレーン則」：クレーン等安全規則
　　　　「ボイラー則」：ボイラー及び圧力容器安全規則
　　　　「ゴンドラ則」：ゴンドラ安全規則
　　　　「特化則」：特定化学物質障害予防規則

11　労働安全衛生法令に見る用語定義集

　安全衛生関係法令の条文の中において定義されている用語があります。ここでは，安全関係の主な用語の掲載条文をお示ししています。

用　語	定義条項	
		〈あ〉
足場用墜落防止設備	則第563条	則第563条第3号に掲げる設備で，丈夫な構造の設備であって，たわみが生ずるおそれがなく，かつ，著しい損傷，変形又は腐食がないもの
安全衛生改善計画	法第79条	事業場の施設その他の事項について，労働災害の防止を図るため総合的な改善措置を講ずる必要があると認めるときに，都道府県労働局長が事業者に対し作成を指示する，当該事業場の安全又は衛生に関する改善計画
運材索道	令第6条	架線，搬器，支柱及びこれらに附属する物により構成され，原木又は薪炭材を一定の区間空中において運搬する設備
		〈か〉
外国登録製造時等検査機関	法第52条	外国にある事務所において製造時等検査の業務を行う登録製造時等検査機関
化学設備	令第9条の3	令別表第1に掲げる危険物（火薬類取締法第2条第1項に規定する火薬類を除く。）を製造し，若しくは取り扱い，又はシクロヘキサノール，クレオソート油，アニリンその他の引火点が65度以上の物を引火点以上の温度で製造し，若しくは取り扱う設備で，移動式以外のものをいい，アセチレン溶接装置，ガス集合溶接装置及び乾燥設備を除く
ガス集合装置	令第1条	10以上の可燃性ガス（令別表第1第5号に掲げる可燃性のガスをいう。以下同じ。）の容器を導管により連結した装置又は9以下の可燃性ガスの容器を導管により連結した装置で，当該容器の内容積の合計が水素若しくは溶解アセチレンの容器にあっては400リットル以上，その他の可燃性ガスの容器にあっては1,000リットル以上のもの
架線集材機械	則第36条	動力を用いて原木等を巻き上げることにより当該原木等を運搬するための機械であって，動力を用い，かつ，不特定の場所に自走できるもの

用　語	定義条項	
型式検定	法第44条の2③	法第44条の2第1項，第2項に定める検定
型枠支保工	令第6条	支柱，はり，つなぎ，筋かい等の部材により構成され，建設物におけるスラブ，桁等のコンクリートの打設に用いる型枠を支持する仮設の設備
簡易架線集材装置	則第36条	集材機，架線，搬器，支柱及びこれらに附属する物により構成され，動力を用いて，原木等を巻き上げ，かつ，原木等の一部が地面に接した状態で運搬する設備
簡易林業架線作業	則第151条の152	簡易架線集材装置の組立て，解体，変更若しくは修理の作業又はこの設備による集材の作業
関係請負人	法第15条	元方事業者の当該事業の仕事が数次の請負契約によって行われるときは，当該請負人の請負契約の後次のすべての請負契約の当事者である請負人
乾燥設備	令第6条，則第287条	熱源を用いて火薬類取締法（昭和25年法律第149号）第2条第1項に規定する火薬類以外の物を加熱乾燥する乾燥室及び乾燥器
機械集材装置	令第6条，則第36条	集材機，架線，搬器，支柱及びこれらに附属する物により構成され，動力を用いて，原木又は薪炭材を巻き上げ，かつ，空中において運搬する設備
機械譲渡者等	則第24条の13	労働者に危険を及ぼし，又は労働者の健康障害をその使用により生ずるおそれのある機械を譲渡し，又は貸与する者
機械等貸与者	法第33条	機械等で，令第10条で定めるもの（つり上げ荷重0.5トン以上の移動式クレーン，所定の自走式建設機械，不整地運搬車，高所作業車）を，相当の対価を得て他の事業者に貸与する者
危険物乾燥設備	則第287条	乾燥設備で，危険物又は危険物が発生する乾燥物を加熱乾燥するもの
許容荷重（フォークリフト）	則第151条の20	フォークリフトの構造及び材料並びにフォーク等（フォーク，ラム等荷を積載する装置をいう。）に積載する荷の重心位置に応じ負荷させることができる最大の荷重
記録保存業務規程	登録省令第100条	登録省令第100条に定める事項を記載した記録保存業務の実施に関する規程
金属アーク溶接等作業	特化則第38条の21	金属をアーク溶接する作業，アークを用いて金属を溶断し，又はガウジングする作業その他の溶接ヒュームを製造し，又は取り扱う作業
検査業者	法第45条②	厚生労働省令で定める資格を有するもの又は法第54条の3第1項に規定する登録を受け，他人の求めに応じて当該機械等について特定自主検査を行う者
建築物貸与者	法第34条	令第11条で定める建築物（事務所又は工場の用に供される建築物）を他の事業者に貸与する者

用　語	定義条項	
建築物等の鉄骨の組立て等の作業	則別表第6	建築物の骨組み又は塔であって，金属製の部材により構成されるものの組立て，解体又は変更の作業
高圧（電気）	則第36条	直流にあっては750ボルトを，交流にあっては600ボルトを超え，7000ボルト以下である電圧
高圧室内	則第24条の6	潜かん工法その他の圧気工法による作業を行うための大気圧を超える気圧下の作業室又はシャフトの内部
高圧室内作業者	高圧則第1条の2	高圧室内業務に従事する労働者
高気圧業務	高圧則第38条	高圧室内業務又は潜水業務
鋼橋架設等の作業	則別表第6	橋梁の上部構造であって，金属製の部材により構成されるものの架設，解体又は変更の作業
工作物の解体等の作業	則別表第6	コンクリート造の工作物の解体又は破壊の作業
構造部材の組立て等の作業	則別表第6	木造建築物の構造部材の組立て又はこれに伴う屋根下地若しくは外壁下地の取付けの作業
高速回転体	則第149条	タービンローター，遠心分離機のバスケット等の回転体で，周速度が毎秒25メートルをこえるもの
港湾荷役作業	則第454条	船舶に荷を積み，船舶から荷を卸し，又は船舶において荷を移動させる作業
小型移動式クレーン	クレーン則第68条	つり上げ荷重が1トン以上5トン未満の移動式クレーン
コンクリート橋架設等の作業	則別表第6	橋梁の上部構造であって，コンクリート造のものの架設又は変更の作業
〈さ〉		
採石作業	則第399条	岩石の採取のための掘削の作業，採石場において行なう岩石の小割，加工及び運搬の作業その他これらの作業に伴う作業
最大荷重（ショベルローダー又はフォークローダー）	令第20条	ショベルローダー又はフォークローダーの構造及び材料に応じて負荷させることができる最大の荷重
最大荷重（フォークリフト）	令第20条	フォークリフトの構造及び材料に応じて基準荷重中心に負荷させることができる最大の荷重
最大使用荷重（鋼管足場）	則第571条	当該建地の破壊に至る荷重の2分の1以下の荷重
作業構台	則第575条の2	仮設の支柱及び作業床等により構成され，材料若しくは仮設機材の集積又は建設機械等の設置若しくは移動を目的とする高さが2メートル以上の設備で，建設工事に使用するもの

用 語	定義条項	
産業用ロボット	則第36条	マニプレータ及び記憶装置（可変シーケンス制御装置及び固定シーケンス制御装置を含む。）を有し，記憶装置の情報に基づきマニプレータの伸縮，屈伸，上下移動，左右移動若しくは旋回の動作又はこれらの複合動作を自動的に行うことができる機械
指定コンサルタント試験機関	法第83条の2	厚生労働大臣の指定を受け，労働安全コンサルタント試験又は労働衛生コンサルタント試験の実施に関する事務を行う者
指定試験機関	法第75条の2	厚生労働大臣の指定を受け，免許試験の実施に関する事務を行う者
ジャッキ式つり上げ機械	則第36条	複数の保持機構（ワイヤロープ等を締め付けること等によって保持する機構）
車両系建設機械	則第94条の2	令別表第7に掲げる建設機械で，動力を用い，かつ，不特定の場所に自走できるもの
使用再開検査	ボイラー則第46条 ほか	法第38条第3項の規定により，使用を休止した機械・設備等を再び使用しようとする者が受ける所轄労働基準監督署長の検査
所轄労働基準監督署長	則第2条②	当該事業場の所在地を管轄する労働基準監督署長
人車	則第211条	労働者の輸送に用いる専用の車両
深夜業	法第66条の2	午後10時から午前5時まで（厚生労働大臣が必要であると認める場合においては，その定める地域又は期間については午後11時から午前6時まで）の間における業務
ずい道支保工	令第6条	ずい道等における落盤，肌落ち等を防止するための支保工
ずい道等の覆工	令第6条	ずい道型枠支保工（ずい道等におけるアーチコンクリート及び側壁コンクリートの打設に用いる型枠並びにこれを支持するための支柱，はり，つなぎ，筋かい等の部材により構成される仮設の設備）の組立て，移動，若しくは解体又は当該組立て若しくは移動に伴うコンクリートの打設
ずい道等の掘削等の作業	則別表第6	ずい道等の掘削の作業又はこれに伴うずり積み，ずい道支保工の組立て，ロックボルトの取付け若しくはコンクリート等の吹付けの作業
製造検査	クレーン則第55条②	法第38条第1項の規定により，移動式クレーンを製造した者が受ける所轄都道府県労働局長の検査
製造検査	ゴンドラ則第4条	法第38条第1項の規定により，ゴンドラを製造した者が受ける所轄都道府県労働局長の検査
製造時等検査	法第39条	法第38条第1項，第2項に定める検査

用　語	定義条項	
性能検査	ボイラー則 第38条	ボイラー検査証の有効期間の更新を受けようとする者が，当該検査証に係るボイラー及びボイラー則第14条第1項各号に掲げる事項について受ける，法第41条第2項の検査
積載荷重 （高所作業車）	則第194条の16	高所作業車の構造及び材料に応じて，作業床に人又は荷を乗せて上昇させることができる最大の荷重
設計荷重 （鋼管足場）	則第571条	足場の重量に相当する荷重に，作業床の最大積載荷重を加えた荷重
潜函等	則第377条	潜函，井筒，たて坑，井戸その他これらに準ずる建設物又は設備
潜水作業者	高圧則第8条	潜水業務に従事する労働者
走行集材機械	則第36条	車両の走行により集材を行うための機械であって，動力を用い，かつ，不特定の場所に自走できるもの
〈た〉		
玉掛用具	クレーン則 第219条の2	磁力若しくは陰圧により吸着させる玉掛用具，チェーンブロック又はチェーンレバーホイスト
調査対象物	則第34条の2の7	令第18条各号に掲げる物及び法第57条の2第1項に規定する通知対象物
通知対象物	法第57条の2	労働者に危険若しくは健康障害を生ずるおそれのある物で安衛令第18条の2で定めるもの又は法第56条第1項の物。これらを譲渡し提供する者は，名称等を文書の交付その他の方法により相手先に通知しなければならない。
つり上げ荷重	令第10条	クレーン（移動式クレーンを除く。），移動式クレーン又はデリックの構造及び材料に応じて負荷させることができる最大の荷重
低圧（電気）	則第36条	直流にあっては750ボルト以下，交流にあっては600ボルト以下である電圧
手すり等	則第552条	高さ85cm以上の手すり又はこれと同等以上の機能を有する設備
手掘り	則第356条	パワー・ショベル，トラクター・ショベル等の掘削機械を用いないで行なう掘削の方法
電気機械器具	則第280条	電動機，変圧器，コード接続器，開閉器，分電盤，配電盤等電気を通ずる機械，器具その他の設備のうち配線及び移動電線以外のもの

用 語	定義条項	
電気取扱者	則第329条	則第36条第4号の業務（高圧若しくは特別高圧の充電電路若しくは当該充電電路の支持物の敷設，点検，修理若しくは操作の業務，低圧の充電電路（対地電圧が50ボルト以下であるもの及び電信用のもの，電話用のもの等で感電による危害を生ずるおそれのないものを除く。）の敷設若しくは修理の業務又は配電盤室，変電室等区画された場所に設置する低圧の電路（対地電圧が50ボルト以下であるもの及び電信用のもの，電話用のもの等で感電による危害の生ずるおそれのないものを除く。）のうち充電部分が露出している開閉器の操作の業務）に就いている者
電磁的記録	則第52条の13	電子的方式，磁気的方式その他人の知覚によっては認識することができない方式で作られる記録であって，電子計算機による情報処理の用に供されるもの
電動機械器具	則第333条	電動機を有する機械又は器具
登録型式検定機関	法第44条の2	厚生労働大臣の登録を受けて型式検定を行う機関
登録教習機関	法第77条③	法第14条，第61条第1項又は第75条第3項の規定による登録を受けて技能講習又は教習を行うもの
登録個別検定機関	法第44条	厚生労働大臣の登録を受けて個別検定を行う機関
登録製造時等検査機関	法第38条	厚生労働大臣（特定機械等），都道府県労働局長（特定機械等以外）の登録を受けた検査機関
登録性能検査機関	法第41条	厚生労働大臣の登録を受けて性能検査を行う機関
特殊化学設備	則第4条	化学設備（令第9条の3第1号に掲げる化学設備をいう。）のうち，発熱反応が行われる反応器等異常化学反応又はこれに類する異常な事態により爆発，火災等を生ずるおそれのあるもの
特定解体用機械	第171条の4	ブーム及びアームの長さの合計が12メートル以上である解体用機械
特定化学設備	令第9条の3	令別表第3第2号に掲げる第2類物質のうち厚生労働省令で定めるもの又は同表第3号に掲げる第3類物質を製造し，又は取り扱う設備で，移動式以外のもの
特定機械等	法第37条	特に危険な作業を必要とする機械等として別表第1に掲げるもので，令第12条で定めるもの（所定のボイラー，第一種圧力容器，クレーン，デリック，エレベーター，建設用リフト，ゴンドラ）
特定事業	法第15条	建設業その他令第7条で定める業種（造船業）に属する事業

用　語	定義条項	
特定自主検査	法第45条②	フォークリフトや動力プレス機械など令令第15条第2項に定める機械等について，定期に行う自主検査
特定発注者等	則第662条の6	法第31条の3第1項に規定する特定作業に係る仕事を自ら行う発注者又は当該仕事の全部を請け負った者で，当該場所において当該仕事の一部を請け負わせているもの
特定元方事業者	法第15条	一の場所において行う事業の仕事の一部を請負人に請け負わせているもののうち，特定事業を行うもの
特別安全衛生改善計画	法第78条	重大な労働災害が発生し，再発を防止するため必要があると認めるときに，厚生労働大臣が事業者に対し作成・提出を指示する，その事業場の安全又は衛生に関する改善計画
特別教育	則第37条	法第59条第3項の特別の教育
特別高圧（電気）	則第36条	7,000ボルトを超える電圧
特別特定機械等	法第38条	特定機械等のうちボイラ則第2条の2で定めるもの（ボイラー及び第一種圧力容器）
土石流危険河川	則第575条の9	降雨，融雪又は地震に伴い土石流が発生するおそれのある河川
〈な〉		
中桟等	則第552条	高さ35センチメートル以上50センチメートル以下の桟又はこれと同等以上の機能を有する設備
〈は〉		
はい	令第6条，則第427条	倉庫，上屋又は土場に積み重ねられた荷（小麦，大豆，鉱石等のばら物の荷を除く。）の集団
外れ止め装置	クレーン則第20条の2	玉掛け用ワイヤロープ等がフックから外れることを防止するための装置
発注者	法第30条②	注文者のうち，その仕事を他の者から請け負わないで注文している者
伐木等機械	則第36条	伐木，造材又は原木若しくは薪炭材の集積を行うための機械であって，動力を用い，かつ，不特定の場所に自走できるもの
幅木等	則第563条	高さ10センチメートル以上の幅木，メッシュシート若しくは防網又はこれらと同等以上の機能を有する設備
負荷条件	クレーン則第17条の2	当該クレーンの設計の基準とされた荷重を受ける回数及び常態としてつる荷の重さ
腐食性液体	則第326条	硫酸，硝酸，塩酸，酢酸，クロールスルホン酸，か性ソーダ溶液，クレゾール等皮膚に対して腐食の危険を生ずる液体
〈ま〉		
メインロープ	則第539条の2	身体保持器具を取り付けたロープ

315

用　語	定義条項	
メインロープ等	則第539条の3	メインロープ，ライフライン，これらを支持物に緊結するための緊結具，身体保持器具及びこれをメインロープに取り付けるための接続器具
元方事業者	法第15条	当該事業の仕事の一部を請け負わせる契約が2以上あるため，その者が2以上あることとなるときは，当該請負契約のうちの最も先次の請負契約における注文者
〈や〉		
有害ガス	高圧則第10条	一酸化炭素，メタンガス，硫化水素その他炭酸ガス以外のガスであって，爆発，火災その他の危険又は健康障害を生ずるおそれのあるもの
床上操作式クレーン	クレーン則第22条	床上で運転し，かつ，当該運転をする者が荷の移動とともに移動する方式のクレーン
揚貨装置等	則第452条	揚貨装置，クレーン，移動式クレーン又はデリック
要求性能墜落制止用器具	則第130条の5	墜落による危険のおそれに応じた性能を有する墜落制止用器具
要求性能墜落制止用器具等	則第130条の5	要求性能墜落制止用器具その他の命綱
溶接検査	ボイラー則第7条, 第53条	法第38条第1項の規定により，溶接によるボイラーの溶接をしようとする者が受ける登録製造時等検査機関の検査
〈ら〉		
ライフライン	則第539条の2	メインロープ以外のロープであって，要求性能墜落制止用器具を取り付けるためのもの
落成検査	ボイラー則第14条②	ボイラー（移動式ボイラーを除く。）を設置した者が，法第38条第3項の規定により受ける，所轄労働基準監督署長の検査
林業架線作業	第151条の124	機械集材装置若しくは運材索道の組立て，解体，変更若しくは修理の作業又はこれらの設備による集材若しくは運材の作業
労働災害防止業務従事者	法第99条の2	総括安全衛生管理者，安全管理者，衛生管理者，統括安全衛生責任者その他労働災害の防止のための業務に従事する者
労働災害防止計画	法第6条	労働災害の防止のための主要な対策に関する事項その他労働災害の防止に関し重要な事項を定めた計画
ロープ高所作業	則第36条	高さが2メートル以上の箇所であって作業床を設けることが困難なところにおいて，昇降器具（労働者自らの操作により上昇し，又は下降するための器具であって，作業箇所の上方にある支持物にロープを緊結してつり下げ，当該ロープに労働者の身体を保持するための器具（「身体保持器具」）を取り付けたものをいう。）を用いて，労働者が当該昇降器具により身体を保持しつつ行う作業

12　労働安全衛生規則に見る数値一覧
（安全関係（抄））

テーマ	内　容	数　字	労働安全衛生規則条項
機械	機械の原動機，回転軸，歯車，プーリー，ベルト等の労働者に危険を及ぼすおそれのある部分に設ける踏切橋の手すりの高さ	90cm以上	則 - 第101条第4項
食品加工用機械	開口部から転落するおそれのあるときの柵の高さ	90cm以上	則 - 第130条の5
構内運搬車	荷を積む作業または卸す作業で作業指揮者を定めなければならない荷の重量	100kg以上	則 - 第151条の62
貨物自動車	荷を積む作業または卸す作業で保護具を着用させなければならない荷の重量	5t以上、2t以上5t未満で荷台の側面が開放・開閉できるものまたはテールゲートリフターが設置されているもの	則 - 第151条の74
解体用機械	路肩，傾斜地等での作業を禁止するブーム，およびアームの長さの合計	12m以上	則 - 第171条の4
軌道装置	建設中のずい道内部に設置する場合の車両と側壁との間隔	0.6m以上	則 - 第205条
人車	脱線予防措置を設ける斜道の傾斜角	30度以上	則 - 第211条第5号
アセチレン溶接装置およびガス集合溶接装置	アセチレン発生器室を屋外に設けるときの他の建築物からの距離	1.5m以上	則 - 第302条第3項
	アセチレン発生器室の壁の厚さ	4cm以上の鉄筋コンクリート	則 - 第303条第1項
	ガス集合装置，火気を使用する設備からとらなければならない距離	5m以上	則 - 第308条第1項
	火気使用禁止としなければならないアセチレン発生器からの距離	5m以内	則 - 第312条第3号
	火気使用禁止としなければならないアセチレン発生器室からの距離	3m以内	則 - 第312条第3号
	火気使用禁止としなければならないガス集合溶接装置からの距離	5m以内	則 - 第313条第4号

テーマ	内　容	数　字	労働安全衛生規則条項
発破作業	電気雷管によって点火後火薬類が爆発しないときの火薬装塡の確認の経過時間	5分以上	則 - 第318条第5号イ
	電気雷管以外によって点火後火薬類が爆発しないとき火薬装塡の確認の経過時間	15分以上	則 - 第318条第5号ロ
アーク溶接	墜落により危険を及ぼすおそれのある場所で交流アーク溶接機用電撃防止装置を使用しなければならない高さ	2m以上	則 - 第332条
地山	発破により崩壊しやすい地山	砂山からなる地,こう配を35度以下,高さ5m未満	則 - 第357条第1項第1号
	発破により崩壊しやすい地山	発破により崩壊しやすい地山,こう配を45度以下,高さ2m未満	則 - 第357条第1項第2号
潜函内	潜函または井筒の内部で明り掘削の作業を行うときの,刃口から天井またははりまでの高さ	1.8m以上	則 - 第376条第2号
ずい道等建設	警報設備等を設置しなければならない,出入口から切羽までの距離	100m	則 - 第389条の9第1項第1号
	通話装置を設置しなければならない,出入口から切羽までの距離	500m	則 - 第389条の9第1項第2号
	爆発,火災が生じるおそれのあるずい道以外で,携帯照明器具を備えなければならない,出入口から切羽までの距離	100m	則 - 第389条の10第1項第1号
	爆発,火災が生じるおそれのあるずい道で,呼吸用保護具,携帯照明器具を備えなければならない,出入口から切羽までの距離	100m	則 - 第389条の10第1項第2号
	呼吸用保護具,携帯照明器具,避難器具を備えなければならない,出入口から切羽までの距離	500m	則 - 第389条の10第1項第3号
	鋼アーチ支保工の建込み間隔	1.5m以下	則 - 第394条第2号
貨物取扱	貨車に荷を積む作業または卸す作業で作業指揮者を定めなければならない荷の重量	100kg以上	則 - 第420条
	ふ頭または岸壁の線に沿って設ける通路の幅	90cm以上	則 - 第426条第2号

テーマ	内　容	数　字	労働安全衛生規則条項
はい（作業）	昇降設備を設けなければならない<u>はいの高さ</u>	1.5 m超えるとき	則 - 第427条第1項
	はい作業作業主任者を選任しなければならない<u>はいの高さ</u>	2 m以上	則 - 第428条
	床から高さ2 m以上のはいの，<u>隣接はいとの間隔</u>	下端において10cm以上	則 - 第430条
	はいくずし作業でひな段状にくずすときの，<u>ひな段の各段の高さ</u>	1.5 m以下	則 - 第431条第1項第2号
	保護帽を着用しなければならない<u>はいの高さ</u>	2 m以上	則 - 第435条第1項
墜落等防止	作業床を<u>設置しなければならない</u>作業場所の高さ	2 m以上	則 - 第518条第1項
	開口部，作業床の端の囲い，手すり，覆い等を<u>設置しなければならない</u>作業場所の高さ	2 m以上	則 - 第519条第1項
	墜落制止用器具の取付設備を<u>設置しなければならない</u>作業場所の高さ	2 m以上	則 - 第521条第1項
	悪天候（強風，大雨，大雪等）の時の作業を<u>禁止しなければならない</u>作業場所の高さ	2 m以上	則 - 第522条
	必要な照度を<u>保持しなければならない</u>作業場所の高さ	2 m以上	則 - 第523条
	スレート等屋根上で作業を行うときの歩み板の幅	30cm以上	則 - 第524条
	安全に昇降するための設備を<u>設置しなければならない</u>作業場所の高さ	1.5 mを超える	則 - 第526条第1項
	移動はしごの幅	30cm以上	則 - 第527条第3号
	脚立の脚と水平面との角度	75度以下	則 - 第528条第3号
	転落などのおそれがある，煮沸槽，ホッパー，ピット等に設ける柵の<u>高さ</u>	75cm以上	則 - 第533条
飛来防止	投下設備を設け，<u>監視人を置く必要のある場所の高さ</u>	3 m以上	則 - 第536条

テーマ	内 容	数 字	労働安全衛生規則条項
通路等	障害物を置いてはいけない通路面からの高さ	高さ1.8m以内	則-第542条
	機械間に設ける通路の幅	80cm以上	則-第543条
	墜落のおそれのある箇所に設置する架設通路の手すりの高さ	85cm以上	則-第552条第1項第4号
	墜落のおそれのある箇所に設置する架設通路の桟の高さ	高さ35cm以上50cm以下	則-第552条第1項第4号
	建設工事に使用する高さ8m以上の登り桟橋に設ける踊り場	7m以内ごと	則-第552条第1項第6号
	はしごの上端突出の長さ	60cm以上	則-第556条第1項第5号
	高さ2m以上における作業床の幅	40cm以上	則-第563条第1項第2号
足場	高さ2m以上における作業床の隙間	3cm以下	則-第563条第1項第2号
	幅木の高さ	10cm以上	則-第563条第1項第6号
	作業床と建地との隙間	12cm未満	則-第563条第1項第2号
	足場を組み立て，解体の際，設ける作業床の幅	40cm以上	則-第564条第4号
	丸太足場の建地の間隔	2.5m以下	則-第569条第1項第1号
	丸太足場の間隔	垂直方向5.5m以下，水平方向7.5m以下	則-第569条第1項第6号
	鋼管足場の建地の間隔	けた行方向1.85m以下，はり間方向1.5m以下	則-第571条第1項第1号
	鋼管足場の高さ20mを超えるときの主わく	高さ2m以下，間隔1.85m以下	則-第571条第1項第7号
作業構台	手すり，中桟を設ける高さ	2m以上	則-第575条の6第1項第4号

※上記の数値は，法令で示されている最低基準を示したものです。

13　令和6年度 安全衛生カレンダー

月・行事名

4月

熱中症予防強化キャンペーン（4月～9月）：環境省ほか
春の全国交通安全運動（6日～15日）：内閣府
世界保健デー（7日）：厚生労働省
みどりの月間（15日～5月14日）：林野庁
労働安全衛生世界デー（4月28日）：ILO

5月

STOP！熱中症　クールワークキャンペーン（5月～9月）：厚生労働省
禁煙週間（31日～6月6日）：厚生労働省

6月

全国安全週間準備期間（1日～30日）：厚生労働省　中災防
男女雇用機会均等月間, 外国人労働者問題啓発月間：厚生労働省
土砂災害防止月間：国土交通省
環境月間：環境省
危険物安全週間（2日～8日）：総務省消防庁
歯と口の健康週間（4日～10日）：厚生労働省
火薬類危害予防週間（10日～16日）：経済産業省

7月

全国安全週間（1日～7日）：厚生労働省　中災防
海の月間：国土交通省
国民安全の日（1日）：内閣府
全国鉱山保安週間（1日～7日）：経済産業省
フォークリフト安全週間（1日～7日）

8月

電気使用安全月間：経済産業省
食品衛生月間：厚生労働省
防災週間（30日～9月5日）：内閣府
建築物防災週間（30日～9月5日）：国土交通省

9月

全国労働衛生週間準備期間（1日～30日）：厚生労働省　中災防
健康増進普及月間，職場の健康診断実施強化月間：厚生労働省
防災の日（1日）：内閣府
心とからだの健康推進運動（1日～30日）：(公社)全国労働衛生団体連合会
全国作業環境測定・評価推進運動（1日～30日）：(公社)日本作業環境測定協会
救急の日（9日）：厚生労働省ほか
自殺予防週間（10日～16日）：厚生労働省
秋の全国交通安全運動（21日～30日）：内閣府
環境衛生週間（24日～10月1日）：環境省

10月

全国労働衛生週間（1日～7日）：厚生労働省　中災防
体力つくり強調月間：文部科学省スポーツ庁
仕事と家庭を考える月間：厚生労働省
健康強調月間：健康保険組合連合会
目の愛護デー（10日），世界メンタルヘルスデー（10日），転倒予防の日（10日）
薬と健康の週間（17日～23日）：厚生労働省
高圧ガス保安活動促進週間（23日～29日）：経済産業省

11月

人材開発促進月間，過労死等防止啓発月間，ゆとり創造月間：厚生労働省
特定自主検査強調月間：(公社)建設荷役車両安全技術協会
秋季全国火災予防運動（9日～15日）：総務省消防庁
第83回全国産業安全衛生大会［広島］（13日～15日）：中災防
医療安全推進週間（24日～30日）：厚生労働省

12月

年末年始無災害運動（1日～翌年1月15日）：中災防
安全衛生教育促進運動（1日～翌年4月30日）：中災防
障害者週間（3日～9日）：内閣府
年末年始の輸送等に関する安全総点検（10日～翌年1月10日）：国土交通省

1月

年末年始無災害運動（前年12月1日～1月15日）：中災防
安全衛生教育促進運動（前年12月1日～4月30日）：中災防ほか
年末年始の輸送等に関する安全総点検（前年12月10日～1月10日）：国土交通省
防災とボランティア週間（15日～21日）：内閣府

2月

省エネルギー月間：経済産業省資源エネルギー庁
化学物質管理強調月間：厚生労働省　中災防

3月

自殺対策強化月間：厚生労働省
春季全国火災予防運動（1日～7日）：総務省消防庁
車両火災予防運動（1日～7日）：総務省消防庁
建築物防災週間（1日～7日）：国土交通省
女性の健康週間（1日～8日）：厚生労働省
耳の日（3日）：(一社)日本耳鼻咽喉科学会

※日程・行事名は変更になる場合があります。

14　指定試験機関等の紹介

（1）　指定試験機関

　労働安全衛生法においては，特定の危険有害業務に従事する場合，一定の資格を要することとしており，ボイラー技士，クレーン・デリック運転士，衛生管理者等については，都道府県労働局長の免許が必要とされています。

　この免許を取得するためには，厚生労働大臣の指定を受けた指定試験機関である**公益財団法人安全衛生技術試験協会**が行う試験に合格することが必要となります。

　同協会が開設している試験場は次のとおりです。この試験場で実施する免許試験等の種類は，全部で27種類で，そのうちの安全関係は18種類となっています。

○北海道安全衛生技術センター（試験場）

　〒061-1407　北海道恵庭市黄金北 3-13

　TEL　0123（34）1171

　交通　千歳線恵庭駅下車，徒歩 13 分。

○東北安全衛生技術センター（試験場）

　〒989-2427　宮城県岩沼市里の杜 1-1-15

　TEL　0223（23）3181

　交通　東北本線または常磐線岩沼駅下車，徒歩 25 分。岩沼市民バスで市民会館前下車，徒歩 5 分。

○関東安全衛生技術センター（市原試験場）

　〒290-0011　千葉県市原市能満 2089

　TEL　0436（75）1141

　交通　内房線五井駅東口下車。学科試験日には「技術センター」行き直通バスが運行。（所要時間 20 分）

○関東安全衛生技術センター（東京試験場）

　〒105-0022　東京都港区海岸 1-11-1 ニューピア竹芝ノースタワー21 階

　TEL　03（6432）0461

　交通　ゆりかもめ竹芝駅下車，徒歩 1 分。JR 浜松町駅下車，徒歩 10 分。

○中部安全衛生技術センター（試験場）
　〒477-0032　愛知県東海市加木屋町丑寅海戸 51-5
　TEL　0562（33）1161
　交通　名鉄河和線南加木屋駅下車，徒歩 15〜20 分。
○近畿安全衛生技術センター（試験場）
　〒675-0007　兵庫県加古川市神野町西之山字迎野
　TEL　079（438）8481
　交通　加古川線神野（かんの）駅下車，徒歩 15 分。
○中国四国安全衛生技術センター（試験場）
　〒721-0955　広島県福山市新涯町 2-29-36
　TEL　084（954）4661
　交通　山陽本線福山駅下車，中国バスで「福山港」下車，徒歩 5 分。
○九州安全衛生技術センター（試験場）
　〒839-0809　福岡県久留米市東合川 5-9-3
　TEL　0942（43）3381
　交通　鹿児島本線久留米駅下車または西鉄久留米駅下車。西鉄バス 23
　　　　番で「千歳市民センター入口」バス停下車，徒歩 8 分。22 番系
　　　　統で「地場産業振興センター入口」バス停下車，徒歩 3 分。
○公益財団法人安全衛生技術試験協会（本部）
　〒101-0065　東京都千代田区西神田 3-8-1　千代田ファーストビル東
　　　　館 9 階
　TEL　03（5275）1088
（令和 6 年度免許試験等日程表 p. 326 参照）

（2）　安全衛生教育センター
ア　中央労働災害防止協会（中災防）―安全衛生教育センター
　安全衛生教育は，労働災害の防止を図る上で重要な役目を担っており，
労働安全衛生法においても大きな柱の一つとされています。
　中災防―安全衛生教育センターは，企業が行う安全衛生教育のための
トレーナー，インストラクター等指導者層の養成等わが国の安全衛生教
育水準の向上を図る見地から国が設置し，中災防にその運営を委託してい
るもので，東京安全衛生教育センターと大阪安全衛生教育センターの
2 カ所が設けられています。
　主な講座としては，「RST 講座」「安全管理講座」「安全衛生管理講座」
「安全衛生専門講座」「特殊教育インストラクター講座」「作業主任者能力
向上教育インストラクター講座」「特定自主検査講座」などがあり，宿泊

所付きの最新の教育施設を活用し，経験豊かな講師陣により，適切，有益な教育を実施しています。

○東京安全衛生教育センター

　〒204-0024　東京都清瀬市梅園 1-4-6

　TEL　042（491）6920

　交通　西武池袋線清瀬駅下車，西武バス「東京病院北」下車。

○大阪安全衛生教育センター

　〒586-0052　大阪府河内長野市河合寺 423-6

　TEL　0721（65）1821

　交通　南海電鉄高野線または近鉄南大阪線河内長野駅下車。南海バスで「葛の口」下車，徒歩 7 分。

　令和 6 年度に予定されている講座については，東京または大阪安全衛生教育センターのホームページ（p. 333 参照），あるいは同センターへ直接お問い合わせください。

イ　建設業安全衛生教育センター

　建設業安全衛生教育センターは，トンネル工事など危険な工事における安全衛生管理体制の整備，特に危険な工事の計画審査制度の強化，重大災害発生時における救護体制の確立などに伴う建設業に係る安全衛生教育を一層充実するため国が設置し，建設業労働災害防止協会にその運営を委託しているもので，千葉県佐倉市に設置されています。

　主な講座としては，「ずい道等救護技術管理者研修」「職長・安全衛生責任者教育講師養成講座」などがあります。

　宿泊所，実習場付きの教育施設を活用し，経験豊かな講師陣により，実務，技術を中心に充実した教育を実施しています。

○建設業安全衛生教育センター

　〒285-0003　千葉県佐倉市飯野 852

　TEL　043（486）1321

　交通　京成電鉄京成佐倉駅下車，北口より送迎バスまたはタクシーにて約 7 分。

　令和 6 年度に予定されている講座については，建設業労働災害防止協会のホームページ（p. 334 参照），または同センターへ直接お問い合わせください。

令和6年度免許試験等日程表

試験の種類	北海道センター											
	4月	5月	6月	7月	8月	9月	10月	11月	12月	1月	2月	3月
特級ボイラー技士							24					
一級ボイラー技士			5			5		19		23		11
二級ボイラー技士	10	30	13	10	7	26	16	12	11	10	4	5
★ 特別ボイラー溶接士					27					24		
★ 普通ボイラー溶接士					27					24		
ボイラー整備士			12				2				19	
★ クレーン・デリック運転士（限定なし）	18		19		20		9					6
★ クレーン・デリック運転士〔クレーン限定〕	18	29	19	23	20	11	9	7		21	5	6
★ クレーン・デリック運転士〔床上運転式クレーン限定〕	18						9					
クレーン・デリック運転士（クレーン限定解除）							9					
★ クレーン・デリック運転士（床上限定解除）							9					
★ クレーン・デリック運転士（デリック限定解除）							9					
★ 移動式クレーン運転士		23		4		4		6		17		13
★ 揚貨装置運転士							3					
発破技士			6						5			
ガス溶接作業主任者									5			
林業架線作業主任者									5			
第一種衛生管理者 第二種衛生管理者	5,17	16,22	2,18	3,18	1,16	3,19	17,23	13,20	4,18	14,27	6,25	1,17
高圧室内作業主任者		15										
エックス線作業主任者				9				21				4
ガンマ線透過写真撮影作業主任者		15										
潜水士	16			17		25			16		12	
第一種作業環境測定士					21,22							
第二種作業環境測定士					21							
● 労働安全・労働衛生コンサルタント							17					

（注1）　★印の試験は学科試験後に実技試験が行われます。●印の試験は筆記試験後に口述試験が行われます。

	東北センター												関東センター（市原）					
	4月	5月	6月	7月	8月	9月	10月	11月	12月	1月	2月	3月	4月	5月	6月	7月	8月	9月
							24											
		5			5		19		23		11			5				5
	10	30	13	10	7	26	16	12	11	10	4	5	10	30	13	10,24	7	26
				27				24								27		
	26			27				24								27		
			12			2			19						12			
	18		19	20		9		3		27			18	17	19	23	20	11
	18		19	20		9		3		27			18	17	19	23	20	11
	18					9							18			23		
						9												
						9												
						9												
		23		4		4		6		17		13		23		4		4
	12					3							12					
			6					5							6			
			6					5										
			6															
	5,22	9,16,28	2,11,18,27	11,25	1,16,28	10,19	8,29	13,26	10,12,18	14,27	6,14,25	1,7,17,21	5,17,22	9,14,28	11,18,27	11,18,25	1,6,28	3,19
							14							15				
			9				21				4			21		9		18
							14							15				
	16			17		25		16							4	17		25
				21,22													21,22	
				21													21	
							17											

（注2）　詳しくはホームページをご確認ください（https://www.exam.or.jp/）。また，衛生管理者免許試験は，試験日を追加する場合があります。

センター別／月別 試験の種類	関東センター（市原）						関東センター					
	10月	11月	12月	1月	2月	3月	4月	5月	6月	7月	8月	9月
特級ボイラー技士	24											
一級ボイラー技士				23					5			5
二級ボイラー技士	16	12	11	10	4.26	5		30	13	10,24	7	26
★ 特別ボイラー溶接士				24								
★ 普通ボイラー溶接士				24								
ボイラー整備士	2				19							
★ クレーン・デリック運転士（限定なし）	9	7	3	21	27	6		17		23		
★ クレーン・デリック運転士〔クレーン限定〕	9	7	3	21	27	6		17		23		
★ クレーン・デリック運転士〔床上運転式クレーン限定〕	9									23		
クレーン・デリック運転士（クレーン限定解除）	9											
★ クレーン・デリック運転士（床上限定解除）	9											
★ クレーン・デリック運転士（デリック限定解除）	9											
★ 移動式クレーン運転士		6		17		13						
★ 揚貨装置運転士	3											
発破技士												
ガス溶接作業主任者			5									
林業架線作業主任者			5									
第一種衛生管理者 第二種衛生管理者	8,17,23	13,20,26	4,10,17	14,22,27	2,6,14	7,12,18	5,8,9,11,17,19,22	9,10,14,16,20,22,24,28,31	2,7,11,14,18,20,25,27	1,3,8,11,18,23,28,30	1,6,16,19,23,28,30	3,10,12,13,19,24,27,29
高圧室内作業主任者												
エックス線作業主任者		21		31		4		21				18
ガンマ線透過写真撮影作業主任者												
潜水士			16		12					17		
第一種作業環境測定士											21,22	
第二種作業環境測定士											21	
● 労働安全・衛生コンサルタント												

（注1）　★印の試験は学科試験後に実技試験が行われます。●印の試験は筆記試験後に口述試験が行われます。
※東京都内，兵庫県内に試験会場を設定のため関東センターおよび近畿センターでは実施しません。

（東京試験場）						中部センター											
10月	11月	12月	1月	2月	3月	4月	5月	6月	7月	8月	9月	10月	11月	12月	1月	2月	3月
24												24					
			23				5				5				23		11
16	12	11	10	4	5	10	30	13	10	7	26	16	12	11	10	4	5
										27					24		
										27					24		
								12				2				19	
	7		21		6	18	17	19	23	20	11	9	7	3	21	27	6
	7		21		6	18	17,29	19	23	20	11	9	7	3	21	27	6
						18						9					
											9					
												9					
												9					
							23		4		4	6			17		13
							21										
														5			
							6							5			
							6										
1,4,8,15,17,21,23,29,31	5,8,13,15,18,20,22,25,26	1,2,4,6,10,12,13,17,18	8,9,14,17,20,22,27	2,3,6,7,14,17,18,20,25,26	1,3,7,10,12,14,17,18,19,21	5,9,17,22	9,14,22,28	11,18,27	3,11,18,25	6,16,28	3,10,19	8,17,23,29	13,20,26	4,10,17,18	14,20,27	6,18,25	1,7,12,17,21
														14			
			31						9		18	21					4
												14					
	16		12			16		17					16		12		
										21,22							
										21							
17 ※												17					

(注2) 詳しくはホームページをご確認ください（https://www.exam.or.jp/）。また，衛生管理者免許試験は，試験日を追加する場合があります。

試験の種類 \ 月別	センター別 近畿センター											
	4月	5月	6月	7月	8月	9月	10月	11月	12月	1月	2月	3月
特級ボイラー技士							24					
一級ボイラー技士			5			5				23		11
二級ボイラー技士	10	30		10	7	26	16	12	11	10	4,26	5
★ 特別ボイラー溶接士					27					24		
★ 普通ボイラー溶接士	26				27					24		
ボイラー整備士			12				2				19	
★ クレーン・デリック運転士（限定なし）	18	17	19	23	20	11	9	7	3	21	27	6
★ クレーン・デリック運転士〔クレーン限定〕	18	17,29	19	2,23	20	11	9	7,27	3	21	5,27	6
★ クレーン・デリック運転士〔床上運転式クレーン限定〕	18			23		9						
クレーン・デリック運転士（クレーン限定解除）						9						
★ クレーン・デリック運転士（床上限定解除）						9						
★ クレーン・デリック運転士（デリック限定解除）						9						
★ 移動式クレーン運転士		23		4		4		6		17		13
★ 揚貨装置運転士	12					3						
発破技士			6									
ガス溶接作業主任者			6						5			
林業架線作業主任者									5			
第一種衛生管理者 第二種衛生管理者	5,9,17,22	9,14,22	2,11,18,27	3,11,25	6,16,28	3,10,19,29	8,23	13,26	1,4,12,18	14,22,27	2,25	1,7,17,21
高圧室内作業主任者		15										
エックス線作業主任者		21		9		18		21		31		4
ガンマ線透過写真撮影作業主任者		15										
潜水士	16		4	17		25			16		12	
第一種作業環境測定士					21,22							
第二種作業環境測定士					22							
● 労働安全・衛生コンサルタント							17 ※					

(注1)　★印の試験は学科試験後に実技試験が行われます。●印の試験は筆記試験後に口述試験が行われます。
　　　※東京都内，兵庫県内に試験会場を設定のため関東センターおよび近畿センターでは実施しません。

中国四国センター												九州センター					
4月	5月	6月	7月	8月	9月	10月	11月	12月	1月	2月	3月	4月	5月	6月	7月	8月	9月
						24											
		5			5		19		23		11			5			5
10	30	13	10	7	26	16	12	11	10	4	5	10	30	13	10	7	26
				27					24							27	
				27					24							27	
		12				2				19				12			
18	17	19	23	20	11	9	7	3	21	27	6	18	17	19		20	11
18	17,29	19	2,23	20	11	9	7,27	3	21	27	6	18	17,29	19	2	20	11
18						9						18					
						9											
						9											
						9											
	23		4		4		6		17		13		23		4		4
12						3						12					
								5						6			
		6						5						6			
		6												6			
5,22	14,28	18	3,25	16	10	8.29	13	4,18	14	6,18	1.18	9,22	16,28	2,18	3,18	1,16	3,19
							14						15				
		9			18		21		31		4		21				18
							14						15				
16			17		25					12		16			17		25
			21,22													21,22	
			21													21	
						17											

(注2) 詳しくはホームページをご確認ください（https://www.exam.or.jp/）。また，衛生管理者免許試験は，試験日を追加する場合があります。

センター別／月別／試験の種類	九州センター					
	10月	11月	12月	1月	2月	3月
特級ボイラー技士	24					
一級ボイラー技士				23		11
二級ボイラー技士	16	12	11	10	4	5
★ 特別ボイラー溶接士				24		
★ 普通ボイラー溶接士				24		
ボイラー整備士					19	
★ クレーン・デリック運転士（限定なし）	9	7	3	21		6
★ クレーン・デリック運転士〔クレーン限定〕	9	7	3	21	5	6
★ クレーン・デリック運転士〔床上運転式クレーン限定〕	9					
クレーン・デリック運転士（クレーン限定解除）	9					
★ クレーン・デリック運転士（床上限定解除）	9					
★ クレーン・デリック運転士（デリック限定解除）	9					
★ 移動式クレーン運転士		6		17		13
★ 揚貨装置運転士						
発破技士			5			
ガス溶接作業主任者			5			
林業架線作業主任者			5			
第一種衛生管理者 第二種衛生管理者	8,29	13,26	4,18	14,22	6,18	7,18
高圧室内作業主任者						
エックス線作業主任者		21		31		
ガンマ線透過写真撮影作業主任者						
潜水士					12	
第一種作業環境測定士						
第二種作業環境測定士						
● 労働安全・衛生コンサルタント	17					

(注1)　★印の試験は学科試験後に実技試験が行われます。●印の試験は筆記試験後に口述試験が行われます。

(注2)　詳しくはホームページをご確認ください（https://www.exam.or.jp/）。また，衛生管理者免許試験は，試験日を追加する場合があります。

15　主な安全関係機関一覧

● **厚生労働省**

厚生労働省労働基準局安全衛生部安全課
　　〒100-8916　東京都千代田区霞が関 1-2-2
　　　　　　　　TEL03(5253)1111 ㈹　https://www.mhlw.go.jp/

● **中央労働災害防止協会**

　〒108-0014　東京都港区芝 5-35-2　安全衛生総合会館内
　　　　　　　　　TEL03(3452)6841 ㈹　https://www.jisha.or.jp/
　出版事業部
　〒108-0023　東京都港区芝浦 3-17-12　吾妻ビル 9 階
　　　　　　　　TEL03(3452)6401　　　FAX 03(3452)2480
　　　　　　　　　　　　　　　　　　　https://shop.jisha.or.jp/
　東京安全衛生教育センター
　　　　　　　　　TEL042(491)6920　　FAX 042(492)5478
　　　　　　　　　　　　　　　　　　https://www.jisha.or.jp/tshec/
　大阪安全衛生教育センター
　　　　　　　　TEL0721(65)1821 ㈹　FAX 0721(65)1472
　　　　　　　　　　　　　　　　　　https://www.jisha.or.jp/oshec/
　北海道安全衛生サービスセンター
　　　　　　　　TEL011(512)2031 ㈹　FAX 011(512)9612
　東北安全衛生サービスセンター
　　　　　　　　TEL022(261)2821 ㈹　FAX 022(261)2826
　関東安全衛生サービスセンター
　　　　　　　　TEL03(5484)6701 ㈹　FAX 03(5484)6704
　中部安全衛生サービスセンター
　　　　　　　　TEL052(682)1731 ㈹　FAX 052(682)6209
　中部安全衛生サービスセンター北陸支所
　　　　　　　　TEL076(441)6420 ㈹　FAX 076(441)4641
　近畿安全衛生サービスセンター
　　　　　　　　TEL06(6448)3450 ㈹　FAX 06(6448)3477
　中国四国安全衛生サービスセンター
　　　　　　　　TEL082(238)4707 ㈹　FAX 082(238)4716
　中国四国安全衛生サービスセンター四国支所
　　　　　　　　TEL087(861)8999 ㈹　FAX 087(831)9358
　九州安全衛生サービスセンター
　　　　　　　　TEL092(437)1664 ㈹　FAX 092(437)1669
（各地区サービスセンターの URL は https://www.jisha.or.jp/about/
access/index.html/）

● 業種別労働災害防止団体
〒108-0014 東京都港区芝 5-35-2　安全衛生総合会館内

建設業労働災害防止協会
TEL03(3453)8201(代)　FAX 03(3453)3753　https://www.kensaibou.or.jp/
陸上貨物運送事業労働災害防止協会
TEL03(3455)3857　FAX 03(3453)7561　https://www.rikusai.or.jp/
港湾貨物運送事業労働災害防止協会
TEL03(3452)7201　FAX 03(3452)7205　https://www.kouwansaibou.or.jp/
林業・木材製造業労働災害防止協会
TEL03(3452)4981　FAX 03(3452)4984　https://www.rinsaibou.or.jp/

● 関係団体
独立行政法人労働者健康安全機構労働安全衛生総合研究所
TEL042(491)4512　FAX 042(491)7846　https://www.jniosh.johas.go.jp/
一般社団法人日本ボイラ協会
　TEL03(5473)4500　FAX 03(5473)4520　https://www.jbanet.or.jp/
一般社団法人日本クレーン協会
　TEL03(5569)1911(代)　FAX 03(5569)1916　https://cranenet.or.jp/
公益社団法人ボイラ・クレーン安全協会
　　　TEL03(3685)2141　FAX03(3685)2189　https://www.bcsa.or.jp/
一般社団法人仮設工業会
　TEL03(3455)0448　FAX 03(3455)0527　https://www.kasetsu.or.jp/
公益社団法人産業安全技術協会
　　　　TEL04(2955)9901　FAX 04(2955)9902　https://www.tiis.or.jp/
一般社団法人日本ボイラ整備据付協会
　　TEL03(5687)2881　FAX 03(5687)2900　https://www.boseikyo.or.jp/
公益財団法人安全衛生技術試験協会
　　　　　　　　TEL03(5275)1088　https://www.exam.or.jp/
公益社団法人建設荷役車両安全技術協会
　　　　TEL03(3221)3661　FAX 03(3221)3665　https://www.sacl.or.jp/
一般社団法人全国登録教習機関協会
TEL03(3456)4787　FAX 03(3456)1304　https://www.zentokyo.or.jp/
一般社団法人日本労働安全衛生コンサルタント会
TEL03(3453)7935　FAX 03(3453)9647　https://www.jashcon.or.jp/contents/
公益社団法人日本保安用品協会
　　　　　　TEL03(5804)3125　FAX 03(5804)3126　https://jsaa.or.jp/

●労働局・労働基準協会等一覧

県　名	市　外	局	協　会
北 海 道	011	709 - 2311	747 - 6141
青　　森	017	734 - 4113	777 - 4686
岩　　手	019	604 - 3007	681 - 9911
宮　　城	022	299 - 8839	265 - 4091
秋　　田	018	862 - 6683	862 - 3362
山　　形	023	624 - 8223	674 - 0204
福　　島	024	536 - 4603	522 - 6717
茨　　城	029	224 - 6215	225 - 8881
栃　　木	028	634 - 9117	678 - 2771
群　　馬	027	896 - 4736	212 - 9275
埼　　玉	048	600 - 6206	822 - 3466
千　　葉	043	221 - 4312	241 - 2626
東　　京	03	3512 - 1615	6380 - 8305
神 奈 川	045	211 - 7352	662 - 5965
新　　潟	025	288 - 3505	432 - 5353
富　　山	076	432 - 2731	442 - 3966
石　　川	076	265 - 4424	254 - 1265
福　　井	0776	22 - 2657	54 - 3323
山　　梨	055	225 - 2855	251 - 6626
長　　野	026	223 - 0554	223 - 0280
岐　　阜	058	245 - 8103	270 - 0380
静　　岡	054	254 - 6314	254 - 1012
愛　　知	052	972 - 0255	221 - 1438
三　　重	059	226 - 2107	227 - 1051
滋　　賀	077	522 - 6650	522 - 1786
京　　都	075	241 - 3216	353 - 3503
大　　阪	06	6949 - 6496	6942 - 7401
兵　　庫	078	367 - 9152	231 - 6903
奈　　良	0742	32 - 0205	36 - 2040
和 歌 山	073	488 - 1151	446 - 7000
鳥　　取	0857	29 - 1704	52 - 7300
島　　根	0852	31 - 1157	23 - 1730
岡　　山	086	225 - 2013	225 - 3571
広　　島	082	221 - 9243	221 - 0725
山　　口	083	995 - 0373	925 - 1430
徳　　島	088	652 - 9164	634 - 1266
香　　川	087	811 - 8920	816 - 1401
愛　　媛	089	935 - 5204	927 - 7730
高　　知	088	885 - 6023	861 - 5566
福　　岡	092	411 - 4865	710 - 6585
佐　　賀	0952	32 - 7176	37 - 8277
長　　崎	095	801 - 0032	849 - 2450
熊　　本	096	355 - 3186	245 - 7821
大　　分	097	536 - 3213	585 - 5765
宮　　崎	0985	38 - 8835	25 - 1853
鹿 児 島	099	223 - 8279	226 - 3621
沖　　縄	098	868 - 4402	868 - 2826

令和 6 年 4 月 1 日現在

(注1)　労働基準協会等とは，都道府県単位の労働基準協会（連合会），労務安全衛生協
　　　会等をいいます。
(注2)　都道府県労働局の電話番号は，一部（北海道）を除き安全担当課直通番号です。

安　全　の　指　標　　　　　令和6年度

令和6年5月31日　第1版第1刷発行

編　　　　　者	中央労働災害防止協会
発　行　者	平　　山　　　　剛
発　行　所	中央労働災害防止協会
	〒108-0023
	東京都港区芝浦3丁目17番12号
	吾　妻　ビ　ル　9　階
	電話　販売　03 (3452) 6401
	編集　03 (3452) 6209
印刷・製本	株式会社　光　　　　　邦
イラスト	佐　　藤　　　　正
	横　田　ユ　キ　オ
表紙デザイン	島　　田　　寛　　昭

乱丁・落丁本はお取り替えいたします。　　Ⓒ JISHA 2024
ISBN 978-4-8059-2156-2　C 3060
中災防ホームページ　https://www.jisha.or.jp/

第83回（令和6年度）
全国産業安全衛生大会・緑十字展2024
広島で開催

　中央労働災害防止協会は，令和6年度の全国産業安全衛生大会を，「変わる時代に　変わらぬ誓い　安全・健康・平和な未来」をテーマとして，広島県広島市で開催します。

　日常の安全衛生活動に加え，DX（デジタルトランスフォーメーション）・ダイバーシティなどの取組みに関する各事業場での好事例や最新情報をご発表いただき，参加者の皆様に知恵を共有し，学びとなる場を提供します。

　また，令和6年度は，改正省令の施行が進む化学物質の自律的管理に着目した講演・パネルディスカッションを企画するとともに，中国ブロックの事業場における，転倒災害の防止や治療と仕事の両立支援の取り組みを全国に発信します。

　さらに，同時開催の緑十字展では，最新の安全衛生保護具，機器等を展示するとともに，来場者に保護具の着用等を体験していただく教育・啓発の場として特別企画「安全衛生保護具体験道場」を行います。

【開催日程】 令和6年11月13日（水）〜15日（金）
【会　　　場】 広島県立総合体育館（広島グリーンアリーナ），広島国際会議場，
広島県立広島産業会館 ほか（広島県広島市）
【大会参加費】 一般：16,500円／中災防賛助会員：8,250円（税込）
（緑十字展は入場無料）
【お問合せ先】 中災防　教育ゼロ災推進部 イベント事業課　03-3452-6402